KB149160

Organic
Marketing

오가닉 마케팅 네트워크가 제품이다

Organic Marketing

오가닉 마케팅 네트워크가 제품이다

윤지영 지음

Organic Media Lab

차 례

Part 3. 제품 | 연결의 산물

Part 4. 브랜드 | 신뢰의 네트워크

Prologue   왜 오가닉 마케팅인가?

Why Organic Marketing?

3년 전 《오가닉 미디어》(2014)를 출간하고 나서 "책 홍보도 좋지만 무슨 미디어에 오가닉이냐(한심하다)"라는 반응을 본 적이 있다.[1] '소셜 미디어'라고 하면 될 것을 왜 새로운 용어를 만드느냐는 반응도 있었다.

나는 오가닉 미디어에서 '오가닉organic'이라는 수식어가 앞으로 필요 없는 시대가 곧 올 것이라고 믿는다. 전통 미디어와 오가닉 미디어의 대조가 무색해질 것이라고 생각한다.

우리 자신을 포함하여 관계를 만드는 모든 개체 즉 미디어는 유기체organism다. 생명이 길고 진화하는 미디어가 있는가 하면 그렇지 못하

---

1. 윤지영, 〈독자가 만드는 오가닉 미디어, 두 번째 여행을 시작합니다〉, 오가닉미디어랩, 2015년 10월 7일, https://organicmedialab.com/2015/10/07/free-version-of-organic-media/.

고 도태되는 미디어가 있을 뿐이다. 하지만 오랜 세월 정립되어온 미디어에 대한 고정관념은 쉽게 깨질 수 있는 것이 아니어서 지금으로서는 '오가닉'이라는 수식어 말고는 다른 방도가 없다.

이 책은 같은 맥락에서 마케팅 개념을 정리한 것이다. 오가닉 미디어가 소셜 미디어를 지칭하는 것이 아니듯, 오가닉 마케팅은 마케팅 기법의 일부가 아니다. 마케팅의 본질적 진화다. 전통적 의미의 미디어, 제품, 소비자, 유통, 영업의 개념이 통째로 바뀌고 유기적 네트워크로 연결되고 진화하는 가운데 마케팅의 진화가 있다.

본론으로 들어가기에 앞서 이 글에서는 마케팅을 연결이 지배하는 세상의 관점으로 다시 정의하고, 이에 따라 달라지는 마케팅의 목적, 과정, 결과에 대해 알아보도록 하겠다.

샤오미, 우버, 테슬라의 공통점

샤오미, 우버, 테슬라에는 공통점이 있다. 고객이 직접 소문을 내고 제품을 팔고 브랜드를 만든다. 각 기업과 고객 간의 관계는 다르지만 고객들은 다양한 방식으로 마케터, 광고대행사, 영업사원의 역할을 자처하고 있다. 이들은 오가닉 마케팅을 정의하는 단면facet들이다.

입소문으로 유명한 샤오미의 고객은 전형적인 영업사원이다. 가격 대비 만족도가 높은 제품을 서로 추천하고 포럼까지 만들어 정보를 공유하고 애프터서비스도 대신 도와준다. 그뿐만이 아니다. 팬들은 샤오미의 기획자, 개발자, 테스터이기를 자처한다. 제품과 고객의 관계, 제품으로 매개된 고객 간의 관계, 고객으로 매개된 제품 간의 관계의 합이 궁극적으로 샤오미의 제품이다.[2]

우버도 샤오미처럼 경험의 바이러스가 만든 네트워크다. 운전자는 다른 운전자를,[3] 탑승객은 다른 탑승객을 불러오는 영업사원을 자처한다.[4] 우버에게는 탑승객도 운전자도 모두 고객이다. 운전자에게는 고객을 찾아다니지 않아도 되는 경험을 주고, 주어진 컨텍스트에서 최대한의 수익을 낼 수 있도록 도와준다.[5] 이 경험은 더 많은 운전자들이 우버 네트워크에 합류할 수 있게 한다.

탑승객에게는 차량 호출부터 하차까지 끊김이 없는 서비스 경험을 제공하는 데 집중한다. 이러한 경험이 쌓이면 더 많은 운전자와 더 많은 탑승객 간의 선순환이 가능해진다. 그리고 다시 고객이 더 적극적인 영업 사원이 되는 고리를 만든다. 고객이 우버의 네트워크를 두 번 키워주는 것이다.

나는 2016년 4월에 테슬라 모델 3를 온라인으로 주문했다. 차가 만들어지기도 전에, 한국에 전기차 충전소도 없는데, 그것도 온라인으로 구매한 것이다. 당시 테슬라는 1주일 만에 30여만 대의 예약주문을

2. 윤지영, 〈비즈니스의 사회적 진화〉, 《오가닉 마케팅》, 오가닉미디어랩, 2017.
3. Jillian D'Onfro, "How this Uber driver made $90,000 in 6 months while barely driving at all," *Business Insider*, Feb 4, 2016, http://www.businessinsider.com/how-uber-king-joseph-ziyaee-uses-driver-referrals-to-make-money-2016-2.
4. 윤지영, 〈경험이 광고다: "아뇨, 우버를 불렀어요"〉, 《오가닉 마케팅》, 오가닉미디어랩, 2017.
5. Alex Woodie, "How Uber Uses Spark and Hadoop to Optimize Customer Experience," *Datanami*, Oct 5, 2015, http://www.datanami.com/2015/10/05/how-uber-uses-spark-and-hadoop-to-optimize-customer-experience/.

경험의 바이러스가 만드는 우버의 네트워크
(Viral Growth of Uber Network)

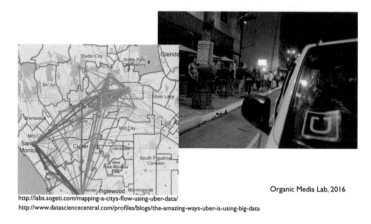

http://labs.sogeti.com/mapping-a-citys-flow-using-uber-data/
http://www.datasciencecentral.com/profiles/blogs/the-amazing-ways-uber-is-using-big-data

Organic Media Lab, 2016

우버는 차량 호출이 극에 달하는 상황(레스토랑, 저녁 파티, 휴일, 이벤트 등)을 '촉매제(accelerants)'로 활용하여 전염성을 더 높이고 있다. 운전자는 할증을 받을 수 있고 탑승객은 차를 오래 기다릴 필요가 없다. (http://www.nytimes.com/2014/11/02/fashion/how-uber-is-changing-night-life-in-los-angeles.html)

받았다.[6] 일론 머스크Elon Musk의 브랜드 파워만으로는 아직 형체도 없는, 수천만 원이나 하는 제품을 예약 주문하기 쉽지 않았을 것이다.

이것은 테슬라가 제시하는 미래의 가치에[7] 동참하고 싶은 욕구와 함께 제품에 대한 간접경험이 동시에 작용했기 때문에 가능했다. 테

---

6. Andrew J . Hawkins, "Tesla has received 325,000 preorders for the Model 3," *The Verge*, Apr 7, 2016, http://www.theverge.com/2016/4/7/11385146/tesla-model-3-preorders-375000-elon-musk.

슬라의 팬들이 꾸준히 생산해온 생생한 체험 콘텐츠와 검증이 없었다면 불가능한 일이었을 것이다.[8] 이들은 자신들의 운전 동영상을 올리고 리뷰를 쓰고 실제로 제품을 대신 팔아가면서[9] 테슬라의 네트워크를 만드는 데 앞장서고 있다.

왜 이런 일이 벌어지고 있는가? 마케팅 관점에서는 이런 현상을 어떻게 이해해야 할 것인가?

마케팅의 한계와 문제 정의

연결이 지배하는 세상은 '대중'이라는 거대한 사회적 그룹이 사라지고 우리 한 명 한 명이 미디어가 되는 세상, 서로의 콘텐츠가 연결되어 끝없이 네트워크를 만들고 지우는 세상이다. 이 네트워크의 유기적 진화가 세상을 지배한다. 이것이 오가닉 미디어 세상이다.

이러한 미디어의 진화가 마케팅 분야에 숙제를 남기는 것은 당연하다. 대중이라는 타깃이 사라졌고, 마케터들의 메시지를 전달해주던

7. Fred Lambert, "Tesla reveals new details of its Autopilot program: 780M miles of data, 100M miles driven and more," *Electrek*, May 24, 2016, http://electrek.co/2016/05/24/tesla-autopilot-miles-data/.
8. Fred Lambert, "Tesla Model S driver caught sleeping at the wheel while on Autopilot," *Electrek*, May 23, 2016, https://electrek.co/2016/05/23/tesla-model-s-driver-caught-sleeping-wheel-autopilot-video/.
9. 노상규, 〈바이럴 확산의 공식, Sticky-Viral-Paid, 어떻게 조합할 것인가?〉, 《오가닉 비즈니스》, 오가닉미디어랩, 2016.

전통적 의미의 미디어는 네트워크 속으로 융해되었다. 그럼 이제 어떻게 마케팅을 해야 하는가? 더 중요한 질문은 심지어 기존의 마케팅의 정의가 여전히 유효한가 하는 점이다.

전통적으로 마케팅은[10] 제품, 서비스, 브랜드의 가치를 고객과 소통하는 것으로 정의되어 왔다. 하지만 최근 들어 마케팅은 보다 넓은 관점에서 정의되고 있다. 예를 들어 미국마케팅협회American Marketing Association에 의하면 마케팅은 '고객, 파트너, 사회 전반을 위해 가치 있는 제품offerings 등을 만들고 전달하고 소통·교환하는 일련의 과정, 제도, 활동'이다.[11]

과거의 마케팅에서 고객 한 사람의 니즈, 욕구가 무엇인지 중요했다면 이제는 고객이 사랑하는 가족·공동체 단위tribalism, 고객이 참여하는 사회, 고객이 살고 있는 지구 단위로 가치가 확대되고 있다.[12] 그런데 이러한 가치를 기업이 혼자서 만들고 전달하고 소통하는 것이 과연 가능할까? 그 결과 자사의 브랜드를 설득하고 고객과의 관계를 구축하는 것이 얼마나 가능할까? 이 오가닉 미디어 세상에서 말이다.

셀 수 없이 많은 신제품과 정보와 데이터가 쏟아지는 세상이다. 이제는 사업자가 예전처럼 일방향으로 가치를 제안value proposition하는 방식은 통하지 않는다. 가치의 기준도 달라졌다. 우리가 회의실에 앉아

---

10. "Marketing," *Wikipedia*, http://en.wikipedia.org/wiki/Marketing.

11. "Marketing is the activity, set of institutions, and processes for creating, communicating, delivering, and exchanging offerings that have value for customers, clients, partners, and society at large." *Definition of Marketing*, American Marketing Association, https://www.ama.org/AboutAMA/Pages/Definition-of-Marketing.aspx.

12. Philip Kotler and Iwan Setiawan, *Marketing 3.0*, Wiley, 2010.

머리를 맞대고 합의한 브랜드 가치, 제품 가치, 고객 가치는 실제로 존재하는가? 어떻게 검증된 가치인가?

위의 사례들은 기존의 틀에서 완전히 벗어난 방식으로 가치를 만들고 있다. 이는 세 가지 공통적 특성으로 수렴된다.

첫째, 고객의 경험에 기반을 둔다. 샤오미의 제품, 우버의 서비스를 먼저 접한 고객들의 경험은 지인들에게 유익한 정보다. 그 순간 선경험자들은 능력자가 된다. 주변에 정보원도 많고 앞서가며 모험을 즐기는 얼리어답터로 평가받는다. 그들 덕택에 좋은 제품과 서비스를 싸게, 남들보다 빨리 접할 수 있다. 소수만 만들 수 있는 일상의 특종이다.

이때 제품은 고객들 간의 유익한 관계를 연결하는 매개체 역할을 하게 된다. 샤오미 공기청정기를 산 사람이 선풍기와 연결되도록 돕고, 아마존에서 베이킹소다를 산 '노푸어No Pooer'[13]가 사과 식초와 연결되도록 돕는 것이다.[14]

둘째, 마케팅은 거들 뿐이다. 모든 것이 넘쳐나고, 부족한 것은 시간뿐인 세상에서 고객에게 줄 수 있는 가치는 연결 가치뿐이다.[15] 그것은 고객이 필요한, 공감하는, 원하는 정보·제품·사람·기회opportunity의 연결을 말한다. 고객과 고객, 고객과 제품, 고객과 정보 또는 (잠재적) 관심의 연결이다.

---

13. '노푸(No Poo)'하는 사람들, 즉 샴푸를 사용하지 않는 사람들을 말한다. 보통은 베이킹소다 등의 천연 제품으로 샴푸를 대신한다.

14. 윤지영, 〈브랜드는 네트워크다〉, 《오가닉 마케팅》, 오가닉미디어랩, 2017.

15. 윤지영, 〈비즈니스, 미디어가 되다〉, 오가닉미디어랩, Sep 1, 2014, http://organicmedialab.com/2014/09/01/how-business-is-evolving-into-media/.

그런데 사실은 이 연결의 주체도 고객이다. 고객이 미디어이기 때문이다. 기업은 도와줄 뿐이다. 이들이 적극적으로 제품을 추천하고 연결하고 팔 수 있도록 도와주는 것이다. 역할의 전환이다. 이를 위해서는 물론 제품 자체에 대한 경험이 좋아야 한다.

아마존의 제프 베조스Jeffrey Preston Bezos는 "과거에는 좋은 제품을 만드는 데 30%의 시간을, 이를 알리는 데 70%의 시간을 썼지만 앞으로는 그 반대가 된다"고 선언한 바 있다.[16] 최고의 고객 경험을 통해 스스로 바이러스가 되도록 돕는 것이 마케팅의 역할이 되었다.

셋째, 그 결과 네트워크를 만든다. 모든 활동은 네트워크로 돌아온다. 적극적인 팬만이 네트워크를 만드는 것이 아니다. 제품의 사용만으로도, 구매만으로도, 구경만으로도, 네트워크를 만드는 데 기여할 수 있다. 테슬라의 운전자들은 '연결된 차'를 운전하면서 기여한다. '플리트 러닝 네트워크Fleet learning network'가 그렇다.[17]

차 한 대가 배우면 나머지 네트워크 전체가 배우는 결과가 된다. 고객은 운전을 할 뿐이지만 그 결과 데이터를 생산하고 정보를 공유하며 문제를 해결하는 데 기여한다. 과거에 마케터가 설문지를 작성하고

16. "In the old world, you devoted 30% of your time to building a great service and 70% of your time to shouting about it. In the new world, that inverts." in George Anders, "Jeff Bezos's Top 10 Leadership Lessons," *Forbes*, Apr 4, 2012, http://www.forbes.com/sites/georgeanders/2012/04/04/bezos-tips/.
17. Brooke Crothers, "With Autopilot, Tesla Takes Different Road Than Rivals Toward Self-Driving Cars," *Forbes*, Oct 14, 2015, http://www.forbes.com/sites/brookecrothers/2015/10/14/tesla-autopilot-version-7-with-fleet-as-network-drives-self-driving-future/.

정량·정성 조사survey를 통해 고객의 피드백을 얻고자 노력했다면 이 제는 고객의 행동이 곧 설문지이고 기획 과정이다. 고객의 피드백도, 개선도 즉각적이다. 테슬라의 경우는 이 과정이 플리트 러닝 네트워크로 돌아오는 것이다.

이러한 특성을 바탕으로 연결된 세상의 마케팅 즉 오가닉 마케팅을 정의하자면,

고객의 경험을 기반으로 가치를 찾아가는 과정, 제품의 네트워크를 만드는 유기적 과정, 네트워크가 제품임을 체득하는 과정이다. 그 성과는 네트워크로 나타난다.

네트워크는 데이터를 쌓는다고 저절로 만들어지는 것이 아니다. 데이터의 축적이 유기체가 되는 것은 아니기 때문이다. 회원의 숫자가 연결을 만들지도 않는다. 네트워크라는 유기체는 경험의 산물이므로 간접적으로는 얻을 수가 없는 것이다. 데이터만 있으면, 회원 수가 많으면 가능하다는 생각을 버리고 지금 네트워크의 체험을, 시행착오를 시작해야 한다.

오가닉 마케팅의
목적, 과정, 결과

오가닉 마케팅이 대기업만, 빅데이터를 다루는 회사만 가능한 마케팅이 아닌가 의문을 갖는 독자도 있을 것이다. 그렇지 않다. 오가닉미디

전통적 마케팅 vs. 오가닉 마케팅
(Traditional vs. Organic Marketing)

Organic Media Lab, 2016

	전통적 마케팅 (Traditional Marketing)	오가닉 마케팅 (Organic Marketing)
목적(Goal)	가치 제안 (Value proposition)	불확실성 제거 (Uncertainty elimination)
과정(Process)	전달/도달 (Transmission/Reach)	연결/매개 (Connection/Mediation)
결과(Result)	시장 점유율 (Market share)	네트워크 (Network)

오가닉 마케팅은 이미 존재한다고 믿고 있는 가치를 전달하는 것이 아니라, 고객의 경험을 기반으로 가치를 찾아가는 과정이다. 불확실성을 줄여가는 과정에서 가치는 발견된다.

어랩과 같이 작은 조직에도 동일하게 적용할 수 있다. 우리의 체험 사례를 중심으로 위에서 언급한 오가닉 마케팅의 특성을 목적, 과정, 결과로 다시 나누어서 정리하겠다.

1. 목적: 불확실성의 제거

처음에는 독자가 있기는 한 것인지, 제품의 가치를 확인해보기 위한 실험이었다. 시장이 불확실할 때는 두 가지 방법이 있다. 하나는 기존의 방식대로 더 멀리, 더 많은 사람들에게 들리도록 더 큰 소리로 떠드는 것이고(대규모 마케팅), 다른 하나는 불확실성을 제거하기 위한 실험을 빨리 시작하는 것이다.

우리는 후자를 선택했고 그다음은 여러분이 아는 이야기다. 글을 하나씩 블로그에 공개했다. 그리고 콘텐츠가, 책(제품)이, 우리 스스로가 미디어가 되는 경험,[18] 즉 네트워크 자체가 되는 체험을 하며 다시 배워나갔다.

예측과 통제가 불가능한 시장에서 마케팅은 비선형적non-linear이며 실험과 검증의 연속으로 대체될 수밖에 없다. 고객을 만나는 지점은 대망의 출시, 이벤트가 아니라 훨씬 더 이전에 이뤄진다. 설문조사에서 드러나지 않는 현상을 직접 체득하고 리스크도 줄인다.

결국 마케팅, 홍보, 프로모션이 그 자체로 목적이 될 수는 없다. 그것은 다음 프로젝트를 위한 실험이며, 그 결과 무엇을 배웠는지가 도달 숫자보다 훨씬 중요하다. 연결은 도달 이후에 고객의 행동으로 일어난다. 각 단계는 우리의 가설을 검증하고 데이터를 수집하기 위한 수단(의 연속)이 되어야 한다.[19] 그래서 끝이 곧 시작이다. 지금의 지표가 다음 사이클의 목적, 과정, 결과를 결정한다. 모든 프로젝트의 사이클이 1.5회인 것이다.

기존의 선형적linear 가치 사슬에서는 마케팅의 시점이 너무 뒤에 있었다. 나도 예전에는 그렇게 해왔고 '수업료'를 많이 낸 후에야 깨달았다. 고객을 만나지 않고 상상으로 프로젝트를 완성해온 것이다. 그러나 마케팅이 고객의 경험에 기반을 둔다는 얘기는 사업자가 더 이상 시장을 통제할 수 없게 되었음을 뜻한다. 그것은 '대중'이 존재했을 때

---

18. 윤지영, 〈끝이 곧 시작이다〉, 《오가닉 미디어》, 개정판, 오가닉미디어랩, 2016.
19. 콘텐츠를 항상 고객 데이터 분석에 활용하는 버즈피드(Buzzfeed)도 하나의 사례다. (《버즈피드의 교훈: 분산 미디어와 데이터 분석》, 슬로우뉴스, 2015년 4월 23일, http://slownews.kr/39933)

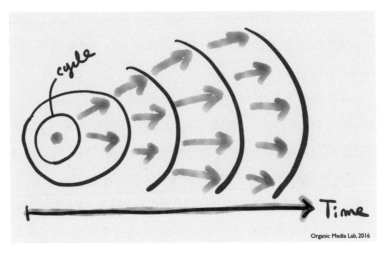

불확실성을 줄이기 위해서는 연쇄적인 실험의 사이클이 필요하다. 그 결과는 네트워크로 나타난다.

나 가능했던 일이다.

현대자동차의 제네시스 4행시 이벤트,[20] 맥도날드의 트위터 이벤트[21] 등은 시장이 통제되지 않는다는 사실을 간과했기 때문에 벌어진 시행착오다. 걷잡을 수 없는 반응으로 브랜드는 하루 만에 조롱과 풍자의 메시지로 폭파(?)되다시피 했다.

---

20. 송경화, 〈현대차, 제네시스 '4행시 이벤트' 했다가 '곤욕'〉, 한겨레, 2013년 11월 7일, http://www.hani.co.kr/arti/economy/car/610251.html.
21. 맥도날드는 농장에서 싱싱한 재료를 공급받는다는 사실을 고객에게 어필하기 위해 2012년 트위터 캠페인을 실시했다. 그 과정에서 트위터에 고객들이 '#McDStories'라는 해시태그를 삽입해서 트윗을 작성하게 했다. 그런데 고객들은 맥도날드 햄버거에 대한 끔찍한 경험들을 올리기 시작했고 이벤트는 단 몇 시간만에 종료되었다. 맥도날드 측은 전체 트윗 중에 부정적 트윗은 2%밖에 되지 않았다고 해명했지만 이미 돌이킬 수 없는 상황은 벌어진 뒤였다. (Erik Sherman, "How McDonald's Twitter campaign fell into the fire," CBS Moneywatch, Jan 27, 2012, http://www.cbsnews.com/news/how-mcdonalds-twitter-campaign-fell-into-the-fire/)

개인적인 체험도 있다. PC에서 청정마을처럼 가꿔오던 SNS를 스마트폰용 어플로 출시한 후 어처구니없는 행동을 했다.[22] 사용자들의 예측 불가한 집단행동에 서비스는 하루아침에 아수라장이 되었고, 나는 10만 명에게 메일을 보내 '문화'를 운운하며 사정을 하기도 했다. 무슨 짓을 한 것인가. 오가닉 미디어는 사용자에 의해, 그들의 예측할 수 없는 활동에 의해 지배되는 네트워크다.

마케팅 관점에서 보면 두 가지를 체득했다. 첫째, 시장은 규모로 추정되는 것이 아니라 구체적으로 한 명 한 명의 고객이 누구인지 알아가면서 밝혀지는 실체다. 또 불확실성을 제거하는 과정은 시장뿐만 아니라 동시에 내 제품과 내 조직(팀)을 배우는 과정이기도 하다.

둘째, 단계별 접근을 통한 유기적 마케팅은 제품과 시장을 함께 성장시키는 과정이기도 했다. 제품이 있고 고객이 있는 것이 아니다. 고객의 문제가 있고 이것을 해결해가는 과정이 있을 뿐이다. 고객의 문제에서 출발할 경우에만 콘텐츠(제품)는 생명을 유지하며 진화할 수 있다.

2. 과정: 모두의 매개 활동

제품이 고객의 문제를 해결할 경우 고객은 연결의 주체가 된다. 샤오미도, 우버도, 테슬라도 고객이 제품의 가치를 더하고 추천하며 팔아준다.

---

22. '지식의 징검다리'를 만들기 위해 PC를 기반으로 2008년에 서비스를 시작했다. 서비스에서 숙식하는 중독 사용자가 늘어나자 서비스의 문화도 어느 정도 자리를 잡은 것 같았다. 그러나 이듬해 스마트폰 버전이 출시되자 작은 화면에서의 사용자 경험은 완전히 달라졌다. '지식의 징검다리'는 하루아침에 '소개팅의 징검다리'가 되었다.

우리는 《오가닉 비즈니스》[23] 종이책을 크라우드 펀딩 방식으로 팔았다.[24] 예약이 1000권을 넘을 경우에만 종이책을 인쇄하기로 했다. 웹북과 전자책을 무료로 공개했지만 종이책을 원하는 팬들은 지인들에게 소식을 알리고 함께 참여하기를 독려했다. 그 자체로 불확실성을 제거하기 위한 마케팅이었고, 책을 알리는 마케팅이었다.

연결된 시장에서 고객이 기꺼이 직원이 되어주는 이유는 그 과정에서 지인들과의 즐거운 연결이 일어나기 때문이다. 이것은 '책을 추천하는 모두가 서점'이라는 개념을 실험한 '일인 서점' 프로젝트에서 얻은 시사점이기도 하다.[25] 일인 서점 즉 추천인 본인만 혜택을 받을 수 있을 때는 사람들이 움직이지 않았다. 반대로 내가 아니라 지인들이 혜택을 받을 수 있게 했을 때 비로소 링크는 공유되었다. 그렇게 퍼진 책은 동료들과의 공부 모임에서, 강연장에서, 워크숍에서, 프로젝트에서 다른 콘텐츠로 재생산되고 이어지고 있다.

3. 결과: 측정 가능한 네트워크

실험 사이클의 성과는 판매량(도달)이 아니라 네트워크다. 이 모든 과정에서 독자들은 단순히 책의 입소문을 내주는 주체가 아니라 책(제품)의 일부가 되었다. 네트워크의 구성원이었고 미디어였으며, 곧 책 자체였다. 이 과정은 '미디어가 네트워크'라는 사실, 그래서 살아서 진화

---

23. 노상규, 《오가닉 비즈니스》, 오가닉미디어랩, 2016.
24. 〈오가닉 비즈니스 전자책과 종이책 주문하기〉, 오가닉미디어랩, 2015년 12월 10일, http://organicmedialab.com/2015/12/10/how-to-order-organic-business/.
25. 일인 서점에 대한 설명은 〈고객이 상점이다〉(82쪽)에서 자세히 언급한다.

사람들이 공유한 포스트에는 광고주의 브랜드명이 언급되어 있지 않다. 그러나 이미지 인식 기술을 통해 자사의 브랜드 로고가 얼마나 어떻게 공유되었는지 분석이 가능하다. (이미지 출처: http://techcrunch.com/2015/04/12/the-power-of-earned-media-in-social-images/)

하는 유기체라는 사실을 저자인 내게 되짚어주었다.

실제로 크라우드 펀딩 과정에서, 공유된 식별 코드를 통한 구매 과정에서 네트워크는 구체화되었다. 책이 참고문헌reference과 분리될 수 없듯이 독자, 리뷰, 추천의 결과와도 분리되지 않는다. 이들이 책의 또 다른 레퍼런스다. 네트워크가 제품(책)이며, 그러므로 제품(책)은 유기체인 것이다.

네트워크는 지표로 측정될 때 드러난다. 고객의 도움(입소문)으로 메시지를 더 멀리 도달시키는 것이 아니라, 네트워크를 구축하는 것이 마케팅이라는 사실을 인정한다면 지표도 바꿔야 한다. 머리로는 네트워크를 구축한다고 하고 성공지표는 여전히 다운로드 수, 페이지뷰와 같은 도달률에 머무른다면 모순이다.

오가닉 미디어 세상은 물리적 공간이 아니라 네트워크가 지배하는 세상이다. 링크의 측정은 제품마다, 사이클마다 다를 것이다. 다만 공통적인 질문은 얼마나 많은 고객들이 직원으로, 기자로 우리를 위해 공짜로 일하고 있으며 그들 한 명 한 명은 누구인가 하는 점이다.

리뷰를 쓰는 능동적 고객만이 아니다. 고객이 혜택(쿠폰, 할인, 추천 등)을 위해 기꺼이 자신의 데이터를 공개하고 제품을 소비하는 행동만으로도 서로의 최적화된 연결에 기여하며 선순환을 만든다면 모두 우리의 직원이다.

무엇(제품, 콘텐츠, 고객 등)을 매개(공유, 언급, 추천, 초대, 리뷰, 구매, 참석, 소비 등)하는지, 어떻게 얼마나 자주 매개하는지 다양한 방법으로 측정해야 한다.[26] 얼마나 건강한 링크가 만들어지고 있는지 알아내는 것이 노드(회원 수, 다운로드 수 등)를 세는 것보다 훨씬 중요하다. 전자는 네트워크를 만들고 후자는 물리적 공간에 갇힌다.

네트워크가 제품임을 체득하는 과정

지금까지 오가닉 미디어 세상의 마케팅을 네트워크 관점에서 살펴보았다. 그럼 대체 어디까지를 마케팅 활동으로 봐야 하는가? 제품을

---

26. Yasha Spong, "The Power Of Earned Media In Social Images," *TechCrunch*, Apr 12, 2015, http://techcrunch.com/2015/04/12/the-power-of-earned-media-in-social-images/.

기획하고 실험하고 완성해가는 개발 과정까지를 포괄한다는 말인가? 플리트 러닝 네트워크와 같은 사업자의 전략 방향, 기술 시스템까지도 마케팅의 예시로 봐야 하는가?

오가닉 미디어 세상에서는 네트워크를 만드는 활동이 그 어떤 마케팅보다 강력하다. 제품을 고객과 분리되지 않는 유기체로 만들기 때문이며, 이 네트워크는 고객의 피드백을 통해 지속적으로 개선되는 결과물이기 때문이다. 이 네트워크가 곧 제품이다. 이 관점에서 마케팅은 제품의 가치를 기업이 말로 전달하는 것이 아니라, 고객이 체험을 통해 직접 매개하도록 도와주는 것이다.

그렇다면 마케팅은 기획·개발 이후에 일어나는 일이 아니다. 기획·개발과 분리되지 않는 유기적 활동이다. 결국 어떻게 모두를 매개자로 만들 것인가가 마케팅의 고민이 되어야 한다면 기획·개발 과정이 곧 마케팅이며 마케팅이 곧 기획·개발 과정이 될 수밖에 없다.

마케팅이 '유기적organic'인 것은 첫째, 고객을 만나고 검증하고 배우는 과정이 유기적이기 때문이며 둘째, 그 과정이 각본에 의한 것이 아니라 매개자들의 참여에 의한 것이기 때문이며 셋째, 결과로 얻어지는 네트워크가 유기적이기 때문이다.

오가닉 마케팅은 미디어·비즈니스를 살아 있는 네트워크, 누구도 통제하거나 소유할 수 없는 유기체로 받아들일 수 있을 때 비로소 시작된다. 그래서 오가닉 마케팅은 머리가 아니라 몸으로 체화될 수밖에 없다. 제품의 네트워크를 만드는 과정, 네트워크가 제품 자체임을 배우는 과정이 바로 오가닉 마케팅, 이 시대의 마케팅이다.

이 책의
여정

이 책은 총 4부 16장으로 구성되어 있다. 순서대로 읽는 것이 가장 바람직하지만 여러분의 관심과 지식에 따라 여정을 달리할 수 있다. 각 단락을 최대한 독립적으로 구성했으며, 서로가 서로를 참조하고 있다.

1부에서는 고객의 경험을 중심으로 광고와 미디어, 고객의 역할과 관계를 재정의했다.

2부에서는 고객의 경험을 만드는 컨텍스트와 인터페이스를 정리했다. '연결'에 대한 막연한 생각이 전환되는 계기가 되길 바란다. 마케터가 제품 기획까지 하라는 말이냐는 반응까지 나온다면 의도된 것이다.

3부에서는 네트워크의 작동 원리를 다룬다. 광화문에서 사물인터넷, 비트코인에 이르기까지 광활한 영역을 한 땀 한 땀 꿰매었다.

4부는 브랜드다. 연결된 세상에서 모든 개인과 조직의 활동 결과로서 신뢰의 네트워크를 다룬다.

이 책에는 적잖은 도전과 고비가 있다. 여러분이 완주할 수 있도록 최선을 다했지만 혹시 길을 잃는다면 저자의 부족함 때문이다. 여러분의 소식을 기다린다.

이 책은 공동 연구의 산물이다. 모든 개념은 강의, 워크숍, 홈스쿨링에서 토론되고, 실험되고, 적용되고, 진화했다. 이 과정이 없었다면 나의 발견도 없었을 것이다. 그 길에서 만난 모든 분께 감사의 마음을 전한다. 책의 완성도를 위해 시간과 애정을 아끼지 않은 한성근 대표와 노상규 교수에게 고마움을 전한다.

고객의 여정

Customer's Journey

전통적 광고 vs. 오가닉 광고
(Traditional vs. Organic Advertising)

Organic Media Lab, 2015

광고 (Advertising)		전통적 (Traditional)	오가닉 (Organic)
	목적 (Goal)	주목하게 하는 (To get attention)	문제해결을 도와주는 (To help solve problems)
3C	컨테이너 (Container)	공간적 (Spatial)	연결된 (Networked)
	콘텐츠 (Contents)	설득하는 (Persuasive)	경험하는 (Experiential)
	컨텍스트 (Context)	흐름을 끊는 (Interruptive)	끊김이 없는 (Seamless)

제1부에서는 '불특정 다수'라는 타깃이 사라진 세상의 광고를 다룬다. 주목attention을 위한 광고가 소멸한 자리에 '경험experience'이 들어섰다. 이제 광고는 메시지의 전달 transmission이 아니라 고객의 여정journey이다. 미디어-광고주-구매자가 된 고객, 생산자-매개자-구매자가 된 고객이 주도한다.

이러한 광고의 형태 변이는 단순히 광고의 문제가 아니다. 연결된 세상에서의 비즈니스의 사회적 진화를 알리는 증후군이다.

01 비지니스의
사회적 진화
Social Evolution of Business

파리에 도착한 다음 날 20년 지기 친구들을 만났다. 3구에 새로 생긴 식당 '엘머Elmer'는[1] 변화하는 파리를 보여주는 듯했다. 입구에 들어서자 프랑스에서는 찾아보기 어려운 넓고 탁 트인 공간, 모던한 나무 인테리어에 일단 기분이 좋아졌다. 왠지 즐겁고 맛있는 점심이 될 것 같은 기대감이 들었다.

---

1. https://www.facebook.com/Elmer-Restaurant-1693489420927574.

연결의
실마리

유쾌했던 점심시간을 페이스북에 공유했다. 그러자 미카엘은 내 사진에 친구 하나를 태그한다. 누구인가 가서 보니 좀 전에 테이블에서 만난 식당 주인이었다. 그러자 그의 친구들이 '좋아요'를 누르기 시작한다. 생전 처음 보는 이름과 얼굴의 사람들이, 그의 친구들이 이 한 장의 사진을 매개로 연결되기 시작했다.

엘머라는 식당을 배경으로 우리의 찰나는 계속 살아서 이야기를 만들었다. 엘머와 내 친구들, 숭어 요리와 한국의 지인들, 낯선 사람들,

나와 같은 길을 가는 친구들.

미디어가 된 '엘머' ('Elmer' as Media)

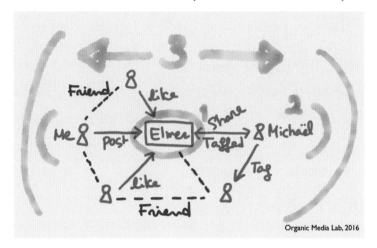

'엘머'라는 식당을 매개로 연결이 일어나면 일어날수록 암묵적인 네트워크는 계속 확장되었다. 여기서 식당이란 무엇인가?

심지어 그 가족들과의 공감과 연결이 연쇄적으로 일어나는 순간이었다. 식당의 가치는 나와 한 끼 식사 사이에 머물지 않고 확장되고 있었다. 여기서 식당이란 무엇인가?

나는 어떤 발견의 희열을 느꼈다. 미디어-콘텐츠, 비즈니스-제품 간의 관계가 서로 연결되는 순간이었다. 제품이 곧 콘텐츠이고, 그러므로 미디어이고, 그러므로 네트워크라는 사실을 입증하는 체험이었다. 지금까지 나는 컨테이너, 콘텐츠, 컨텍스트의 해체와 연결 현상을 통해 미디어의 진화를 설명해왔다. 그러나 여기서 미디어가 단순히 도구적 의미가 아님에도 불구하고 비즈니스, 제품, 마케팅의 영역으로 이해를 확장하는 것은 쉽지가 않았다.

이 인식의 확장을 돕는 것이 바로 이 글의 목적이다. 지금부터 연결된 세상에서 어떻게 미디어와 비즈니스의 경계가 허물어지고 있으며, 이것이 왜 비즈니스의 사회적 진화인지 알아보려고 한다.

연결된 세상의 모든 문제의 핵심은 사회적 관계에 있다. 비즈니스가 미디어가 되고 제품이 네트워크가 되는 것은 사회적 현상이다. 즉 비즈니스의 사회적 진화인 것이다. 여기가 사업자, 고객, 제품, 마케팅, 광고 등 기존 비즈니스 주체의 역할과 개념이 어떻게 달라지는지 이해할 수 있는 지점이다.

우리가 주인공, 문제의 시작

먼저 미디어 개념에 대한 공감이 필요할 것이다. 미디어는 사회를 이해하는 관점이다. 사회관계를 반영하고, 창조하며, 현상을 증폭한다. 콘텐츠를 실어 나르는 도구가 미디어로 정의되던 시대, '대중'에게 도달하는 것을 목표로 하던 시대의 미디어는 끝이 났다. 연결된 세상에서 미디어는 관계를 만드는 모든 것, 그리고 그 관계를 통해 정의되는 모든 것을 아우르게 되었다.[2]

미디어에 대한 시대적 관점은 비즈니스를 이해하는 열쇠다. 비즈니스 자체가 사회적 산물이기 때문이다. 연결된 세상이 이전 세상과의 단

---

2. 윤지영, 〈진화하지 않으면 죽는다〉, 《오가닉 미디어》, 개정판, 오가닉미디어랩, 2016.

미디어의 변신 (Media Transformation)

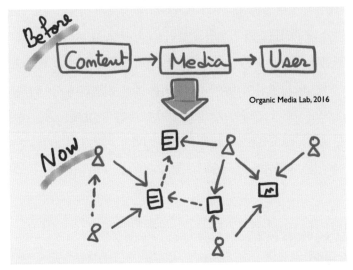

콘텐츠를 실어 나르는 '도구'적 개념에서 연결을 만드는 네트워크로 미디어 개념은 진화했다. 여기서 미디어, 콘텐츠, 사용자의 경계는 더 이상 구분되거나 단절되어 있지 않다. 문제의 시작점이다.

절이라면 비즈니스의 본질도 달라질 수밖에 없다. 모든 것이 '관계'라는 유기적 틀로 재편되는 지금 비즈니스도 예외가 될 수 없는 것이다.

이를 위해 지금부터 왜 '파는' 것이 목적인 시대가 끝났으며, 비즈니스가 어떻게 사회적으로 진화하고 있는지 그 과정을 살펴볼 것이다. 식당을 메타포로 사용하고 샤오미를 연결된 세상의 비즈니스 사례로 쓸 것이다.

샤오미에 대한 시장의 의견과 평가는 분분하다. 한 기업의 흥망성쇠에 영향을 미치는 내외부의 환경적 요소는 매우 다양하며 이 글에서는 샤오미의 '성공'을 다루지 않았다. 비즈니스의 사회적 진화 형태를 보여주는 대표적 예시로 사용했으며, 시장의 평가와 관계없이 유사한 사례는 앞으로 계속 증가할 것이다. 사회가 요구하는 현상이기 때문이다.

업이 무엇이든 비즈니스의 본질은 같다. 식당이 샤오미로 전환되는 대목에서 여러분도 나와 같은 발견의 희열을 느끼기 바란다. 그 발견을 돕는 것이 이 글의 목적이기 때문이다.

1. 가치의 전환, 주인공의 탄생

유학생 시절에는 맛있는 식당을 찾아다닐 돈도 없었지만 20년의 세월 동안 파리의 식당이 많이 변한 것도 사실이다. 프랑스 식당 하면 새하얀 식탁보와 금빛 반짝이는 접시, 손님을 주눅 들게 하는 엄격한 서비스와 비싼 가격이 떠오르지는 않는가?

반갑게도 손님보다 식당이 존귀하고 규율 넘치는 테이블이 맛을 압도하던 시절은 조용히 가고 있다(고전이 사라진다는 것은 아니다). 고급 호텔보다 에어비앤비, 베르사유 궁전보다 갓 구운 바게트, 신선한 야채와 생선을 파는 동네 가게를 경험하면서 관광객들이 파리지엥이 되는 체험을 할 수 있는 시대가 되었다. '구경'이 아니라 '삶'의 경험을 주는 여행이 가능해졌다. 에펠탑과 베르사유 궁전보다 그 공간을 즐기는 사람들이 주인공이 되는 시대가 온 것이다.

엘머와 같은 '네오 비스트로Neo bistro'는 이러한 시대적 현상의 반영이다.[3] 지금 파리는 합리적인 가격에 예술의 경지를 노리는 식당들, 네

---

3. Bruce Palling, "Better, Cheaper French Cuisine," *The Wall Street Journal*, Sep 10, 2010. http://www.wsj.com/articles/SB10001424052748704644404575482180005592958.

에어비앤비를 통해 빌린 파리의 Montorgueil 지역의 한 아파트. 호텔의 번쩍이는 로비와 룸서비스를 포기하고 시장이 가까운 환경을 택했다. 친구가 요리한 양갈비로 집에서 파티를 열었다.

오 비스트로의 춘추전국시대다. 젊고 창의적인 음식을 편안한 분위기에서 즐길 수 있다. 이들의 음식은 프랑스 음식의 전통을 깨지 않으면서도 신선하고 재기 발랄하고 솔직하다. 판에 박힌 일상에서 우리를 꺼내준다. 이 모든 평범한 듯 조화로운 특별함은 우리의 만남을, 이야기를, 유쾌함을 더욱 특별한 순간으로 승화시켜준다.

여기서 식당은 단순히 음식을 파는 곳이 아니다. 게오르그 짐멜Georg Simmel이 〈식사의 사회학〉에서 지적한 사회화 과정이 이제 식탁의 범주를 훨씬 넘어선 것이다.[4] 찰나를 즐기는 우리가 이야기의 주인공이 될 때, 그 찰나에서 작은 연결이 만들어질 때, 심지어 기록되고 공유될 때 의미를 만든다. 식당이 의도하지 않았을지라도 이 사소한 연결을 돕는 것이 이들의 비즈니스가 되고 있다.

2. 연결의 주체, 성장하는 미디어

과거에는 제품이 주인공이었다. 제품을 미디어를 통해 소비자에게 전달하는 선형적 과정에서 비즈니스가 성립되었다. 이 과정이 짧고 빠르며 대규모로 이뤄질 때 성공한 비즈니스로 보았다. 매스미디어는 이 활동을 극대화하는 역할을 해왔다.

그러나 연결된 세상에서 사용자는 스스로 모든 유형의 커뮤니케이션의 주체가 되었다. 다음 그림은 제품 중심의 선형적 비즈니스와 사용자 중심의 연결 비즈니스를 비교한 것이다. 이제 제품은, 콘텐츠는, 식당은 우리가 만드는 연결을 돕는 매개체로 작용할 때 비로소 의미를 지니게 되었다. 그 연결 하나하나에 비즈니스의 가치가 있는 것이다. 이 연결을 도와준 제품이 내 네트워크의 일부가 되는 순간 제품은 공장에서 대량 생산된 소비재를 넘어선다. 연결의 주인공으로 각자의 경험에서 다시 태어난다. 내 연결의 콘텐츠가 된 숭어회처럼 말이다.

식당은 오가닉 미디어 현상의 상징이자 메타포다. 우리는 모두 연결을 통해 스스로 성장하는 미디어가 되었다. 우리는 그 과정에서 기꺼이 사람들이 가치를 발견하고 선택하고 공유하고 경험할 수 있도록 도

---

4. 게오르그 짐멜, 《짐멜의 모더니티 읽기》, 김덕영·윤미애 옮김, 새물결, 2005.

비즈니스의 변신 (Business Transformation)

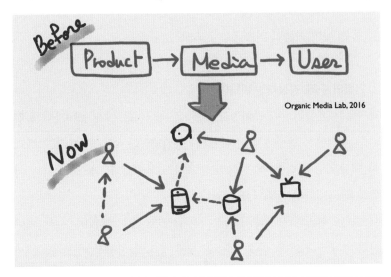

비즈니스의 진화 프레임은 미디어의 진화와 완벽히 동일하게 진행되고 있다. 사회적 산물로서 미디어와 비즈니스는 같은 운명을 띤다. 가치를 전달하던 선형적 비즈니스에서 제품은 맨 앞에 있었다. 그러나 이제 제품은 전달할 대상이 아니라 네트워크 자체다.

와주게 된다. 그 결과로 나타나는 네트워크가 바로 미디어로서 그 사람을 정의하는 시대를 살고 있다.[5]

비즈니스 본질의
변화

샤오미의 비즈니스는 이 현상을 보여주는 사례다. 사용자가 주인공으

---

5. 윤지영, 〈청중이 나를 정의한다〉, 《오가닉 미디어》, 개정판, 오가닉미디어랩, 2016.

로서, 오가닉 미디어로서 성장하고 진화할 수 있도록 '도와주는' 비즈니스를 한다. 이 과정을 통해 샤오미 스스로도 미디어가 되었다. 뉴스룸을 만들고 콘텐츠를 생산하는 미디어가 되었다는 뜻은 물론 아니다. 식당이 미디어로서 콘텐츠의 가치를 만드는 과정을 묘사하는 것처럼 샤오미도 연결된 세상에서 제품의 가치를 어떻게 만들어야 하는지 보여주고 있다.

1. 네트워크가 제품이다

나는 샤오미의 비즈니스 철학을 담은 리완창의 책 《참여감》을 읽으면서 여러 번 놀랐다. 정말 이런 생각으로 사업을 해왔다는 말인가 놀랐고, 《오가닉 미디어》에서 제안한 개념을 교과서처럼 담고 있기에 놀랐다. 마치 이론서가 사례집으로 둔갑한 것 같았다.

> "지금 젊은 세대가 소비하고자 하는 것이 결국 참여감이라고 생각한다. 그들은 단순히 제품을 구경하고 만져볼 뿐 아니라 참여를 통해 그 브랜드와 함께 성장하고 싶어 한다."[6]

2010년 샤오미가 MIUI(샤오미의 스마트폰 운영체제)를 처음 출시했을 당시 샤오미의 팬은 50명에 지나지 않았다. 그로부터 1년 후 50만 명이 되었고 2014년 기준으로 2000만 명에 달한다.[7] 샤오미의 사용자들 중

---

6. 리완창, 《참여감》, 와이즈베리, 2015, p. 97.
7. 상동, p. 206.

샤오미 네트워크의 유기적 성장
(Organic Growth of Xiaomi Network)

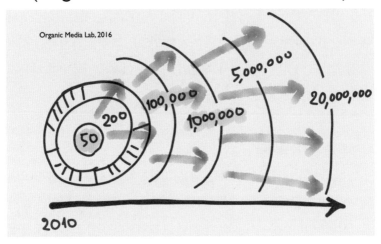

샤오미의 팬은 4~5년 사이에 50명에서 수천만 명으로 늘어났다. 이들이 만드는, 이들과 만드는 네트워크가 샤오미 비즈니스의 실체다.

에서 자신의 샤오미 계정을 친구들에게 빌려주는 사용자는 20%나 된다. 그들은 친구들이 샤오미 제품을 추천하고 쉽게 살 수 있도록 도와주는 영업사원이다. 제품을 사용하다 질문이 생기면 샤오미 직원보다 친구들을 먼저 찾는다. 이 팬들은 샤오미의 직원이다.

　단순히 소셜 미디어를 잘 이용하는 샤오미의 마케팅 전략이 아니다. 이들에게 어떤 인센티브를 제공하길래 스스로 이렇게 열성적인 직원이 되기를 자처한다는 말인가? 샤오미는 이것을 '참여감'이라고 표현한다. 제품의 개발과정부터 판매, 홍보, 운영까지 일련의 과정에 팬들이 모두 관여한다. 이 과정에서 얻게 되는 참여감, 소속감이 인센티브

샤오미 네트워크 (Xiaomi Network)

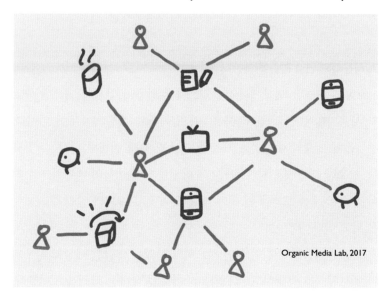

샤오미의 제품은 네트워크다. 제품을 매개로 한 사용자의 네트워크, 사용자를 매개로 한 제품의 네트워크를 만들고 있다(그림에서 노드는 스마트폰, TV, 청소기, 공기청정기 등이다).

라는 것이다.

그러나 이것은 난순히 참여에 기반한 소비 행태가 아니다. 비즈니스 본질의 진화를 보여주는 증후군이다. 팬들은 샤오미의 기획자, 개발자, 테스터, 마케터이며 샤오미의 제품과 분리되지 않는 관계에 있다. 연결된 세상에서 제품은 더 이상 구매할 대상도, 소비자에게 공급할 재화도 아니라는 사실을 입증한다. 사용자가 참여하는 과정 즉 제품과 사용자의 연결이 만들어지는 과정에서 가치가 창출되기 때문이다. 이 과정에서 만들어지는 네트워크가 결국 샤오미의 제품이다. '재화의 판매'에서 '사소한 연결의 합'으로 비즈니스의 본질적 변화가 일어나고 있는 것이다.

2. 사용자의 연결 활동을 돕는다

샤오미는 연결된 세상에서 비즈니스의 주인공이 자사의 제품이 아니라 사용자임을 알고 있다. 사용자가 왕이라서 섬기라는 뜻이 아니다. 주인공이 일생의 이야기를 사소한 일상을 통해 전개해 나갈 수 있도록, 사소한 연결(제품, 콘텐츠, 친구, 발견, 선택 등)이 이들의 네트워크로 진화할 수 있도록 도와주는 것이 제품의 역할, 샤오미의 역할이라는 것을 알고 있다는 뜻이다.

고객 관점으로 뒤집어 보면 샤오미의 사례는 연결된 세상에서 우리가 네트워크를 구축하고 서로의 미디어로 동작하는 과정을 보여준다. 그렇다면 사용자들이 샤오미의 비즈니스에 '참여'하는 것이 아니다. 그들의 연결 활동을 '도와주기 위해' 비즈니스가 존재하는 것이다.[8]

전통적으로 비즈니스의 실체는 제품을 만드는 조직과 시스템에 있었다. 예컨대 하드웨어를 제조하는 시스템, 계층구조가 있는 (관료)조직이 삼성전자의 비즈니스를 말해왔다. 이 조직을 없애면, 삼성전자의 비즈니스도 사라질 것이다.

이에 반해 샤오미 비즈니스의 실체는 네트워크다. 샤오미의 직원, 제품, 사용자로 이뤄진 네트워크는 스스로 진화가 가능하다. 이제는

---

8. 윤지영, 〈안과 밖의 경계가 없는 시장에서 사업자는 누구인가?〉, 《오가닉 미디어》, 개정판, 오가닉 미디어랩, 2016.

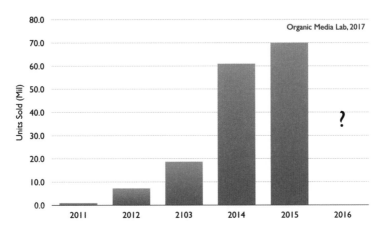

샤오미 스마트폰 비즈니스의 성장
(Growth of Xiaomi Smartphone Business)

샤오미는 4년 만에 기하급수적인 성장을 이루어냈다. 샤오미 자신도 예측하지 못한 놀라운 성장세는 샤오미의 경영에 위협이 되기까지 했다. 샤오미의 성장통이다. 그러나 샤오미 네트워크의 진화가 멈춘 것을 의미하지는 않는다. (그래프: 2017년 1월 11일 샤오미의 CEO 인터뷰 기사를 바탕으로 재구성(https://techcrunch.com/2017/01/11/xiaomi-2016-to-2017/))

제조 시스템, 조직이 만들어내는 가치보다 이 네트워크가 만들어내는 가치가 더 커지는 것이다. 수백, 수천만, 수억의 사용자 한 명 한 명이 만드는 평범한 연결이 반복되고 쌓여 만드는 가치이기 때문이다. 사용자의 일상을 발견의 즐거움으로 만들어 주는 과정에 가치가 있다. 이것이 연결 비즈니스, 오가닉 비즈니스의 실체다.[9]

---

9. 노상규, 《오가닉 비즈니스》, 오가닉미디어랩, 2016.

3. 구성원도 미디어로 성장한다

조직을 운영하는 방법도 같은 법칙을 따른다. 조직보다 구성원이 우선하는 구조, 위계보다 소통이 우선하는 구조가 없으면 유기적으로 성장하는 네트워크는 자산으로 만들어질 수가 없다. 네트워크가 곧 제품이 되는 시장에서 구성원은 네트워크의 일부이자, 네트워크를 만들어내는 미디어 자체이기 때문이다.

이를 위해서는 조직의 각 구성원이 주인공이 되어야 한다. 사용자와 구분하기 어려울 정도로 안과 밖의 경계를 없애고 소통 중심으로 전환될 수 있는 노력이 끊임없이 필요하다. 시스템보다 미디어로서의 역할이 우선해야 한다. 샤오미에서는 개발자가 사용자와 직접 소통하고, 그 결과 MIUI를 일주일에 한 번씩 업데이트하며 제품에 반영한다.

구성원의 주인의식은 모든 경영자의 바람이다. 이를 위해서는 자신이 만드는 제품의 팬이 되는 것은 기본이고 조직은 유연하고 투명해야 한다(투명성과 브랜드의 관계는 제4부에서 자세히 다룬다). 의사결정 과정은 단순하고 공개적이어야 한다. 예를 들어 샤오미 매장의 개선 사항은 건의하고 보고하고 논의하고 보고하고 기다리지 않는다. 의견을 게시판에 개진하고 운영팀 내에서 3인 이상의 동의를 얻으면 바로 실행된다. 의사결정 과정은 빠르고 투명하다. 더 많은 직원이 주인으로 참여할 수 있는 선순환이 된다.[10]

---

10. 조직 구성원이 제품의 팬이 되고 주인이 되는 진화 방향에 대해서는 제4부, 〈브랜드: 신뢰의 네트워크〉에서 자세히 다룬다.

비즈니스의 목적과 결과, 오가닉 네트워크

"과거에는 소비자에게 제품을 판매하고 나면, 그것으로 기업과 소비자 사이의 관계는 끝났다고 보았다. 하지만 지금은 바로 그때부터 소비자와의 관계가 시작된다."[11]

이 철학은 지금까지 샤오미의 진화를 이끌어왔다. 나는 오가닉 미디어 시대에는 '끝이 곧 시작이 된다'는 말을 여러 번 강조해왔다.[12] 연결된 세상의 모든 비즈니스는 유기체이기 때문이다. 유기체의 진화를 만드는 것은 오직 연결(관계)뿐이다. 네트워크를 만들지 못하는 기업은 성장할 수 없는 세상이 된 것이다.

다만 이 네트워크는 시스템만으로 구축되는 것도 아니고 사업자 혼자서 만드는 것도 아니다. 사용자의 소셜 관계를 의미하지도 않는다. 사용자가 연결의 주체가 될 수 있도록, 즉 미디어가 될 수 있도록 도와주고 그 과정에서 구축되는 네트워크를 말한다. 비즈니스가 연결을 만드는 미디어로 작동할 때 가능하다.

이 책에 자주 등장하는 아마존이 데이터로 연결된 오가닉 미디어의 사례라면, 샤오미는 그 과정을 훨씬 더 서사적narrative으로 보여준다. 샤오미는 제품을 통해 사용자가 이야기를 만들고 참여하고 소속감을

---

11. 리완창, 《참여감》, 와이즈베리, 2015, p. 21.
12. 윤지영, 〈끝이 곧 시작이다〉, 《오가닉 미디어》, 개정판, 오가닉미디어랩, 2016.

비즈니스, 오가닉 미디어가 되다
(Business as Organic Media)

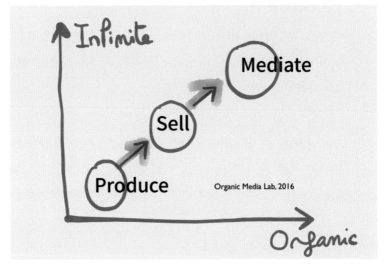

업의 본질이 '매개' 활동으로 진화함에 따라 비즈니스의 속성은 더욱 유기적이고 규모는 무한대로 확장될 수 있는 가능성을 갖게 된다. 무한한 정보의 연결관계와 이로 인한 네트워크의 확장(진화)을 내포하기 때문이다.

만들도록 돕는다. 그 결과 제품은 네트워크가 되었다. 삼성전자와 같은 거대한 회사도 샤오미의 네트워크를 '도입'하거나 복제할 수 없다. 왜 그런가? 네트워크는 베껴지지 않는 유기적 진화의 결과물이기 때문이다.

우버, 에어비앤비, 테슬라 등 돌연변이처럼 나타나 시장에 지각변동을 일으키는 많은 회사들이 같은 방식으로 작동한다. 업의 종류가, 과정과 전략이, 사용자의 관계가 모두 다를 수 있다. 그러나 유기적 네트워크가 제품이라는 관점에서 보면 본질은 모두 같다.

비즈니스의
사회적 진화

비즈니스(기업)는 사회적 관계를 설명하는 하나의 관점이다.[13] 이를 조직, 경제 활동, 재화의 거래 관점에서 설명할 뿐이다. 과거에는 흩어진 개인을 합리적으로 관리하기 위한 관료제bureaucracy가 필요했고, 한정된(언제나 불충분한) 재화를 생산하고 공급하는 과정에서 가치를 창출했다.

그런데 이미 개인들이 연결되어 있고 재화(생산자)가 넘쳐나며 부족한 것은 시간뿐인 세상이 왔다. 모두가 커뮤니케이션의 주체가 되었고 연결된 개인이 매 찰나 생산하는 관계들이 모여 역사를 만드는 세상이 되었다. 여기서 비즈니스는 그 어느 때보다 사회적 산물로서 길을 묻고 길을 내고 있다. 사회적 연결을 돕는 주체로서 비즈니스는 진화하고 있다. 미디어로 진화하고 있다.

이는 다시 미디어의 사회적 확장을 증거한다. 도구가 아니라 세상을 보는 관점이자 사회적 관계를 만드는 주체로서 미디어를 다시 정의할 수 있도록 도와준다.

한 끼 식사를 하고, 물건을 구매하고, 장소 좀 이동하는 데 무슨 정의로운 의식이 필요한가. 비즈니스는 이 하찮은 기록이 의미가 되고 연결이 되고 관계가 될 수 있도록 도와줄 뿐이다. 우리는 끊임없이 정

---

13. 김덕영, 《막스 베버》, 길, 2012.

비즈니스의 사회적 진화
(Social Evolution of Business)

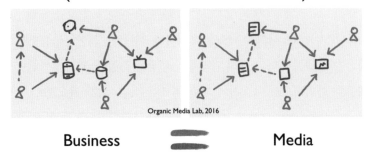

Organic Media Lab, 2016

Business ═══ **Media**

서로의 진화를 가속화하여 온 두 영역이 각각 유기적 네트워크로 진화함에 따라 더 이상 구분하기 어려운, 구분해서는 안 되는 하나의 차원으로 합쳐지고 있다. 사회학, 경영학 등으로 구분되어온 경계는 다시 희석되고 있다.

체성을 만들어가는 여정journey 중에 있다. 그 결과가 미디어로, 즉 네트워크로 나타날 뿐이다. 비즈니스는 이 사회적 관계의 결과물이자 액셀러레이터accelerator다.

02 광고의 소멸, 이별의 시간
Advertising, Fused into Networks

비즈니스의 목적이 판매가 아닌 연결이라면, 기존의 제품을 알리고 판매하는 과정은 어떻게 달라지는가? 비즈니스가 미디어 즉 관계를 만드는 네트워크로 진화하는 과정에서 광고라는 개념은 지속 가능한가? 판매를 목적으로 설득하는 과정이 연결 가치를 제공할 수 있는가?

여기서는 광고의 소멸 과정을 단계별로 살펴본 뒤, 왜 이제 광고와 이별해야 하는지 정리한다. 광고 생태계는 복잡하다. 그래서 광고가 죽었다고 마음으로 받아들여도 의사결정은 다르게 한다. 광고주, 미디어, 대행사, 제작사의 관계가 복잡한 것도 있지만 미련도 있다. 광고가 반드시 판매 목적은 아니라며 노출을 지표로 설정하기도 한다. 효과 측정은 안 되어도 영향은 있을 거라는 막연한 기대를 버리기 어렵다. 이미 예산이 있는데 가시적으로 실적을 보여줄 다른 방법도 별로 없잖은가.

오가닉 미디어의
양면성

우선 이 모든 문제의 근원이 어디에 있는지 미디어 관점에서 간단히 정리하면서 논의를 시작해보자. 누구나 콘텐츠를 생산하는 이 연결의 시대에 우리는 모두 미디어다. 콘텐츠의 생산자이며, 그러므로 동시에 광고가 필요한 '광고주'다. 누군가 나의 이야기를 듣고 나를 봐주기를 원한다면 광고를 해야 한다. 내 의도와 관계없이 저절로 광고를 생산하기도 한다. 여기서 광고란 돈을 내고 지면을 사는 방식이 아니다.

나의 콘텐츠를 광고하는 유일한 방법은 먼저 타인을 미디어로 존재하도록 도와주는 길뿐이다. 나의 광고가 콘텐츠로 전환되기 위해서는

오가닉 미디어의 양면성
(Two Sides of Organic Media)

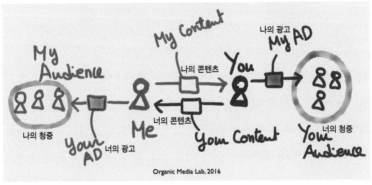

오가닉 미디어는 네트워크다. 콘텐츠를 생산하고 광고하는 역할은 혼자 할 수 없으며 반드시 상부상조해야 미디어로서 존재할 수 있다.

이 곡을 들은 다른 사람들이 들은 음악 목록(아마존 뮤직의 화면 캡처). 만약 사용자 행위를 기반으로 추천을 한다면 순도 100%여야 한다. 연결의 경험이 신뢰를 만든다.

다른 미디어가 반드시 필요하다. 공유할 가치가 있는 콘텐츠는 그를 통해 그의 청중에게 도달된다. 광고된다. 서로 같은 방식으로 동작한다. 그 결과가 네트워크다. 내가 그의 청중과, 그가 나의 청중과 연결되면서 떼려야 뗄 수 없는 유기적 관계를 만든다.

그래서 오가닉 미디어는 혼자서는 존재할 수 없는 미디어다. 타인의 노동력 없이는, 타인의 콘텐츠 없이는 나도 미디어로서 존재할 수가 없는 것이다. 인스타그램에서 멋진 사진으로 팔로어를 늘리고 서로 부지런히 관계를 이어간다. 가시성을 높이기 위해 우리가 하고 있는 모든 활동이 일종의 광고인 것이다.

광고 의도가 없더라도 내 일상의 경험은 타인에게 콘텐츠(정보)가 되고 이때 나는 미디어로, 내 경험은 누군가의(또는 어떤 제품의) 광고로 전환될 수 있다. 음악을 듣는 행위도 앨범을, 작곡가를, 연주자를 광고할 수 있고 이때 나는 미디어이고 DJ다. 이렇게 만들어지는 관계가, 경험이, 신뢰가 연결이 지배하는 미디어 세상의 작동 방식이고 산물이다.

이 메커니즘 안에 광고의 소멸이 있다. 미디어이자 광고주로 작동하는 오가닉 미디어의 양면성에 문제의 본질이 있다. 미디어의 거스를 수 없는 진화인 것이다. 이에 따라 필연적으로 찾아온 광고의 소멸 과정을 지금부터 단계별로 차근차근 알아보고 그 결과에 대해 정리하겠다.

콘텐츠와 광고의 공생

콘텐츠와 광고는 공생했지만 물리적으로 분리되어왔다. 어느 것이 광고이고 어느 것이 '선한 콘텐츠'인지 구분했다. 미디어 입장에서는 광고에 어느 정도까지 판매 효과가 있는지 노심초사할 필요가 없었다. 어차피 노출이 임무였고, 주목을 끌었다면 그것으로 지표는 충분했다.

전통 미디어는 간밤에 일어난 소식도 우리 대신 알아봐 주었고 먼 나라의 패션 트렌드도 전해주었다. 유용한 정보에 소비자가 모였고, 우리는 충성했다. 전통 미디어의 활동은 광고주의 제품을 알리기 위한 활동이기도 했다. 매달 잡지를 찍어야 공간을 팔 것이 아닌가. 공간의 단가는 콘텐츠 소비자의 숫자가 정해주었다. 물론 광고도 우리의 의사결정을 도와주는 매개체로 작동했다. 무엇을 사야 할지 모를 때

매스미디어와 광고 I
(Mass Media & Ads I)

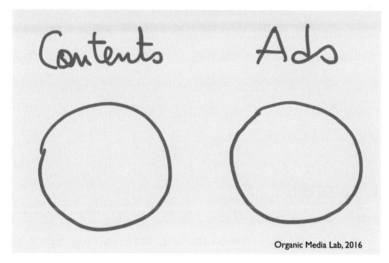

Contents Ads

Organic Media Lab, 2016

전통적으로 콘텐츠와 광고는 분리되어왔다.

는 '메이커(유명 브랜드)'를 샀으니까.

　꼭 정보가 아니어도 광고는 소비자를 울리고 웃기면서 소비사회에서 당연하게 자리 잡았다.[1] 콘텐츠와 광고는 공생할 수밖에 없었고, 이들의 이중생활은 정당했다. 우리는 받아들였다. 그들의 생활은 꽤 오랫동안 평화로웠다.[2]

1. Jean Baudrillard, *La societe de consommation*, Gallimard, 1970.
2. 광고의 정의, 그리고 미디어와 광고의 공생 관계는 〈경험이 광고다: "아뇨, 우버를 불렀어요"〉에서 다룬다.

광고의 존재 이유를
찾아서

그런데 콘텐츠(모든 것)가 넘쳐나자 전통 미디어에 대한 소비자의 의존도는 떨어지고 광고 공간으로서의 가치도 하락했다. 무엇으로 주목을 끌고 무엇을 팔지 고민에 빠졌다.[3] 이러한 문제에 대응하는 전통 미디어와 광고주의 기본 자세는 광고의 주목도와 도달의 규모를 높이기 위해 더욱 전력을 다하는 것이다.

1. '광고지만 괜찮죠?'

광고를 갖가지 방식으로 덕지덕지 붙이고 들이대는 것도 방법이겠지만 길게 언급할 가치는 없겠다.[4] 대표적인 전략은 콘텐츠와 광고를 하나로 합체하는 것이다. 첫째, 광고를 공유될 만한 콘텐츠로 승격시켜 입소문을 통해 널리 전파시킨다. 이 관점에서는 '콘텐츠 같은 광고', '광고인 줄도 모르고 끝까지 봤네' 등의 반응을 이끌어내면 성공이다.

안티팬의 눈물샘까지 자극한 현대자동차의 '고잉홈'[5]은 1000만 조회수를 달성했다.[6] 최현석, 안정환이 등장한 캐논 광고[7]처럼 광고인 줄알고도 너무 재미있어서 친구까지 소환해 같이 보는 경우도 있다. '이

---

3. Shira Ovide, "Google, Facebook killed free media with ad domination," *livemint*, Aug 11 2016, http://www.livemint.com/Consumer/aj515IcDMve9UT08OufDJK/Google-Facebook-killed-free-media-with-ad-domination.html.
4. 윤지영, 〈컨텍스트에 답이 있다〉, 《오가닉 미디어》, 개정판, 오가닉미디어랩, 2016.
5. 〈Hyundai : Going Home(고잉홈)〉, 현대자동차그룹, 2015년 11월 20일, https://youtu.be/Xy5XPb37Wgl.

유병재의 극한 결혼(feat. 첫사랑)

kt KT - 케이티

구독 34,323

조회수 839,797회

올레 와이브로 에그 광고 동영상 이미지(출처: https://www.youtube.com/watch?v=KRsEHJuAKXQ)

거 광고예요'를 외쳐서 더 웃긴 작품들도 있다. 그런 의미에서 다시 보는 유병재 주연의 올레 와이브로 에그 광고[8](제작사 '돌고래유괴단[9]')에 진심 어린 경의를 표한다.

72초 TV[10]도 고유의 즐거운 문법을 그대로 광고에 적용하여 새로운

6. 류형열, 〈현대차그룹 '고잉홈(Going Home)' 영상, 유튜브 조회 수 1000만 건 돌파〉, 경향비즈, 2015년 11월 29일, http://biz.khan.co.kr/khan_art_view.html?artid=201511291001081.
7. 〈[캐논 파워샷 G7 X Mark II] 안정환의 파워무비! episode 1. 캐논숏〉, Cannon Korea, 2016년 9월 21일, https://www.youtube.com/watch?v=uZNQopAAjLE.
8. 〈유병재의 극한 결혼〉, KT, 2014년 10월 8일, https://www.youtube.com/watch?v=KRsEHJuAKXQ.
9. https://www.facebook.com/dolphinersfilms/.

매스미디어와 광고 2
(Mass Media & Ads 2)

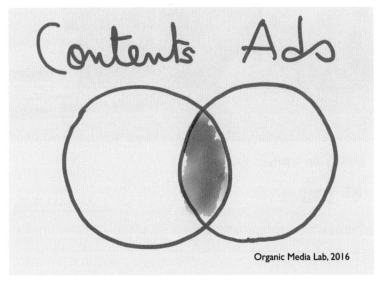

공간에서 네트워크로 그라운드가 넘어가는 전환기에 광고와 콘텐츠의 교집합은 커지고 있다. 광고를 광고라고 부를 수 없는 명백한 현실이다.

시도[11]들을 쏟아내고 있다. 크리에이터들은 우리의 공감을 얻을 수 있는 탁월한 능력이 있고 광고주는 돈이 있다. 이들의 협업은 당연하다. 그러나 '광고 아니에요'를 외치는 광고, 광고를 조롱하는 광고, 스스로 망가지는 광고의 코드는 광고에 대한 사회적 인식을 그대로 반영한다.

10. https://ko-kr.facebook.com/72sectv/.
11. 〈Moving Rubber X 72초TV Collaboration Project〉, GATSBY Korea, 2016년 2월 29일, https://www.youtube.com/watch?v=fFlrQdaNoXQ.

2. 도달, 막다른 골목

이런 광고의 성공 여부는 '도달reach' 규모에서 결정된다. 광고주, 대행사, 미디어 모두의 목표이고 성공 지표다. '관심을 가질 만한' 사람들을 골라서 타깃 광고를 하든, 더 큰 규모의 불특정 다수에게 노출을 하든 모두 도달 규모를 키울 수 있는 방법을 고민하고 있다. MCNMulti Channel Network의 비즈니스 모델도 다양하게 시도되고 있지만 기반은 광고다.[12] 유투버youtuber의 팬 사이에는 공짜로 좋은 영상을 볼 수 있는데 차라리 '건너뛰기skip'를 누르지 말고 더 길게 광고를 봐주자(도와주자)는 의견도 있다.[13] 그러나 대부분은 그렇지 않다. 광고 차단 소프트웨어[14]는 날이 갈수록 업그레이드되고 있고, 광고주와 소비자의 쫓고 쫓기는 전쟁이 시작된 지는 이미 오래되었다.[15]

여기서 광고의 목적이 도달이 된 당연한 이유를 되짚어볼 필요가 있다. 도달은 판매를 위한 중간 과정이다. 지금까지는 전통적 광고를 통해 제품을 인지하면 구매로 이어질 가능성이 높았다. 광고의 임무가 도달인 것은 당연했다. 하지만 이제 단순한 도달은 판매로 이어지지 않는다.[16] 제품의 인지와 구매 사이의 간격은 너무 넓어졌다.[17] 검색

12. 배기형, 〈위기와 기회, MCN이 만드는 새로운 수익모델〉, PD Journal, 2016년 8월 8일, http://www.pdjournal.com/news/articleView.html?idxno=59042.
13. 〈손으로바르기좋은섀도 | 주머니 | 주제가머니〉, Yoo True, 2016년 9월 24일, https://www.youtube.com/watch?v=ba-EZvffxTs.
14. https://chrome.google.com/webstore/detail/adblock-for-youtube/cmedhionkhpnakcndndgjdbohmhepckk/related?hl=en.
15. Suzanne Vranic, "Advertisers Try New Tactics to Break Through to Consumers," *The Wall Street Journal*, Jun 19, 2016, http://www.wsj.com/articles/advertisers-try-new-tactics-to-break-through-to-consumers-1466328601.

을 하든 링크를 클릭하든 우리는 끊임없이 활동하고 있다. 무의식중에 발생하는 의사결정의 연속이며, 이는 그 자체로 다시 서로의 의사결정을 돕는다. 네트워크의 활동이 활발해질수록 광고가 구매 결정에 영향을 줄 가능성은 계속 낮아질 수밖에 없다.

그러니 이제 광고를 한다면, 지불 가치를 발견하게 하고 의사결정을 도울 뿐 아니라 구매까지 끊김이 없이 연결되는 과정까지 책임져야 한다. 그렇지 않으면 광고 효용을 논하기 어렵게 되었다.

3. 효과, 지속 가능한가?

연결된 세상에서는 단발성 광고도 독립적인 콘텐츠가 아니다. 고객, 경험, 제품의 네트워크와 함께 움직인다. 2016년 6월 화장품 회사 '지베르니'는 광고 영상과 메가박스 상영관의 객석을 연결하는 기발한 스토리텔링[18]을 선보였다. 바이럴은 급속도로 번졌고 (광고 관계자에 따르면) 매출도 상승했다고 한다. 성공한 광고가 낳은 결과인가?[19] 그렇지 않

---

16. 박현준, 〈캐논, 매출 부진 속 영업익 반등…"땡큐! 미러리스": 매출 5년 연속 하락세…비용절감으로 영업익은 15% 개선〉, 뉴스토마토, 2016년 4월 6일, http://www.newstomato.com/readNews.aspx?no=642331.
17. 〈2016 소비자 정보량과 브랜드 민감도 관련 인식 조사: '브랜드' 말고도 살펴볼 '정보'가 많은 시대, 옅어지는 '브랜드 후광효과'〉, 엠브레인 트렌드 모니터, 2016년 7월, https://www.trendmonitor.co.kr/tmweb/trend/allTrend/detail.do?bIdx=1507&code=0201&trendType=C KOREA.
18. 〈기발한 국내 극장 광고! 신선하고 재밌다! 지베르니 파운데이션 집착이 아닌 밀착편 바이럴 영상〉, IDEASHOWER, 2016년 6월 27일, https://www.youtube.com/watch?v=b0-grrhRodQ.
19. 2016년 9월 26일 ㈜지베르니, 광고대행사 '에이블 커뮤니케이션', 메가박스와 인터뷰 진행. 의견을 종합해보면 실제로는 직접적인 매출 상승보다는 지베르니 브랜드에 대한 인지도가 상승하게 된 계기로 보인다.

글로우픽에서는 구매후기를 통해 제품을 구매하고 다시 후기를 남기는 선순환을 볼 수 있다. 페이스북의 '광고(Sponsored)' 포스트에 달린 댓글이 아무리 칭찬 일색이라도 여기서 리뷰를 재검색하고 검증된 후기를 서로 남겨주기도 한다.

다. 실제로 화장품 리뷰 서비스 '글로우픽'[20]에는 해당 제품에 대한 사용자 리뷰만 400개가 넘는데, 대부분의 글은 이미 광고 이전에 작성되었다.

즉 제품에 이미 팬이 있고(sticky), 이를 기반으로 입소문이 확산되는 단계에 있다면(viral), 네트워크 규모를 키우기 위한 비용 집행도 정당하게 고려될 수 있다.[21] 하지만 인지와 구매의 직접적인 관계는 이제 존재하지 않는다. 광고는 팬과 제품의 경험 사이에 연결된 또 하나의 노

20. 〈테헤란로 커피클럽_글로우데이즈〉, Startup Alliance, 2016년 1월 6일, http://www.slideshare.net/StartupAlliance/160106-56720492.
21. 노상규, 〈바이럴 확산의 공식, Sticky-Viral-Paid, 어떻게 조합할 것인가?〉, 《오가닉 비즈니스》, 오가닉미디어랩, 2016.

드일 뿐이다. 설령 광고 크리에이터들이 주는 놀라움과 창의성이 천일야화처럼 계속될 수 있다는 가정이 있더라도 말이다.

광고의
소멸

'콘텐츠가 된 광고'는 광고의 소멸을 알리는 시대적 현상이다. 사업 영역에 따라 광고의 영향 범위가 다르므로 이미 완전히 소멸한 영역, 가장 늦게 소멸할 영역이 존재할 것이다(예를 들어 P&G[22]). 그러나 언젠가는 완전히 소멸할 수밖에 없을 것이다. 풍요의 세상에서 상품으로서, 마케팅 수단으로서 설득 광고를 소비해줄 '대중'은 없기 때문이다.

콘텐츠는 광고가 되고 광고는 콘텐츠가 되면서 이 둘을 구분하기는 어려워졌다. 크리에이티브가 아닌 진정성으로 승부하는 영역에서는 더욱 그렇다. 그렇다 보니 콘텐츠와 광고를 분리해내기 위한 수많은 개념,[23] 반면 분리되지 않으려는 광고의 피눈물 나는 노력[24]이 동시에 쏟아진다. 네이티브 광고, 애드버토리얼,[25] '스폰서링크Sponsored by',

22. Sharon Terlep and Deepa Seetharaman, "P&G to Scale Back Targeted Facebook Ads," *The Wall Street Journal*, Aug. 17, 2016, http://www.wsj.com/articles/p-g-to-scale-back-targeted-facebook-ads-1470760949.
23. "Native Advertising," *Wikipedia*, https://en.wikipedia.org/wiki/Native_advertising.
24. 이성규, 〈'네이티브 광고' 딜레마에 빠진 '뉴욕타임스'〉, 블로터, 2014년 9월 30일, http://www.bloter.net/archives/208015.
25. 강정수, 〈네이티브 광고와 저널리즘의 동거(하): 유료화냐, 광고화냐〉, 슬로우뉴스, 2014년 3월 28일, http://slownews.kr/22097.

'Sponsored' or 'Trusted'?

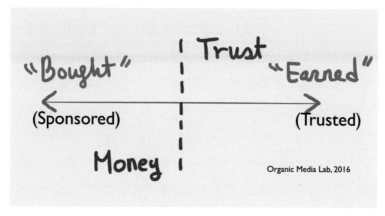

연결된 세상에서 비즈니스의 목적은 돈(매출)에서 신뢰로 이동하고 있다. 광고도 같은 원리를 따를 수밖에 없다.

'파워링크Promoted by', '협찬링크Featured by' 등 신문 지면이든, 온라인 상점이든, 검색 결과 페이지든 수식어와 라벨은 계속 생겨난다. 기자가 같이 만들었느냐, 공간만 내준 것이냐, 정보냐, 기만이냐의 논란도 따라간다.[26]

'네이티브 광고Native Advertising'의 라벨들은 '콘텐츠처럼 보이지만 원래는 광고, 즉 돈을 지불한 대가로 이 자리에 있으니 판단은 소비자가 하라'는 뜻을 함축한다. 문제는 여기 혼합되기 어려운 두 가지 가치가 공존한다는 데 있다.

26. 양윤직, 〈광고와 컨텐츠는 하나, 네이티브 애드 시대〉, KAA Journal, 2015년 1-2월, http://www.kaa.or.kr/k/mag/2015/01_02/kaa0102_04.pdf.

"돈은 '비천한' 것이다."[27] 돈의 등가성은 돈으로 지불 가능한 것들의 가치를 가장 낮은 곳으로 수렴한다.[28] 반면 평판, 신뢰, 권위는 오랜 세월을 통해 축적되는 것이며 돈으로 살 수 없는 귀한 것이다. 쇼핑몰에서 '스폰서링크' 항목은 천대받지만 진정성 있는 사용자 리뷰는 환대받는다. 버즈피드보다 《뉴욕타임스》의 네이티브 광고가 더 받아들여지기 어려운 이유도 같다.

방법은 돈으로부터 분리될 수 있는 신뢰를 쌓는 것뿐이다. 네이티브 광고를 게재하는 전통 미디어나 돈을 내고 콘텐츠를 보낼 자격을 얻은 기업(조직)이나 마찬가지다. 미디어는 오랫동안 쌓아온 평판과 신뢰를 걸었고, 기업은 (기회)비용을 걸었다. 그렇다면 기업의 콘텐츠는 유용한 정보를 전달하는 데 그칠 수 없다. 그 결과 신뢰 네트워크를 구축하는 것까지가 궁극의 목적이 되어야 한다.

네트워크가
된 광고

이 맥락에서 어디까지를 콘텐츠, 어디까지를 광고라고 할 것인가? 지속 가능한 네트워크(를 만드는 주체)가 되었다면 그것은 이미 광고가 아

---

27. 게오르그 짐멜, 《돈이란 무엇인가》, 김덕영 옮김, 도서출판 길, 2014(원서 출판: 1880~1900), p. 69.
28. "돈은 비천한 것이다. 왜냐하면 돈은 모든 것에 대한 등가물이기 때문이다. 개별적인 것만이 고귀한 것이다. 여러 가지 것들에 동일한 것은 그 가운데 가장 낮은 것과 동일하며, 따라서 가장 높은 것도 가장 낮은 것의 수준으로 끌어내린다. 수평화는 곧바로 가장 낮은 요소의 위치로 귀결되는 것, 이것은 모든 수평화의 비극이다." (상동, pp. 69-70.)

니지 않은가. 연결된 세상에서 우리(고객)가 생산하는 모든 콘텐츠는 서로에게 세상을 알려주고 의사결정을 도와주며 함께 즐길 수 있는 매개체다. 달리 말하면 광고에서 멀어질수록 신뢰를 얻는다. 돈보다 관계가 우선이고, 신뢰라는 귀한 가치를 얻기 위한 지루한 과정이 곧 광고가 된 것이다.

연결된 세상에서는 지속 가능한 힘이 없으면 무엇이든 소멸한다. 지속성은 연결을 통해서만 가능하고, 그 결과는 네트워크로 나타난다. 이 과정에서 콘텐츠는 노드로서, 링크로서, 더 나아가 네트워크로서 존재한다.[29]

이것을 이해한 브랜드들은 제품의 소비 가치보다 '참여' 가치에 집중한다. 지속 가능한 팬을 만들고 이들이 미디어로서 가치를 만들 수 있도록 돕는다. 널리 알려진 코카콜라의 'Liquid and linked content'[30]는 고객이 더 많은 이야기를 만들어낼 수 있도록 도와주는 '연결' 전략이다. 살아 있는 이야기, 체험, 이벤트의 합이 곧 브랜드라는 것을 실천하는 사례다.[31] 샤오미처럼, 코카콜라처럼 설득이 아니라 공감을, 체험을, 연결을 만드는 것이 기업 활동의 목적이자 전략인 것이다.[32]

여기서는 네트워크가 곧 세품이다. 지금 유행하고 있는 '브랜드 저널리즘'도 주목(바이럴)을 위한 것인지, 전통 미디어의 역할을 하려는 것

29. 윤지영, 〈콘텐츠는 네트워크다〉, 《오가닉 마케팅》, 오가닉미디어랩, 2017.
30. "Coca-Cola Content 2020 Part One," Cognitive Media, 2011년 8월 10일, https://www.youtube.com/watch?v=LerdMmWjU_E.
31. 윤지영, 〈브랜드는 네트워크다〉, 《오가닉 마케팅》, 오가닉미디어랩, 2017.
32. 윤지영, 〈비즈니스의 사회적 진화〉, 《오가닉 마케팅》, 오가닉미디어랩, 2017.

인지, 고객과 함께 가치를 찾고 배우는 과정을 일관되고 꾸준하게 실천하려는 것인지, 즉 고객과 분리되지 않는 네트워크를 만들려는 것인지에 따라 그 운명을 달리할 것이다.

검색 결과 페이지의 링크를 사든, 전통 미디어의 공간을 사든, 유튜버의 명성을 사든, 회사에 뉴스룸을 만들든 마찬가지다. 'Sponsored'와 'Earned'는 하나의 연속선상에 있다. 단순히 노출과 주목을 높이기 위한 접근이라면 오른쪽 영역으로 넘어가기 전에 도태될 수밖에 없다 (61쪽의 그림). 장기적으로 고객과 지속 가능한 가치를 함께 만들고, 그 결과 신뢰 네트워크를 구축하게 된다면 그것은 이미 광고가 아니다.

이별의
시간

지금까지 광고의 소멸을 논할 수밖에 없는 이유, 네트워크로 융해된 광고에 대해 알아보았다. 오픈소스, 클라우드, SNS에 연결된 세상에서 생산, 유통, 마케팅의 기회는 많아지고 장벽은 낮아졌다. 서로의 활동이 자양분이 되는 이 연결의 세상은 곧 무엇이든 넘쳐나는 풍요의 세상이다. 여기에는 많은 기회와 고민이 공존한다. 한편으로 보면 돈 없이도 누구나 가치를 만들 수 있는 기회를 얻게 되었다. 그래서 반대로 희소한 가치를 만들기가 더욱 어려워졌다. 생산이 곧 가치가 되던 시대가 이제 가고 없다.

이제는 시간, 경험, 신뢰와 같이 돈으로 살 수도, 인위적으로 만들 수도 없는 것들이 가치의 기준이 되었다. 시간을 절약해주고, 좋은 경험을 주고, 그 결과 신뢰를 쌓는 과정에서 네트워크가 만들어진다. 비즈니스의 희소가치는 이 네트워크에 있다.

이 메커니즘 속에서 상업적 광고는 무력하다. 아직 잔재가, 미련이 남아 있지만 광고가 이미 소멸했음을 받아들여야 다음 단계로 나아갈 수 있다. 광고주, 대행사, 제작사, (전통)미디어가 스스로 전통적 가치 사슬을 끊고 나와야 한다. 서로의 번뜩이는 전문성을 이미 소멸한 '광고'를 만들고 퍼뜨리는 데 쓰는 것은 안타까운 일이다.

"그래도 신제품을 알리는 데에 광고만 한 것이 없지 않은가?"라고 묻는다면 나는 반문하고 싶다. 왜 신제품이 출시된 시점에 아직도 팬이, 네트워크가 형성되어 있지 않은가?[33] 오가닉 마케팅에 의하면 제품의 기획 과정부터가 이미 마케팅의 시작이다. 제품의 출시는 이 연속선상에 있다. 모든 것이 넘쳐나는 시대에 '신(新)'제품은 새롭지 않다. 제품은 네트워크와 분리되지 않는 유기체다. 제품을 매개로 만들어진 네트워크가 새롭고 가치 있는 것이지 제품 자체가 아니다. 이것이 광고가 소멸할 수밖에 없는 이유, 네트워크가 광고를 대신할 수밖에 없는 이유이며, 우리는 이미 그 시점에 와 있다. 이제 그만 이별을 하자.

---

33. 윤지영, 〈왜 오가닉 마케팅인가?〉, 《오가닉 마케팅》, 오가닉미디어랩, 2017.

03 경험이 광고다:
"아뇨, 우버를 불렀어요"
Experiences are Advertisements

우버Uber의 시가총액은 2016년 6월 현재 약 75조 원에 이른다.[1] 회사
가 2009년에 설립되었고 서비스가 출시된 것은 그 이듬해 여름, 그러
니까 약 7년 동안 75조 원의 가치를 만든 것이다(참고로 같은 시기 현대자
동차의 시가총액은 약 37조 원이다). 공장도 없고 소유한 차도 한 대 없지만
전 세계 운송업이 들썩인다. 내가 맨 처음 우버를 이용한 것은 2014년
여름 파리에서였다. 그 놀라운 첫 만남 이후 미국에서도, 스페인에서
도 더 이상 택시를 타는 일은 없어졌다.

글 제목은 광고라 써놓고 왜 뜬금없이 우버 칭찬인가? 이 글은 우

---

1. Eric Auchard, "Now roughly equal in value, Uber and Daimler trade gentle blows," *Reuters*,
Jun 8, 2016, http://www.reuters.com/article/us-autos-uber-daimleridUSKCN0YU2IN.

버의 광고이기 때문이다. 오늘 나는 연결이 지배하는 시대에 광고의 본질적 변화를 논의하려고 한다. 전통적 광고의 소멸에 따른 현상이다. 이것은 굉장히 어려운 도전이 될 것이다. 거대하고 멋진 광고가 아니라 '네트워크'로 관점을 전환하여 손에 잡히지도, 눈에 보이지도 않는 광고를 짚어볼 것이기 때문이다. 단순히 입소문이 중요하다, 소셜 네트워크가 어떻다는 논의를 완전히 넘어설 것이다.

현상을 광고의 컨테이너, 콘텐츠, 컨텍스트(미디어의 3 요소[2])로 나누어 사례와 함께 파헤치고 어떻게 '경험experience'이 광고를 대체하는지, 아니 광고 자체가 되고 있는지 알아보려고 한다. 이 경험의 본성이 광고를 다시 정의하게 될 것이다.

미디어와 광고의
공생 관계

광고는 미디어에 의존한다. 광고의 영어 단어 'advertising'은 중세 프랑스어 'advertiss(알리다, toward, turn to)'에서, 불어 'publicité'는[3] 14세기의 'réclame(public acclaim)'에서[4] 출발했다. 18~19세기 들어 '판매를 목적으로 제품에 주목하게 하는 행위To call attention to goods for sale'라는 지금의 개념에 가까워진다.[5] 광고의 발전은 대중매체의 발전과 맥을 같이해

---

2. 윤지영, 〈미디어의 3 요소〉, 《오가닉 미디어》, 개정판, 오가닉미디어랩, 2016.

3. "Publicité," *Wikipedia*, https://fr.wikipedia.org/wiki/Publicit%C3%A9.

4. "réclame," *The Free Dictionary*, http://www.thefreedictionary.com/reclame.

왔다. '대중'이라는 사회적 그룹을 대상으로 소식을 한 번에 널리 알릴 수 있는 곳이면 어디든지 광고가 따라갔다. 인터넷에 연결된 PC 스크린에 배너 광고로, 키워드 광고로 미디어의 공간을 사는 전통은 이어져왔다.

광고는 매체에 의존적으로 시작됐지만 광고의 영향력은 점차 커져서 어느 순간 매체가 광고에 의존하기에 이른다(지금 언론사의 현실을 보라). 대중매체와 광고의 공생 관계가 만드는 시너지는 TV를 기점으로 폭발하여 우리 사회는 이른바 광고 사회, 스펙터클 사회,[6] 소비사회[7] 등과 같은 별명을 얻게 되었다.

그런데 미디어는 진화했다. 넓은 창, 시끄러운 소리에서 관계를 만드는 네트워크로, 형체도 개념도 진화했다. 페이스북, 카카오톡, 인스타그램, 구글, 아마존, 우버 등은 이 시대의 미디어들이며 모두 '연결'이라는 공통점을 가진다.[8] 이제는 연결을 만드는 모든 것이 미디어로 확장되었다. 여러분과의 관계를 만드는 이 글이, 스마트폰이, 애플리케이션이, 이야기를 나누는 식당이, 한 잔의 커피가 미디어인 것이다. 그렇게 미디어의 가치를 만드는 원리는 '도달reach'에서 '관계relationship'로 옮겨갔다.[9]

이는 광고에도 본질적 변화를 가져올 수밖에 없다. 광고를 집행하

---

5. "advertise," *Online Etymology Dictionary*, http://www.etymonline.com/index.php?term=advertise.

6. Guy Debord, *Society of the spectacle*, MIT Press, 1967.

7. Jean Baudrillard, *La Société de consommation*, Gallimard, 1970.

8. 윤지영, 〈아마존은 왜 오가닉 미디어인가?〉, 《오가닉 미디어》, 개정판, 오가닉미디어랩, 2016.

9. 윤지영, 《오가닉 미디어》, 개정판, 오가닉미디어랩, 2016.

는 행위가 신문, 라디오, TV처럼 큰소리로 널리 알리는 미디어와 공생해왔기 때문에 광고에 대한 인식도, 광고의 역할도, 광고의 방법도 제한되어왔다. 그러나 미디어의 중심이 공간에서 네트워크로 이동한 지금 광고는 어떤가? 연결이 가치를 만드는 시대에 광고는 과연 무엇이며, 어떻게 이해해야 할 것인가?

우리는 제품 자체가, 그 제품을 사용하는 사람들의 경험이, 그 경험이 만드는 연결이 광고가 되는 현상을 목격하고 있다. 우버는 이러한 오가닉 광고의 대표적 사례다. 이해를 돕기 위해 그 변화를 전통적 광고와 오가닉 광고로 비교해 살펴보겠다.

'경험'은 어떻게 광고를 진화시키는가?

1. 광고의 목적: 주목을 끌 것인가, 문제 해결을 도와줄 것인가?

내가 최초로 우버를 사용하게 된 것은 트윗으로 받은 지인의 추천 링크 때문이다. 링크를 통해 가입하고 20달러짜리 쿠폰을 받았다. 덕택에 나는 초기 2~3번을 공짜로 이용했다. 공짜 크레딧이 다 떨어질 즈음에는 더 이상 우버를 끊을 수가 없게 되었다. 출장지에서 미팅을 마치고 헤어질 때 매번 우버를 이용했다. "택시 불러드릴까요?" 하고 물으면 "아뇨, 우버를 불렀어요"라고 답했다. 우버를 궁금해하는 사람들에게 나도 기꺼이 링크를 보내주고 상부상조하며 공짜 크레딧 혜택을 이어갔다.

전통적 광고에서는 고객의 주목을 끄는 것이 목적이었다. 그들의 시

전통적 광고 vs. 오가닉 광고
(Traditional vs. Organic Advertising)

Organic Media Lab, 2015

광고 (Advertising)		전통적 (Traditional)	오가닉 (Organic)
목적 **(Goal)**		주목하게 하는 (To get attention)	문제해결을 도와주는 (To help solve problems)
3C	**컨테이너** **(Container)**	공간적 (Spatial)	연결된 (Networked)
	콘텐츠 **(Contents)**	설득하는 (Persuasive)	경험하는 (Experiential)
	컨텍스트 **(Context)**	흐름을 끊는 (Interruptive)	끊김이 없는 (Seamless)

전통적 광고와 오가닉 광고의 차이점은 광고를 집행하는 목적에서부터 나타난다. 여러분의 광고는 고객의 주목을 끌기 위한 것인가, 아니면 고객의 문제를 해결하기 위한 것인가?

간이 필요하다. 마트에 가면 판촉 요원들이 곳곳에서 고객의 시선을 끌기 위해 아우성이다. 이 광경은 약간 과장된 전통적 광고의 전형이다. 고기를 안 먹는 사람 귀에 대고 오늘의 삼겹살 특가를 외치기도 하고, 노푸어인 내게 1+1 샴푸를 목청껏 소리 높여 권한다. 그 코너를 지나갈 때마다 반복된다. 미안하지만 내 의도와 생활습관과 무관하니 이 외침들은 그냥 공해다(판촉하시는 분들의 책임은 아니다). 광고가 스팸일 뿐이다.

오가닉 광고에서는 고객의 문제 해결을 돕는 것이 목적이다. 지인이 보내준 20달러짜리 쿠폰은 우버를 시도해보게 했고, 우버의 경험은 우버를 계속 사용(구매)하게 했다. "아뇨, 우버를 불렀어요"는 지인

네이버 검색창에 '광고'를 입력하면 검색어 자동완성 기능이 보여주는 검색 쿼리 목록이다. 광고라는 단어를 어떤 컨텍스트에서 입력하는지 한눈에 보여준다.

들이 우버라는 새로운 서비스를 발견하고 더 나아가 시도하게 만들었다. 이보다 더 좋은 광고가 어디 있는가? 그렇다면 제품은 판매할 대상이 아니라 경험할 대상이다. 전자의 관점은 사업자의 문제를 해결하고 후자의 관점은 고객의 문제를 해결한다. 중요한 것은 '구매'라는 사건이 아니라 경험의 결과(피드백)다.

우리는 매 찰나 의사결정이 필요하다. 택시를 타야 할까, 점심에 뭘 먹을까, 이 책을 살까 말까, 다음에 뭘 볼까 등 문제의 연속이다. 오가닉 광고는 알게 모르게 문제 해결을 도와주는 매개체다. 이케아에 식탁을 사러 갔다가 '아, 이 식탁보도 필요하겠다' 이런 식이다. 아마존에서 책을 구매할 때의 '이 책을 산 사람들이 산 다른 책' 리스트도 그렇다. 만약 내 주목을 끌기 위한 목적의, 즉 내 시간을 뺏기 위한 리스트였다면 신뢰를 쌓는 대신 스팸을 쌓았을 것이다. 오가닉 광고는 연결

우버의 사용자 경험
(User Experience of Uber)

- 쉽다 (중개 플랫폼)
- 친절하다 (평판 시스템)
- 편하다 (결제 대행)
- 투명하다 (실시간 중계)

Organic Media Lab, 2015

우버 서비스의 사용자 경험은 발견, 선택, 소비, 공유 과정의 총체적 연결의 결과다.

의 기쁨을 제공하는 것이다. 오가닉 광고의 존재 이유를 알았다면 이제는 광고의 3요소로 들어가볼 차례다.[10]

2. 광고 컨테이너: 공간에 채울 것인가, 네트워크를 만들 것인가?

전통적인 광고의 그릇은 신문 지면, TV 채널, 빌보드, 웹페이지 등이다. 이 공간(또는 시간)에 광고의 콘텐츠를 채워 넣었다. 하지만 오가닉 광고에서는 모든 것이 광고의 그릇이 된다. 우버의 쿠폰은 트윗이라는 컨테이너에, 무료 체험은 우버 차량이라는 컨테이너에, "아뇨, 우버

---

10. 3C에 대한 자세한 설명은 《오가닉 미디어》를 참조하기 바란다.

미디어의 3요소(3 Components of Media)

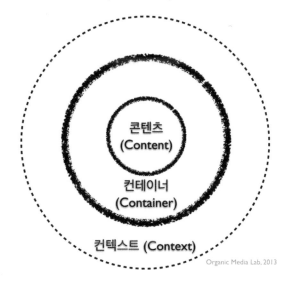

미디어의 3요소는 미디어의 진화를 해부해서 볼 수 있는 틀이다. (출처: 윤지영, 〈미디어의 3 요소〉, 《오가닉 미디어》, 개정판, 오기닉미디어랩, 2016.)

를 불렀어요"는 '나'라는 컨테이너에 담겼다. 그런데 중요한 것은 그다음이다.

각각의 광고 컨테이너는 사용자의 행위에 따라 사후적으로 엮인다. 지인이 보낸 쿠폰이 내 경험으로 이어지고, 내 경험이 다른 지인에게 알려진다. 이런 과정이 반복되면서 광고는 개별적 컨테이너에 머무는 것이 아니라 하나의 네트워크를 형성하는 것이다. 그렇다면 광고 컨테이너는 정해진 물리적 공간이 아니며, 변화무쌍하고 가변적이다. 이는 아래와 같이 각각의 다른 컨테이너 단위가 공존할 수 있는 이유다.

1) 고객이 컨테이너다

우리의 말과 행동과 일상은 광고의 연속이다. 사용자들은 광고 제작자들이자 광고판이다. 우리는 제품을 경험하고 직접 만든 광고 즉 직접 쓴 포스트, 트윗, 동영상, 리뷰 등을 지인들에게, 팔로어들에게 전달한다. 킥스타터에서처럼 우리는 출시되지도 않은 제품의 개발을 돕고(물질적 지원을 통한 참여) 하나하나의 참여가 더해진 숫자마저 제품 광고가 되게 한다. 또 그 결과(예를 들어 제품의 성공적 출시, 펀딩의 성공)가 광고가 되는 데 기여한다.

2) 제품이 컨테이너다

킥스타터에서 제품의 개발 과정, 출시 과정, 펀딩 과정 자체가 알고 보면 모두 광고다.[11] 제품으로 제품을 알리는 것이다. 바이럴 마케팅의 대표 사례로 꼽히는 핫메일도 비싼 지면 광고 대신 자신의 제품을 광고 컨테이너로 사용했다. 그들은 핫메일 사용자들이 메일을 보낼 때 "Get your free email at Hotmail"이라는 문구를 자동으로 삽입해 보냄으로써 사용자들의 편지지가 광고판이 되도록 했다.[12]

3) 알고리즘이 컨테이너다

친구들이 좋아한 제품(페이스북의 타임라인 광고), 내가 오늘 관심 가질

---

11. Issie Lapowsky, "Pebble's insane success proves that Kickstarter is now a marketing tool," *Wired*, Feb 24, 2015, http://www.wired.com/2015/02/pebble-time-kickstarter/.
12. Adam Penenberg, *Viral Loop*, Hyperion, 2009, p. 97.

만한 콘텐츠의 추천이 페이스북의 엣지랭크를 통해 이뤄진다. 관심을 가질 만한 제품이 아마존의 협업 필터링 알고리즘을 통해 추천된다. 광고를 공간 구매 관점에서 탈피해서 보면 이 모든 추천이 제품·서비스의 광고를 실어나르는(연결을 만드는) 컨테이너다. 고객의 컨텍스트와 경험의 반복을 통해 이 알고리즘은 계속 역동적으로 변화한다.

　4) 네트워크가 컨테이너다[13]

　이런 다양한 컨테이너들은 광고의 네트워크를 사후적으로 조직한다. 이 네트워크가 자랄수록, 담겨 있는 내용이 일관적일수록 광고의 가치는 커진다. 그렇다고 전통적 컨테이너가 사라진다는 것은 아니다. 다만 전통적 컨테이너도 오가닉 광고의 네트워크로부터 더 이상 독립적으로 존재하기는 어렵게 되었다는 뜻이다. 어디에 담겼든 그들의 메시지가 네트워크를 만드는 밑알이 되지 못하면 스팸일 뿐이다.

3. 광고 콘텐츠: 설득할 것인가, 경험하게 할 것인가?
고객의 주목을 끌기 위한 콘텐츠는 설득적일 수밖에 없다. 큰 소리로 떠들든, 드라마틱한 영상을 제작하든, 기발한 아이디어가 번뜩이든 마찬가지다. 전통적 광고는 뭔가 극도로 멋지거나, 웃기거나, 감동적이거나, 깜짝 놀랄 만한 뭐 그런 것들이다. 이런 것을 느끼는 30초 동안 고객의 마음속에서는 동일시와 차별화의 순환이 끊임없이 일어난

---

13. 윤지영, 〈트위터 서비스 구조 해부하기〉, 《오가닉 미디어》, 개정판, 오가닉미디어랩, 2016.

다.[14] 영화 〈그녀Her〉를 패러디한 삼성카드의 재기 넘치는 광고처럼 말이다.[15] 공감 정도가 높을수록 설득은 쉬워진다.

반면 오가닉 광고의 콘텐츠는 경험적experiential이다. 우리는 더 이상 광고주의 메시지를 그대로 믿지 않는다. 이제는 경험만이 (잠재적) 고객을 움직일 수 있는 콘텐츠다. 이 경험에 대한 보살핌만이 이미 확보한 고객을 평생 고객으로 만든다.[16] 여기서 경험은 일시적이고 이벤트적인 광고 상품[17]에 머물지 않고 지속적으로 반복되기 때문이다. 여기서 간접경험까지를 합하면 그 횟수와 범위는 상상을 초월한다.

1) 간접경험 콘텐츠

"아뇨, 우버를 불렀어요"는 광고 콘텐츠다. 다만 허구로 지어낸 광고 카피가 아니라, 실제 상황에서 내 경험이 만들어낸 진정한 광고 카피다. "아뇨, 우버를 불렀어요"는 주변인들에게 간접경험을 준다. 브랜드 로고가 크게 박힌 명품 가방보다 이런 경험의 바이러스가 훨씬 전염성이 심하다(평소에도 우버 서비스 일곱 번에 신규 사용자 1명이 전염(유입)된다고 한다[18]). 실제로 우버는 차량 호출이 극에 달하는 상황(레스토랑, 저녁

14. 윤지영, 〈소셜 네트워크 서비스와 '나'의 정체성〉, 《오가닉 미디어》, 개정판, 오가닉미디어랩, 2016.

15. 〈즐기자, 실용 - 'sara'편〉, SamsungcardUtube, 2015년 6월 15일, https://www.youtube.com/watch?v=4LFgC6QgP9k.

16. Ryan Holiday, *Growth Hacker Marketing*, Portfolio, 2014, pp. 43-56.

17. Garrick Schmitt, "The Last Campaign: How Experiences Are Becoming the New Advertising," *Advertising Age*, Nov 10, 2009, http://adage.com/article/digitalnext/experiences-advertising/140388/.

파티, 휴일, 이벤트 등)을 '촉매제accelerants'로 활용하여 전염성을 더 높이고 있다.

2) 직접경험 콘텐츠

공짜 쿠폰도, 우버 서비스도 하나의 광고 콘텐츠다. 킨들의 무료 샘플이나 에버노트의 무료 버전처럼 이제는 정보재만이 경험재가 아니다. 물질세계의 제품도 점차 같은 방향으로 가고 있다는 뜻이다. 제품 자체가 광고 콘텐츠라면 '제품 개발 먼저, 마케팅은 나중에' 등의 선형적 가치 사슬의 시대가 가고 여러 역할이 동시다발적으로, 유기적으로 작용하는 시대가 이미 온 것이다. 광고 다음에 경험하게 하는 세상이 아니라, 경험을 통해 광고가 이뤄지는 세상인 것이다. 스타트업들의 얘기가 아니다. 크고 작은, 오래되거나 신생의, 모든 기업의 모든 프로젝트가, 그리고 이들과 공생해온 모든 광고회사가 여기에 해당된다.

3) 경험은 정보적informative이고 전염된다contagious

우리는 경험을 비밀로 간직하지 않는다. 제품에 대한 경험은 더욱 그렇다. 이 경험은 타인에게 정보가 된다. 의사결정을 도와주고 시간을 벌어준다. 경험의 공유는 일상생활에서 수도 없이 광고로 작동한다. 타인의 경험은 나의 행동이 끊김 없이(고민 없이) 연결되도록 도와주는 촉매제다. 타인의 경험만큼이나 풍부하고 신뢰할 만한 정보는

---

18. Travis, "Chicago–Uber's biggest Launch to date?" *Uber Newsroom*, Sep 22, 2011, http://newsroom.uber.com/chicago/2011/09/chicago-ubers-biggest-launch-to-date/.

찾기 어렵다.

그러니 오가닉 광고에서 광고는 보이지 않는다. '이 제품을 산 사람이 산 다른 제품' 리스트는 광고로 인식되지 않는다. 광고가 주인공이 아니라 고객의 문제가 주인공이다. 광고는 고객의 문제를 함께 풀기 위해 존재할 뿐이다. 오가닉 광고는 멋진 동영상이나 카피, 이 광고를 좋아한 사람의 수가 아니다. 직접경험의 과정이자 간접경험을 낳는 과정이다. 경험은 전염된다. 서비스가 체화되면 고객은 사용 과정에서, 사용 후기에서 어떤 식으로든 그 제품을 공유하고 연결하며 네트워크를 만든다.

4. 광고 컨텍스트: 흐름을 끊을 것인가, 이을 것인가?

전통적 광고는 (전통적 미디어가 그렇듯) 개인의 컨텍스트를 고려하지 않는다. 노푸어에게 샴푸도 권하고 채식주의자에게 고기도 권한다. 여기서 나는 '대중'이다. 내가 무슨 책을 찾는지 몰라도 배너를 들이대는 용기가 있다. '오늘만 이 창을 보지 않기'를 누르든, '5초후 Skip' 버튼을 누르든 우리는 광고를 제거하기 바쁘다. 이 광고들에 시간을 할애하기 위해 나는 하던 일을 멈춰야 한다. 전통적 광고는 흐름을 끊는다.[19]

반면 오가닉 광고에서는 고객의 컨텍스트가 핵심이다. 요즘처럼 연결된 세상에서 우리는 1초라도 지체되면 조급하고 답답하다. 반면 내게 도달한 콘텐츠 중에서(대중매체의 광고 폭격, 각종 애플리케이션, 이메일

---

19. 윤지영, 〈컨텍스트에 답이 있다〉, 《오가닉 미디어》, 개정판, 오가닉미디어랩, 2016.

등 끝이 없이 뭔가가 내게 배달된다) 필요한 것을 골라내는 노동의 시간은 끝이 없다. 우리가 원하는 것은 (심한 노동 없이 가능한) 그저 연결의 기쁨이 아니던가.

파티가 끝나고 모두 집에 가려고 일어설 때가 "아뇨, 우버를 불렀어요"라는 우버 광고의 가장 적절한 컨텍스트다. 내 기억에 호소하는 전통적 광고와 반대다. 이제 우리는 아무것도 외우지 않고 외워지지도 않는다. 그러니 TV 볼 때 어떤 제품을 기억했다가 나중에 필요한 상황에서(예를 들어 마트에서) 기억을 꿰매고 꺼내는 것은 쉽지 않다. 내게 필요한 그 상황에 없는 정보는 더 이상 정보가 아니다. 바쁘게 지나가는데 나를 붙드는 위치 기반location-based 광고는 스팸일 수밖에 없다.

그래서 오가닉 광고는 컨텍스트를 연결한 광고를 말한다. 〈컨텍스트란 무엇인가?〉에서 다루겠지만 컨텍스트는 크게 네 가지 그룹으로 발현된다. 바로 발견하는, 선택하는, 소비하는(경험하는), 공유하는 컨텍스트다(이 글에서는 이 전체 과정을 경험이라 칭했다). 흔히 접하는 '컨텍스트 광고', '키워드 광고' 사례도 고객의 컨텍스트를 일부 고려한 광고다. 다만 오가닉 광고에서 컨텍스트는 이 네 요소를 모두 연결한다는 점, 그래서 단발적이거나 정체되지 않고 끊김 없는 '진행형'이 핵심이라는 점에서 다르다. 공간의 컨텍스트와 네트워크의 컨텍스트가 다르기 때문이다.

어떻게 경험을
연결할 것인가?

지금까지 오가닉 광고의 현상을 컨테이너, 콘텐츠, 컨텍스트 관점에서 살펴보았다. 왜 이 글을 스스로 우버의 광고라 칭했는지 눈치챘을 것이다. 광고의 법칙은 공간에서 네트워크로 이동했고 경험이 광고가 되었다. 단순히 시음회, 체험 쿠폰, 입소문 문제가 아니지 않은가. 광고는 이제 제품의 발견, 선택, 소비, 공유가 끊김이 없이 연결되는 과정 전체를 포괄할 수밖에 없게 된 것이다.

제품의 경험은 체화된다. 우리 각자가 미디어이고 경험을 담은 그릇이고 통로다. 나는 경험을 통해 "아뇨, 우버를 불렀어요"라는 광고 카피 만들었고 나를 통해 주변인들은 광고에 노출되었다. 우리의 경험 바이러스는 전염된다. 연결된 시대에 서로의 문제를 해결해주는 조력자로서 우리의 경험은 그 어떤 광고보다 강력하다.

어떻게 대응할 것인가? 오가닉 광고는 '어떻게 고객의 문제를 해결할 것인가'의 고민에서 출발한다. 이것이 단발적인 공급자의 광고가 아니라 유기적인 사용자의 광고를 만든다. 아니, 우버라는 제품이 해결할 일이지, 어떻게 광고의 문제라는 말인가? 아직 의문이 남아 있는 분들을 위해 요점을 한 번 더 환기한다.

- 첫째, 제품은 구매(판매)할 대상이 아니라 경험할 대상이다.
- 둘째, 제품에 대한 경험이 광고다. 광고는 경험을 연결한다.
- 셋째, 경험의 연결은 고객의 문제 해결이 우선할 때만 유효하다.

● 넷째, 고객-경험-제품의 네트워크가 광고의 유기적 성장을 만든다.

　다만 이것은 광고를 물리적 공간placement에서 해체하고 네트워크라는 새로운 그릇에 담을 수 있을 때만 가능하다. 안타깝게도 고객의 경험에서 출발하고도 관점은 여전히 물리적 공간을 벗어나지 못하는 사례가 대부분이다.[20] 여기서 그릇은 채울 대상이 아니며 제품을, 고객을, 알고리즘을 컨테이너라 칭한 것과 같이 '연결할 대상'이다. 그 과정과 결과는 네트워크로 나타나는 것이다. 이 해체가, 우리가 깨어나는 시작점이다.[21]

20. Jeffrey F. Rayport, "Advertising's New Medium: Human Experience," *Harvard Business Review*, Mar 2013, https://hbr.org/2013/03/advertisings-new-medium-human-experience.
21. 윤지영, 〈컨테이너의 숨겨진 쟁점의 이해〉, 《오가닉 미디어》, 개정판, 오가닉미디어랩, 2016.

04 고객이
상점이다
Customers are Stores

오가닉미디어랩은 2012년 12월 블로그 포스트 한 개[1]로 활동을 시작했다. 돌이켜보면 포스트 한 개가 MVP Minimum Viable Product[2]였던 셈이다. 그 후 지금까지 세 권의 책이 된 콘텐츠, 콘텐츠를 매개해온 독자 한 명 한 명, 독자들의 경험이 더해진 사례들이 누적되었다. 그리고 이를 바탕으로 작지만 비즈니스 모델의 선순환을 구축했다.

이 글은 오가닉미디어랩에서의 실험과 배움을 간략히 정리한 것이다. 우리는 지금까지 모든 활동을 하나의 실험으로 디자인하고 실행

---

1. 윤지영, 〈왜 오가닉 미디어인가?〉, 오가닉미디어랩, 2012년 12월 13일, http://organicmedialab.com/2012/12/13/organic-media-definition/.
2. Eric Ries, "Minimum Viable Product: a guide," *Startup Lessons Learned*, Aug 3, 2009, http://www.startuplessonslearned.com/2009/08/minimum-viable-product-guide.html.

비즈니스 모델의 선순환
(Business Model Virtuous Cycle)

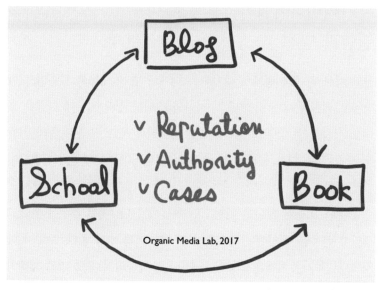

오가닉미디어랩의 비즈니스 모델은 블로그와 책, 비즈니스 스쿨의 선순환으로 이뤄져 있다. 각 단계에서 평판과 권위, 적용 사례가 쌓이고 순환된다.

해왔다. 실험과 시행착오, 검증, 새로운 실험의 연속 과정에서 얻게 된 시사점 몇 가지를 독자들과 공유하고자 한다.

특히 강조할 것은 비즈니스 선순환에서의 고객의 역할 부분이다. 처음에 단순히 '매개자'로 규정했던 고객의 역할은 계속 확장되고 구체화되었다. 이 배움을 바탕으로 이 글에서 '활동 사슬Chain of actions'이라는 개념을 제안할 것이다. 이를 통해 이 시대의 고객을 어떻게 정의할 것인지, 이 새로운 정의가 어떻게 미디어, 광고주, 소비자 간의 가치 사슬을 붕괴시키는지 지금부터 알아보도록 하겠다.

오가닉미디어랩의
실험과 발견

참고 자료 하나를 링크로 추가하는 데에도 밤을 새우고 열흘이고 한 달이고 세월을 보낸 적이 많다. 하나의 주제를 정리하는 데 피땀을 흘리고 정성을 쏟지만 당연히 무료로 공개한다. 블로그 독자들의 역할은 오직 글을 읽고 공감하고 퍼뜨리는 것뿐이다. 이 과정에서 평판이 만들어진다.

꾸준한 포스팅 활동을 바탕으로 책을 만든다. 매번 최선을 다했고 일일이 반응을 확인했던 글이지만 그래도 어쩔 수가 없다. 수없이 다시 고쳐진다. 종이책은 그동안 쌓인 글을 하나의 주제로 엮고 재배치하고 다듬어 응고시키는 과정이다. 좀처럼 끝날 것 같지 않은 힘겨운 과정이기도 하다.

감사하게도 책이 출간되는 시점에는 이미 팬이 존재한다. 위의 모든 과정이 곧 마케팅이 되었기 때문이다. 독자들은 지인에게 책을 추천하고 요약도 해주고 스터디 그룹도 만든다. 책은 블로그로 공개한 글에 권위authority를 추가하고 더 많은 사람들에게 공유되는 파도를 만든다.

그러나 독자들이 책의 내용을 막상 실무에 적용하려면 막막하다는 문제가 있었다. 이론과 실행 사이에 연결 고리가 필요했다. 그래서 이 끊긴 구간을 메꾸기 위해 연장(방법론)을 들고 회사로 찾아가게 된다. 이것이 '홈스쿨링'의 시작이다.

당시는 연구하고 지식을 생산하고 이를 통해 돈을 버는 선순환에 대해 고민하던 차였다. 회사의 숙제를 대신 해주는 방식(이른바 컨설팅)으로는 네트워크를 체득하기 어렵다는 딜레마가 있었다. 오너십은 우리가 아닌 회사에 머물러야 했다. 그래서 스스로 문제를 해결하고 방법론을 내재화할 수 있도록 돕는 역할에 집중했다.

여기에는 그동안 쌓아온 네트워크가 발판이 되었다.[3] 홈스쿨링을 하는 조직에는 이미 오가닉 미디어의 감염자들이 있다. 그들이 주도한다. 우리의 역할은 감염자들이 조직을 더욱 전염시키도록 돕고, 그래서 조직이 네트워크를 체득할 수 있도록 돕는 것뿐이다. 워크숍 세션, 결과물들은 다시 우리의 지식을 검증하고 확장하는 씨앗이 된다. 이렇게 블로그와 책, 비즈니스 스쿨(워크숍)은 서로가 서로의 가치의 성장과 확산에 기여한다. 연쇄적 순환이다.

이 선순환이 만들어지는 과정에서 명확하게 정의하게 된 것이 바로 고객이다. 그리고 바로 그것이 '연결된 세상에서 고객은 누구인가'에 대한 답이다. 시시각각 컨텍스트에 따라 '생산자-매개자-구매자'로 단번에 전환되는 고객의 역할이다. 몇 가지 사례를 통해 이 선순환의 단면을 좀 더 구체화해보자.

---

3. 윤지영, 〈오가닉미디어랩 중간보고와 비즈니스 스쿨 오픈베타〉, 오가닉미디어랩, 2016년 2월 7일, http://organicmedialab.com/2016/02/07/organic-media-business-school-announcement/.

일인 서점:
링크가 상점이다

우리는 기존의 출판·유통 방식을 포기하고 종이책《오가닉 비즈니스》를 직접 출간하며 '일인 서점'[4]의 개념을 시도했다. 처음에는 모든 독자가 서점이 될 수 있다는 확신 때문에 시작한 것이 아니었다.

《오가닉 미디어》(2014)[5]를 전통 방식으로 출간하고 서점을 통해 유통해 보니 독자가 누구인지 누구의 추천을 통해 책을 구매하게 되는지 출판사도, 서점도, 누구도 측정하지 않는다는 놀라운 사실을 경험했기 때문이다. 이번에는 다른 방법으로 하고 싶었다. 한 번에 바꿀 수는 없어도 가능성이라도 보고 싶었다. 그래서 네트워크를 측정하기 위한 지표를 만들고 실험을 했다. 오가닉 마케팅의 핵심은 살아 있는 네트워크인데 측정 없이 그 실체를 말할 수는 없지 않은가.

'일인 서점'은 책을 추천하는 모든 독자가 서점(영업사원)이 되는 개념이다.[6] 서점처럼 책을 직접 납품받거나 쌓아놓지 않아도 '링크'의 연결만으로 수수료를 받는다. 온라인 서점은 점포 없이 책을 팔지만 물리적 서점과 작동 방식은 같다. 집 앞 슈퍼가 아니라 온라인에서 장보기를 하는 것이다. 반면 일인 서점은 독자가 어디에서 책을 추천하든, 연

---

4. 〈일인 서점 챌린지〉, 오가닉미디어랩, https://organicmedialab.com/2015/12/10/individual bookstore-challenge/.

5. 윤지영, 《오가닉 미디어》, 21세기북스, 2014.

6. 노상규, 〈고객이 영업사원이다: 바이럴 확산의 공식(Sticky-Viral-Paid), 어떻게 조합할 것인가?〉, 오가닉미디어랩, 2015년 10월 17일, http://organicmedialab.com/2015/10/17/customers-are-salespeople/.

일인 서점 (Individual Bookstore)

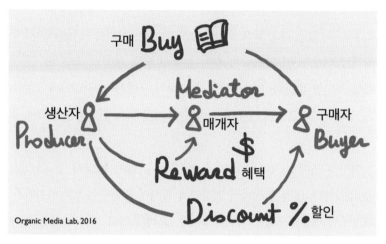

모든 구매자는 매개자가 될 수 있다. 생산자의 제품을 추천할 때 매개자(고객)의 링크는 곧 구매를 위한 상점이 될 수 있다.

결된 상태라면 모두 마케팅 활동으로 측정되고, 판매가 이뤄지면 서점처럼 보상을 받는 개념이다. 즉 독자가 생성한 링크 한 줄이 상점이다.

이러한 개념을 기존 출판·유통 업체와 함께 시도하려 했으나 여러 난관에 부딪혔다. 그래서 종이책을 직접 출간하고 기존의 협력자affiliate 마케팅에 사용되는 도구를 억지로 끼워 넣어 일인 서점을 실험했다. 인터페이스 때문에 여러 어려움이 있었음에도 많은 분들이 일인 서점으로 참여했고 우리는 소중한 경험을 하게 되었다. 누가 책을 사는지, 누구에게 추천하는지 측정했다. 이 과정에서 내가 아니라, 나의 지인이 보상을 받을 때 추천이 이뤄진다는 사실도 알게 되었다.

우리는 독자들이 우리의 활동을 광고해준다고 말해왔다. 그런데 이 실험 과정에서 고객은 한 발 더 나아갔다. 우리의 콘텐츠를 전파하는 채널에 머물지 않고 실제로 영업사원이 되었다. 그 활동을 측정하고 보상할 수 있는 가능성 때문이다. 중요한 것은 고객들이 돈을 벌기 위해 활동하는 것이 아니라는 것이다. 콘텐츠가, 제품이 좋아서 지인들에게 추천할 뿐이다. 다만 그 결과 보상이 나에게도, 지인에게도 쌓이는 것이다. 그 연결된 관계의 측정이 곧 네트워크의 실체를 만드는 것이다.

이것은 콘텐츠·제품의 소비가, 매개가 곧 판매 활동이 될 수 있음을 의미한다. 독자가 책의 구매자임과 동시에 추천하는 미디어이며 이 과정에서 저절로 상점이 되는 것이다. 고객의 링크 하나가 제품에 대한 정보, 리뷰, 구매 방식을 포함하게 되기 때문이다. 책을 만들어 파는 우리는 광고주이지만 광고(독자들의 추천 활동)에 돈을 지불하지 않는다. 광고비는 판매가 이뤄질 때 (할인된 가격과 물질적 보상으로) 집행되는 셈이다.[7]

현실에서는 제품의 특성에 따라, 생산자의 특성에 따라, 산업의 특성에 따라 이것을 구현하고 실현하는 데 또 다른 난관이 분명히 존재할 것이다. 그러나 실행 없이는 아무것도 단언할 수 없다. 지속적인 실험[8]을 통해 입증해야 할 부분이다.

---

7. 우리는 이 실험을 기반으로 하여 2017년 1월 현재 본격적인 서비스를 구축하고 있다.
8. 〈2차 일인 서점 챌린지〉, 오가닉미디어랩, 2016년 7월 18일, http://organicmedialab.com/2016/07/18/2nd-individual-book-store-challenge/.

워크숍의
협력자 프로그램(Affiliate Program)

일인 서점의 경험을 맛보기 수업tasting class에도 적용했다.[9] 수업에 참석한 경험이 있는 사람affiliate이 추천하면 신입생은 25% 할인을 받는 제도다. 수업에 참석한 사람들이 우리 수업을 광고해줄 것을 기대한 부분도 있었다. 그러나 이 제도를 도입한 더 중요한 이유는 일인 서점과 마찬가지로 오가닉미디어랩의 네트워크를 측정하는 데 있었다.

한번은 우리를 돕고 싶은 지인이 자사의 메일링 리스트의 고객 5000명에게 우리 수업을 광고하는 메일을 보내주었다. 타겟층이 유사했고 정말 좋은 수업이라고 생각했기 때문이다. 결과는 어땠을까? 5000명 중에 단 한 사람도 참여하지 않았을 뿐만 아니라 이런 광고 메일을 다시 보내면 신고하겠다는 항의까지 받았다고 한다. 고객의 다음 활동을 이끌어내지 못하는 도달(주목)은 고스란히 고객이 지불해야 하는 비용일 뿐이다.

이 수업 참석자는 두 부류로 나뉜다. 우리 콘텐츠를 오랜 기간 접해온 사람과 참석자의 추천을 받은 사람이다. 느슨한 연결에는 추천이 이뤄지지 않는다. 추천 코드를 페이스북 등에 공개적으로 알리는 사람도 없다. 내 옆자리 동료나 친한 선후배처럼 서로 매우 잘 아는 사이에만 추천이 이뤄졌다. 명확한 신뢰 관계에 있는 사람들이었다.

---

9. 비즈니스 스쿨은 회사로 찾아가는 홈스쿨링과 매달 공개적으로 열리는 맛보기 수업(워크숍)으로 구성되어 있다. (https://organicmedialab.com/ombs/tasting-class/)

이러한 과정에서 깨닫게 된 것은 왜 고객이 미디어(광고 매체)로만 머물러야 하느냐는 것이었다. 지인들 사이에서 돈을 벌기 위한 목적으로 링크를 공유하면 스팸이 되고 친구 차단이 될 것이다. 그러나 도움을 주려는 목적이라면 발견-선택-경험-공유의 선순환이 따라올 것이다.[10]

여기서 참석자(소비자)는 지인에게 정보를 연결해준 미디어이며, 우리의 워크숍 상품을 판매해준 영업사원이며, 그 링크를 통해 결제가 이뤄지니 상점 자체가 된다. 이 링크가 광고인 것은 말할 필요도 없다. 제품의 광고일 뿐만 아니라 참석자(소비자) 본인의 광고다.

활동 사슬, 네트워크의 동력

지금까지 고객과의 실험 과정을 통해 우리는 '활동 사슬'이라는 개념을 이끌어내게 되었다. 고객은 자신이 만든 콘텐츠·제품을 광고해야 하는 생산자·광고주, 다른 생산자·광고주의 콘텐츠·제품을 구매자와 연결하는 매개자(미디어·상점) 그리고 콘텐츠·제품을 구매하고 소비하는 구매자(소비자)의 세 가지 역할을 수행한다. 서로의 활동이 연결되

---

10. 전통적인 마케팅에서도 고객의 역할을 강조하는 고객 여정 또는 경로를 다양한 형태로 정의한다. 가장 최근에 필립 코틀러의 《마케팅 4.0》에서는 고객 경로(customer path)를 Aware(인지), Appeal(관심), Ask(정보검색 등), Action(구매), Advocate(추천)라는 5A로 정의했다(Philip Kotler et al., *Marketing 4.0: Moving from Traditional to Digital*, Wiley, 2016). 하지만 이러한 정의도 여전히 고객의 생산자, 매개자, 구매자로서의 역할을 포함하지 못한다.

활동 사슬 (Chain of Actions)

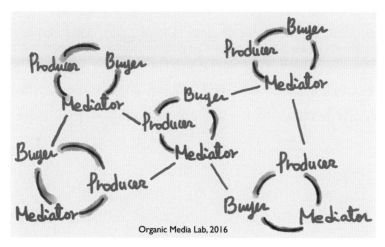

연결된 세상에서 고객은 모두 생산자, 매개자(상점), 구매자다. 컨텍스트에 따라 세 가지 역할을 모두 수행한다.

는 순간 고객의 역할이 규정된다. 그렇게 연결된 사슬은 고정되어 있지 않고 역할에 따라 역동적으로 작동한다.

모든 고객은 이제 기본적으로 생산자다. 페이스북의 포스트부터 메신저의 한 줄 메시지까지 끝없이 콘텐츠를 생산한다. 책을 사면 구매자, (다른 생산자의) 책을 추천하거나 팔면 매개자다. 이 역할은 순차적으로 이뤄지지 않으며 동시에 진행되기도 하고, 서로의 역할은 끊임없이 교차된다. 이렇게 연결된 활동 사슬은 네트워크의 진화를 가속하는 동력이다.

연결된 세상에서는 제품의 가치를 알리고 구매 결정을 돕는 주체도, 방식도, 결과도 달라지고 있다. 앞선 글에서 정리한 것처럼 서로의 라이브 방송은 서로의 의사결정을 돕는 경험 광고들이다. 그리고 오늘을 브로드캐스팅 하면서 '인정reconnaissance' 속에서, 관계 속에서 '나'를 만들어간다. '이거 한번 읽어봐(나 이런 거 읽는 사람)', '여기 가서 먹었는데 맛있더라(맛집 하면 나지)', '주말엔 미술관 나들이(나 문화생활 좀 하는 여자)'. 이렇게 오가는 정보 링크에 식별 코드 하나만 더하면 이 링크가 곧 상점이 아닌가.

고객이 상점이다

연결을 만들지 못하는 도달(주목)은 귀찮은 스팸이지만 연결이 이뤄지면 자발적 활동을 유발한다. 즉 사용자의 다음 활동을 반드시 매개한다. 이 활동은 네트워크를 만드는 데 기여한다. 끊김이 없는 연결 관점에서 보면 구매는 하나의 연결의 경험이지 끝이 아니다. 이러한 선순환은 미디어, 광고주, 소비자의 역할이 전통적 방식에서와 같이 미리 정해져 있는 것이 아니라 컨텍스트에 따라 순환될 수 있음을 알려준다. 네트워크의 본성(연결성, 개방성, 사회성, 유기성[11])이 본질적으로 이것을 가능케 하는 것이다.

이제는 기업도 고객도 스스로 미디어로 활동하면서 기꺼이 네트워크의 일부가 되고 있다. 연결된 고객의 모든 활동은 네트워크의 자본

---

11. 윤지영, 〈네트워크의 4가지 속성〉, 《오가닉 미디어》, 개정판, 오가닉미디어랩, 2016.

비즈니스 선순환과 고객의 역할
(Customers accelerate virtuous cycles)

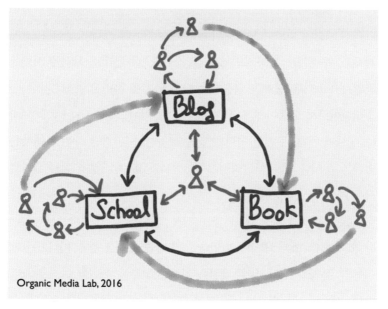

Organic Media Lab, 2016

비즈니스의 선순환은 이것을 가속화하는 고객의 역할이 없이는 불가능하다.

이다. 이 자본을 사용하지 않고 지속 가능한 신뢰를 만드는 것은 불
가능하며,[12] 지속 가능한 신뢰 없이 브랜드의 존속은 불가능하다.[13] 고
객이 상점이라는 말은 단순히 고객에게 인센티브를 주고 판매를 측정

---

12. 윤지영, 〈신뢰란 무엇인가?〉, 《오가닉 마케팅》, 오가닉미디어랩, 2017.
13. Tony Hsieh, *Delivering Happiness: A Path to Profits, Passion, and Purpose*, Grand Central Publishing, 2010.

할 수 있다는 뜻이 아니다. 생산자-매개자-구매자로서 서로의 역할이 사슬로 연결되어 있기 때문에 이 모든 활동이 네트워크를 만든다는 것이 핵심이다.

이전 그림의 비즈니스 선순환은 우리가 아니라 고객이 생산자로, 매개자로, 구매자로 활동하면서 만든 것이다. 각 단계의 고객은 서로를 감염시키고 다음 단계를 연결하는 다리 역할을 하면서 확산된다.

미디어로서 고객이 혼자 존재할 수 없듯이(반드시 다른 매개자가 필요하다) 생산과 매개, 구매의 역할도 항상 교차한다. 팔기만 하는 판매자는 없다는 뜻이다. 즉 활동 과정이 곧 신뢰를 쌓는 과정이 되지 않으면 사슬은 끊어질 수밖에 없다.

이제 자발적인 청중(팬)이 없는 제품, 콘텐츠(광고), 미디어(모든 개인)는 존재할 수 없는 세상이 되었다. 시스템과 조직을 갖춘 미디어든 개인이든, 공장과 조직·유통 채널을 갖춘 광고주든 아니든 규칙은 모두 같다. 각자의 네트워크가 브랜드를, 정체성을, 파급력을 말해준다. 고객의 정의와 역할이 달라짐에 따라 기존의 광고주-미디어-소비자의 전통적 관계는 이미 붕괴되었다.

다만 혼자 미디어가 될 수 없고 나 혼자 팔 수 없는 것이 네트워크의 속성이라면, 반대로 나 혼자 구축하고 나 혼자 팔 필요가 없는 것이 네트워크다. 그 본질에 대한 이해가 비즈니스를 바꾼다.

《오가닉 마케팅》을 구매할 수 있는 일인 상점 QR 코드. 일인 상점은 제품을 추천하는 모두가 제품의 매개자(영업사원)가 될 수 있음을 실험하는 프로젝트입니다. 제품이 책이라면, 독자가 공유하는 링크 한 줄이 서점이 됩니다. 구매가 이뤄지면 보상도 받습니다. 서로에게 좋은 것을 추천하는 우리의 습관이 새로운 유통 시장을 만들어 갑니다.

끊김이 없는 컨텍스트

Seamless Context

컨텍스트가 만드는 네트워크
(Contexts create networks)

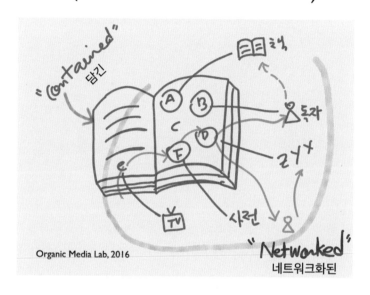

Organic Media Lab, 2016

오가닉 마케팅이 고객의 경험에서 출발한다면, 컨텍스트는 경험을 만드는 주인공이다. 컨텍스트가 끊어지면 경험도 끊어진다. 경험이 끊어지면 제품은, 서비스는, 콘텐츠는 죽는다. 어떻게 끊김이 없는 컨텍스트를 만들 것인가?

제2부는 고객의 경험을 만드는 컨텍스트와 인터페이스에 할애했다. 우선 컨텍스트가 제품·서비스·콘텐츠 네트워크를 어떻게 형성하는지 알아본다. 이어서 컨텍스트의 본질을 정의한 후, 아마존의 알렉사 등 끊김이 없는 컨텍스트를 만드는 인터페이스의 진화를 살펴본다. 이것은 왜 연결된 세상의 비즈니스가 모두 컨텍스트 비즈니스가 될 수밖에 없는지 유추하는 과정이 될 것이다.

01 콘텐츠는 네트워크다

Contents as Networks

매일 글을 쓰고 사진을 찍고 동영상을 찍으며 매 찰나 콘텐츠를 생산하는 우리들. 어디서부터 어디까지가 전문가이고 아마추어인지, 미디어이고 아닌지, 콘텐츠이고 아닌지를 구분하기는 어려워졌다. 의미도 없어졌다. 모두가 생산하고 서로는 콘텐츠를 소비하는 관계다. 매일 만나는 친구들이든 그보다 많은 규모의 사람들이든, 팬이든, 청중이든 간에 소통할 소재가 있다면 도구는 널려 있다. 콘텐츠는 쏟아진다.

굳이 방송국 스튜디오로 가지 않아도 우리는 모두 지속적인 '온 에어On air' 상태를 살아가고 있다. 보는 콘텐츠에서 만드는 콘텐츠, 보는 시청자에서 출연하는 시청자, 관람하는 경기가 아니라 참여하는 경기(게임 플레이)까지, 콘텐츠의 지형도는 바뀌고 있다. 왜 이런 일이 발생하며, 어떤 관점에서 콘텐츠의 진화를 이해해야 할까? 콘텐츠의 변하지 않는 본질과 진화의 프레임은 무엇인가?

이 글에서는 연결을 만드는 매개체로서 콘텐츠를 3단계로 나누어 살펴본 뒤, 그 유형을 네트워크 관점에서 정리할 것이다. 이것은 콘텐츠의 완전한 해체가 만드는 재구성의 기회, 즉 '시공간에 담기는' 콘텐츠가 완전히 해체되고 네트워크 자체로 진화하는 여정에 대한 이야기가 될 것이다.[1] 이 글은 콘텐츠라는 주제로 작성되었지만 콘텐츠라는 용어를 제품, 서비스 등 모든 상품의 유형으로 대체해서 읽어도 무방하다.

출발점:
콘텐츠, 컨테이너, 컨텍스트(3C)

콘텐츠는 미디어를 구성하는 세 요소 중 하나다.[2] 다른 하나는 콘텐츠를 담는 그릇인 컨테이너, 또 하나는 콘텐츠를 소비하는 환경 즉 커뮤니케이션을 둘러싼 모든 환경인 컨텍스트다. 콘텐츠의 진화는 먼저 이두 요소의 변화에서 시작된다.

물리적인 시공간에 갇혀 있던 컨테이너의 개념은 이제 해체되었다.[3] 선형적 매스미디어의 종말이다. 콘텐츠를 미디어에 실어서 사용자에게 정해진 시간에, 편성표에 따라 전달하는 관점 말이다. 〈태양의 후예〉,

---

1. 콘텐츠의 개념적 정의에 대해서는 《오가닉 미디어》에서 먼저 다루었다.
2. 윤지영, 〈미디어의 3요소〉, 《오가닉 미디어》, 개정판, 오가닉미디어랩, 2016.
3. 윤지영, 〈컨테이너의 숨겨진 쟁점의 이해〉, 《오가닉 미디어》, 개정판, 오가닉미디어랩, 2016.

미디어의 3요소(3 Components of Media)

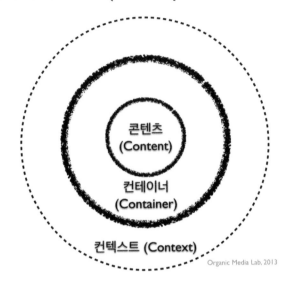

미디어의 3요소는 미디어의 진화를 해부해서 볼 수 있는 틀이다. (출처: 윤지영, 《오가닉 미디어》, 개정판, 오가닉미디어랩, 2016)

〈하우스 오브 카드House of cards〉가 아무리 대단하다고 한들 '무슨 요일, 몇 시에 어디서' 보라고 강요할 수는 없는 노릇이다. 드라마를 몰아 보며 '정주행'을 하든, 모바일로 보든, 혼자 보든, 같이 보든, 원하는 환경에서 원하는 방식으로 경험할 수 있도록 도와주는 것이 미디어의 역할이 되었다.

물리적 틀이 해체되자 남은 것은 '연결을 만드는 구조'뿐이다. 물리적 시공간에 갇혀 있을 때는, 그래서 우리의 사고마저 그 안에 갇혀 있을 때는 컨테이너 외부와의 연결이 중요하지 않았다. 예컨대 웹콘텐

컨텍스트가 만드는 네트워크
(Contexts create networks)

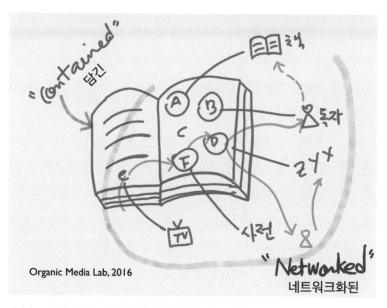

Organic Media Lab, 2016

책이라는 물리적 컨테이너를 해체하면 연결의 컨텍스트가 보인다.

츠는 지상파에 범접할 수 없었다. 지상파 방송은 존귀했고 정해진 시간에 몇 명이 봤는지가 중요했다.

그러나 페이스북, 카카오톡, 유튜브, 바인, 마리텔, 심지어 우버, 에어비앤비, 아마존 엑스레이X-Ray[4] 등에서는 주어진 콘텐츠 자체보다 무

---

4. David Pierce, "Amazon's X-ray shows movie info whenever you hit pause," *Wired*, Apr 13, 2015, https://www.wired.com/2015/04/amazon-xray-fire-tv/.

엇이, 누가, 어떻게 연결되어 있고 연결될 것인가가 가치를 결정한다. 틀Container이 아니라 연결Connection이 결정한다.

사용자 경험을 제공하는 컨텍스트는 콘텐츠의 생사를 결정한다.[5] 책이라는 컨테이너를 그릇physical container으로만 보면 컨텍스트는 별로 할 일이 없다. 페이지가 잘 넘어가고 가볍고 손에 잘 쥐어지며 글씨도 적당하면 된다. 그런데 연결을 만드는 구조structural container[6] 관점에서 보면 모든 실질적 연결을 컨텍스트가 만든다.[7]

예컨대 이전 그림에서처럼 책의 저자, 같은 책을 읽는 독자, 그 독자의 밑줄, 단어에 연결된 사전, 이 책으로 만든 영화, 그 예고편 등 컨텍스트가 허락한다면 모든 콘텐츠는 무한히 연결될 수 있다. 물리적 틀에서는 담기면 끝이지만 연결의 컨텍스트에서는 콘텐츠가 유기체다. 연결에 끊김이 없을 때 콘텐츠는 계속 살아서 진화하고 연결이 끊긴 콘텐츠는 도태되고 사라질 수밖에 없다.

콘텐츠의 정의:
노드, 링크, 네트워크

문제는 이 연결을 만드는 주체가 시청자, 관객, 사용자라는 것이다. 그러니 기능만 만들어 놓고 연결이 저절로 이뤄지기를 기다릴 수는 없

---

5. 윤지영, 〈컨텍스트에 답이 있다〉, 《오가닉 미디어》, 개정판, 오가닉미디어랩, 2016.
6. 윤지영, 〈컨테이너의 숨겨진 쟁점의 이해〉, 《오가닉 미디어》, 개정판, 오가닉미디어랩, 2016.
7. 윤지영, 〈컨텍스트란 무엇인가?〉, 《오가닉 마케팅》, 오가닉미디어랩, 2017.

는 것이다. 구체적으로 시청자, 관객이 어떻게 연결의 주체가 되면서 콘텐츠의 진화를 주도하고 있는지 살펴보자. 이를 통해 연결된 세상의 콘텐츠의 본질을 단계별로 정의하는 시간을 갖겠다.

1. 콘텐츠는 노드다

첫째, 사용자가 공감하고 공유하고 커뮤니케이션할 수 있는 모든 '거리(매개체)'가 콘텐츠다.[8] 다른 말로 하면 미디어 즉 네트워크를 구성하는 노드 하나하나가 콘텐츠인 것이다. 아프리카TV의[9] BJ '춤추는곰돌'[10]은 콘텐츠가 전달할 내용물에서 연결을 만드는 노드로 어떻게 진화하고 있는지 서사적으로 보여주는 사례다.[11] 그는 매주 토요일 홍대에서 댄스 공연을 연다. 본인이 팀과 함께 춤을 추기도 하지만 팬들이, 관객들이 함께 공연을 만들어가고 아프리카TV를 통해 생방송된다. 벌써 6년째다. 춤을 정식으로 배워본 적도 없다는 그가, 섹시한 걸그룹과는 거리가 먼 그가 어떻게 지금의 인기를 누리게 되었을까? 전통적인 공연 콘텐츠와는 무엇이 다른가?

여기서는 팬이, 관객이 주인공이다. 나와 다른 외계인(연예인)의 공연

---

8. 윤지영, 〈콘텐츠의 재정의와 새로운 비즈니스의 기회〉, 《오가닉 미디어》, 개정판, 오가닉미디어랩, 2016.
9. 이 글은 아프리카TV의 사례 연구를 목적으로 쓰여지지 않았다. 네트워크 관점에서 콘텐츠를 설명하기 위해 가장 적절해 보이는 콘텐츠 사례를 택한 것이다. 아프리카TV, MCN 시장, 페이스북 라이브 등 1인(개인) 방송 콘텐츠 관련 시장의 지형도, 수익모델 등의 이슈는 이 글에서 다루지 않았으며 (영상 콘텐츠를 예시로) 콘텐츠의 정의, 유형, 가치를 알아보는 데 집중했음을 일러둔다.
10. https://www.youtube.com/user/rlaquf0130.
11. 미디어오늘 차현아 기자의 기사 〈무한도전 '유재석'보다 아프리카TV BJ를 찾는 이유〉가 이 글의 줄거리 전개에 큰 도움이 되었다.

콘텐츠는 노드다 (Contents as Nodes)

사용자가 공감하고 공유하고 커뮤니케이션할 수 있는 모든 '거리(things)'가 콘텐츠다. 즉 연결의 대상이자 연결을 만드는 노드가 콘텐츠다. (유튜브 영상 화면 캡처(https://www.youtube.com/watch?v=AokmEt8o2GE))

을 관객으로서 수용하는 것이 아니라 친구들과 함께 춤추고 참여하고 즐긴다. 관객과 주인공 사이에 그어져 있던 금이 없어졌다. 이 광경 그대로가 콘텐츠다. '곰돌'을 매개로 연결된 느슨한 커뮤니티는 스스로 주인공이자 매개자, 서로를 연결하는 노드로 작용한다. 방 안에서도 그렇다. 실시간으로 화면 너머의 아이들과 함께 빛의 속도로 자판을 두드린다. 채팅 역시 매개를 만드는 중요한 노드다. '곰돌'은 공연과 참가자들을 리드하는 또 다른 매개자일 뿐이다.

방송은 무대 밖에서도 계속된다. '잉여롭게' 집에서 보이스피싱 전화를 받다가 실시간으로 고발하기도 한다. 성추행범을 쫓는 무한도전(?)으로 둔갑하기도 한다. 돌발 상황은 그대로 콘텐츠가 된다. 고등학교 여학생 팬에게 햄버거를 직접 배달해주는 미션도 수행한다.[12] 학교에 등장하자 "와! 곰돌님이다"라고 외치며 학생들이 쫓아오지만 사실 주인공은 학생들 자신이다. 그들의 반응이 진짜 스토리다. 햄버거 미션의 주인공도 그렇다. 실제 영상을 이끌어가는 것은 주인공의 친구들이다. 교실에 모여들어서 "맛있겠다", "부럽다"라고 유쾌하게 소리치고 반응하는 친구들이 사실은 콘텐츠다.

일방향 콘텐츠가 아니라, 관객 스스로가 미디어 즉 콘텐츠의 주체로 진화하고 있다. 관객이 주인공, 매개자가 되는 순간 시청은 소비가 아니라 능동적인 놀이가 된다.

2. 콘텐츠는 링크다

다음 이미지는 다양한 노드가 연결되는 과정을 스키마로 표현한 것이다. 이들의 참여가, 출연이, 목소리가, 달리기가 특별한 이유는 친구들이, 친구의 친구들이 있기 때문이다. 무대에 등장한 곰돌(A)은 혼자가 아니다. 팬들, 관객들(B)과 함께 출연한다. 둘러서서 구경만 하는 사람(C)도 공연을 만들고 이 광경을 스마트폰으로 구경(D)하는 사람들도 역시 콘텐츠를 만든다. 영역을 확대해서 보면 친구(B)가 춤추는 것을 구경하는 다른 친구(E), 이런 영상을 유튜브에서 좋아하고 링크를 다시 친구들에게 공유하는 사람들(F)까지 끝도 없이 계속될 수 있다.

스키마에 등장하는 모든 노드(매개자들)의 연결 행위는 그 자체로 콘텐츠가 된다. 춤을 추고 구경하고 채팅하고 좋아하고 공유하는 행위

---

12. https://www.youtube.com/watch?v=X1iHko2yf2A.

콘텐츠는 링크다 (Contents as Links)

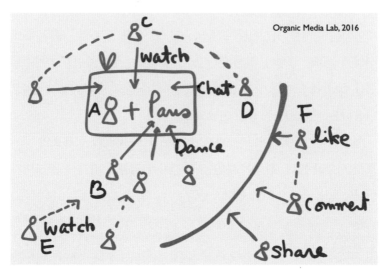

참여하고, 구경하고, 공유하는 등 모든 연결 행위(의 결과)도 콘텐츠다. 즉 노드와 노드를 연결하는 링크도 콘텐츠다.

는 모두 연결된 관계를 포함하고 있다. 내 친구가 연결해준 링크와 공연물 자체는 분리되지 않는다. 내 친구가 등장한 공연물, 내 친구가 먼저 본 공연물, 내 친구가 함께 공감한 공연물이라는 사실이 영상과 분리되지 않는 것이다. 이 연결 관계가 콘텐츠에 가치를 부여한다. 링크가 곧 콘텐츠다.

각각의 (노드로서의) 콘텐츠는 '연결된 관계'가 없으면 가치가 없다. 페이스북에서 본 친구의 점심 식사가 특별한 이유는 '나의 친구'의 일상이기 때문이다. 모르는 사람이 백날 맛집 사진을 올린들 내게 무슨 감흥이 있겠는가. 언론사 애플리케이션이 내게 푸시해주는 기사가 아니

빔인터랙티브에서 중계하는 라이브 방송에서 2016년 5월 6일 동영상 화면 캡처.

라 친구가 공유해준, 즉 '친구와 연결된' 기사가, 친구의 생각이 들어 있는 기사가 우리에게는 더 가치 있다.

물론 이 링크가 반드시 친구 관계처럼 강한 연결strong tie에 국한되는 것은 아니다. 게이머들을 위한 라이브 플랫폼 '빔인터렉티브Beam Interactive'[13]는 왜 링크 자체가 콘텐츠인지 또 다른 각도에서 보여준다. 프로 게이머들의 게임 화면은 가장 인기 있는 콘텐츠 중 하나다. 그런데 내가 팔로하는 게이머의 게임을 관전만 하는 것이 아니라 직접 참여할 수 있다면 어떨까? 프로 게이머는 매개자가 되고 모든 관객이 함께 하나의 플레이를 만들어가는 것이다.[14]

게임 경기 중에 수많은 사람들의 행위(의사결정)가 동시에 일어나면

13. https://beam.pro/.
14. 이에 대한 자세한 설명은 유튜브 동영상(https://www.youtube.com/watch?v=VGS7Bm7O pqA)을 참고.

가장 많은 사람들이 결정한 행위가 실제 플레이에 반영된다. 커뮤니티가 만들어가는 경기다. 여기서 콘텐츠는 무엇인가? 마인크래프트라는 게임만, 프로 게이머의 플레이만 콘텐츠라고 할 수 있을까?

아래 도식에서 보면 내가 팔로하는 게이머 A는 영상에 등장하지만 나(B)는 화면(물리적 프레임, 물리적 컨테이너)에 등장하지 않는다. 그러나 내가 팔로한다는 사실 자체, 내가 지금 플레이를 보고 있다는 사실 자체도 플레이 영상을 더욱 긴박하고 생동감 있게 만드는 역할을 한다. 동시 접속자 숫자도 콘텐츠의 가치에 기여한다. 나와 같은 관객인 C와 D도 플레이 영상에 직접 등장하지 않지만 경기를 함께 만들어가고 있

콘텐츠는 링크다 (Contents as Links)

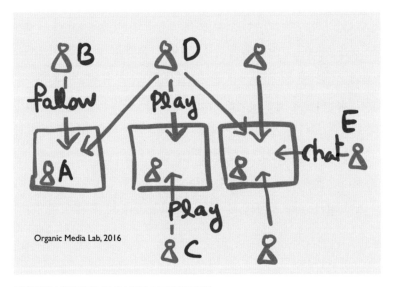

Organic Media Lab, 2016

이전 동영상 화면을 링크를 중심으로 구조화한 것이다.

는 참여자다. 물론 게임에 플레이어로 직접 참여를 하든 안 하든 대화는 실시간으로 끝없이 계속된다.

여기서 '팔로하다', '플레이하다', '채팅하다'라는 링크는 모두 중요한 콘텐츠로 작용한다. 이 라이브 방송 플랫폼이 특별한 이유는 이들의 참여가 있기 때문이며, 여기서 참여란 플레이를 함께 만들어가는 '과정'을 말한다. 관객들이 각자의 방에서, 지하철에서, 그러나 하나의 플레이로 연결되어 콘텐츠를 만들어 가는 과정 자체, 즉 '연결(된 상태) 자체가 콘텐츠'인 것이다.

3. 콘텐츠는 네트워크다

결국 게임 영상, 공연 영상, 돌발 영상 등과 같은 노드는 개인들의 참여를 통해 생성되는 링크와 분리될 수 없다. 이 링크 없이는 노드도 의미가 없는 것이다. 살아도 산 것이 아니고 연결은 일회적이고 수명은 짧을 것이다. 〈태양의 후예〉, 〈하우스 오브 카드〉와 같은 전통적 포맷의 콘텐츠와 달리 이들은 연결된 관계를 통해 다른 가치를 생산한다.

그 결과는 네트워크로 나타난다. 콘텐츠란 이 네트워크와 분리되지 않는, 네트워크의 일부 즉 네트워크 자체다. 중요한 것은 이 네트워크가 반드시 직접 연결만 포함할 필요가 없고, 무한히 연결되고 확장될 가능성을 내포한다는 점이다.

네트워크로 확장해서 보면 '춤추는곰돌'의 공연에는 직접 노드와 링크만 포함되어 있지 않다. 연결된 음악, 그 음악을 만든 사람, 부른 가수, 그 음악이 수록된 앨범, 누군가의 플레이 리스트 등 끝이 없을 것이다. '춤추는곰돌'이 미션을 수행하러 간 고등학교의 학생들, 그들이

콘텐츠는 네트워크다
(Contents as Networks)

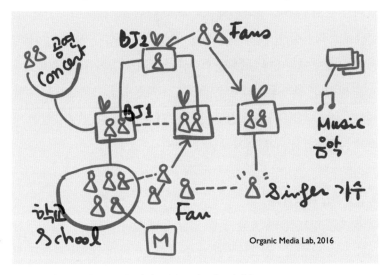

노드도 콘텐츠이고 링크도 콘텐츠라면 콘텐츠는 네트워크 자체다.

즐겨 보는 영상, 듣는 음악, 이벤트 등도 마찬가지다. 잠재적 링크는 참여자들의 행위를 통해 언제든지 발현될 수 있다.

이러한 관계를 실제로 지도처럼 도식화해서 정보로 제공하는 것도 가능하다. 드라마나 영화 같은 전통적 콘텐츠에도 적용할 수 있다. 예를 들어 아마존의 '엑스레이'가 그렇다.[15] 동영상을 시청하는 중에 화면

---

15. Romain Dillet, "Amazon Expands X-Ray Feature To TV Shows On Kindle Fire And Wii U With Data From IMDb," *TechCrunch*, Mar 27, 2013, https://techcrunch.com/2013/03/27/amazon-expands-x-ray-feature-to-tv-shows-on-kindle-fire-with-data-from-imdb/.

에 등장하는 모든 인물, 음악, 줄거리 등과 관련된 정보를 보조 화면(스마트폰 등) 또는 해당 화면(TV)에서 볼 수 있다. 일종의 투시도다.

단순히 영상과 관련된 정보를 사전처럼 입력해놓은 것이 아니라 모든 유형의 정보가 서로 유기적으로 연결되어 있다. 지금 나오는 배우가 이전 에피소드에서는 어디서 등장했는지, 어떤 작품에 출연했는지 확인한다. 지금 영화에서 울려 퍼지는 OST를 바로 주문할 수도 있다. 내가 이 순간 관심을 갖고 있는 그 정보를 중심으로 관계도는 재구성된다. 연결된 모든 정보는 다른 컨텍스트로 전환된다. 사용자 경험UX의 연결이다.

정보의 가치는 데이터로 축적되었을 때가 아니라 사용자의 행위로 연결되었을 때 존재하는 것이다.

아마존 비디오는 동영상, 음악, 장면, 배우 등이 유기적으로 연결된 네트워크다. 엑스레이를 이용하여 여행할 수 있다. (이미지는 태블릿 PC에서 영화 〈카페 소사이어티〉를 보던 중 엑스레이가 활성화된 장면을 찍은 것이다.)

연결 관점에서 본
콘텐츠의 4유형

여기까지 콘텐츠의 본질을 네트워크 관점에서 정리했다. 이제는 같은 관점으로 콘텐츠의 유형을 나누어보자. 본질은 눈에 보이지 않는다. 그러나 그것에 접근하는 과정에 발견이 있다. 보이지 않는 본질을 시각화하기 위해 두 가지 축을 사용하여 콘텐츠를 유형화했다. 첫째 어떤 컨테이너에 기반을 두고 있는가, 둘째 어떤 컨텍스트를 만드는가로 콘텐츠를 구분했다.

우선 Y축은 물리적 컨테이너에 기반을 두고 있는가, 아니면 구조적 컨테이너(콘텐츠의 연결 구조, 연결 방식이 컨테이너를 규정)에 기반을 두고 있는가로 나누었다. 그러므로 디지털이냐 아니냐는 기준이 아니다. TV의 콘텐츠를 그대로 디지털로 옮겨왔다면, 하이퍼링크 하나 없이 종이책을 그대로 전자책으로 옮겨오는 발상이라면 물리적 컨테이너의 범주에서 벗어나지 않는다.

X축은 컨텍스트다. 콘텐츠를 경험하는 컨텍스트가 소비를 위한 것인가, 연결을 위한 것인가로 나눌 수 있다. 유기체로서의 콘텐츠는 컨텍스트를 통해 생성, 연결, 소멸의 과정을 겪는다. 연결을 만드는 컨텍스트가 제대로 발현된다면 사용자, 시청자, 관객은 '끊김이 없는 컨텍스트Seamless Context'를 경험하게 되며 이 과정에서 이들의 소비는 곧 연결 행위로 전환된다.

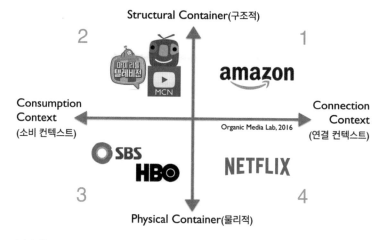

콘텐츠의 4유형 (4 Types of Contents)

Structural Container(구조적)

2

1

amazon

Consumption
Context
(소비 컨텍스트)

Connection
Context
(연결 컨텍스트)

Organic Media Lab, 2016

SBS
HBO

NETFLIX

3

4

Physical Container(물리적)

컨테이너(물리적-구조적 컨테이너)의 축과 컨텍스트(소비-연결의 컨텍스트)의 축을 중심으로 콘텐츠를 크게 네 유형으로 나눌 수 있다. 이사분면의 유튜브는 MCN 관련 콘텐츠에 사례를 국한하여 위치시킨 것이다.

물리적 컨테이너와 소비의 컨텍스트

3사분면에는 가장 전통적인 방송 매체, 인쇄 매체, 게임 등이 속할 것이다. 예를 들어 HBO는 나와 같은 마니아를 확보하고 있는 대표적인 콘텐츠 회사다. 그러나 HBO는 물리적 컨테이너와 소비 관점에 머물러 있다. HBO의 드라마를 보는 것은 선형적인 소비의 과정이다. 다음에 무엇을 봐야 할지 알려주기는커녕 나처럼 줄거리를 잘 이해하지 못해 앞 장면으로 자주 돌아가야 하는 사람들이 있다면 리모컨을 자주 던지게 될지도 모른다.

여기서 콘텐츠는 완전히 단절된 컨테이너 안에 존재한다. 그 안에서 훌륭한 작품을 잘 만들어왔고, 앞으로도 그렇게 장인정신을 이어가기를 바란다. 그러나 그 콘텐츠와 연결된 컨텍스트의 확장을 고민하지 않는다면 HBO의 비즈니스는 3사분면을 벗어나기 어려울 것이다.

물리적 컨테이너와 연결의 컨텍스트

같은 사이즈, 같은 포맷의 드라마를 제공한다고 하더라도 넷플릭스는 완전히 다른 DNA의 회사다. 오리지널 콘텐츠를 만들고 있지만 4사분면의 넷플릭스는 연결을 만드는 컨텍스트에 비즈니스의 기반을 두고 있다. '이제 다음에 뭐 보지?' 하고 고민하는 시간은 훨씬 적다. 사용자 행위를 기반으로 하여 연결된 콘텐츠를 추천하고 사용자의 컨텍스트가 끊기지 않고 연결되는 방안을 고민한다.

한편으로는 이 작은 연결고리들을 전통적 의미의 콘텐츠와 비교하면 사소하고 보잘것없을지도 모른다. 하지만 이 사소한 링크들이 계속 쌓여 3사분면의 비즈니스 사이즈를 훨씬 넘어서도록 만든다.

구조적 컨테이너와 소비의 컨텍스트

이에 반해 앞서 언급한 노드, 링크로서의 콘텐츠는 대부분 2사분면에 위치한다. 물리적 컨테이너의 제약에서 벗어나 완전히 새로운 연결을 만들고자 하는 시도들이다. 웹과 TV 등 이종의 컨테이너를 연결시키는가 하면, 시청자의 참여가 아예 콘텐츠 전체를 이끌고 가기도 하고, 이를 통해 기존과 완전히 다른 가치를 생산한다. 마리텔, 각종 MCN 유형,[16] 참여형 라이브 게임 중계, 72초TV, 심지어 우리 모두가 생산하는 일상의 라이브 방송이 모두 2사분면에 속할 것이다.

구조적 컨테이너와 연결의 컨텍스트

1사분면은 콘텐츠의 단위가 더 잘게 쪼개지고 컨테이너도 더 유연하게 연결되는 유형을 말한다. 2사분면에서 살펴본 콘텐츠들은 아직 초기 단계에 있다. 앞으로 콘텐츠가 귀속된 컨테이너 자체가 더 가볍게 쪼개지고 얼마든지 서로 연결되며 유기적으로 변화할 수 있다.[17]

연결을 만든다면 심지어 영화 제목 하나도, 한 줄의 줄거리도 컨테이너다. 콘텐츠를 연결하는 하나의 구조다. 이것을 활성화하기 위해서는 전통적이고 물리적 틀에서 벗어나려는 시도뿐만 아니라 콘텐츠의 완전한 해체와 재구성의 유연함이 필요할 것이다.

방송 영역에 국한해 보면 아직까지 1사분면의 대표적인 사례는 나타나지 않았다. 페이스북 라이브가 개인, 전통 언론, 서드파티(3rd party), 시스템을 유기적으로 연결하는 실험[18]을 꾸준히 확장한다면 사례가 될 수도 있겠다.[19]

지금으로서는 아마존의 비즈니스(서비스)를 위치시켰다. 아마존 뮤직을 비롯하여 지속적인 사례를 만들고 있기 때문이다. 아마존의 전자상거래, 엑스레이, 킨들 서비스 등은 콘텐츠가 완전히 해체되고 사용

---

16. 여기서 MCN(Multi Channel Network)은 일종의 '대명사'로 사용되었다. 유튜브와 같은 동영상 서비스를 통해 개인이 방송국, 제작자가 될 수 있도록 도와주는 모든 유형의 비즈니스를 포함하여 사용했다.
17. 윤지영, 〈컨테이너의 숨겨진 쟁점의 이해〉, 《오가닉 미디어》, 개정판, 오가닉미디어랩, 2016.
18. Anthony Ha, "Facebook Live opens to developers, starting with Livestream, DJI and others," *TechCrunch*, Apr 12, 2016 by, http://techcrunch.com/2016/04/12/facebook-live-api/.
19. 심재석, 〈페이스북 라이브, 아프리카TV를 위협할까〉, 바이라인네트워크, 2016년 4월 16일, http://m.post.naver.com/viewer/postView.nhn?volumeNo=4059505&memberNo=3881747.

콘텐츠와 네트워크
(Fragmentation & Reconstruction)

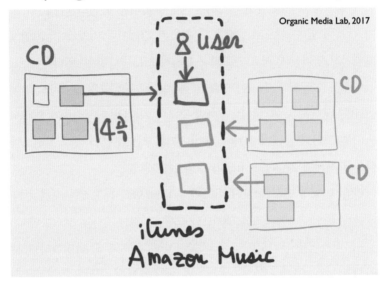

음악 시장은 동영상 시장과 사용자 경험은 다르지만 콘텐츠의 진화를 입증했다. 외롭게 존재했던 앨범은 해체되어 재생 목록으로 무한히 연결되고 있다. 사용자 행위가 앨범을 해체하고 재구성한다.

자(의 행동)를 통해 유기적으로 재구성되는 비즈니스의 전형이다.

사용자 경험은 다르지만 음악 시장은 이와 같은 콘텐츠의 진화를 이미 입증했다. 14곡을 수록한 앨범(컨테이너)은 낱개로 해체되었고, 아이튠즈는 곡을 하나씩 구매할 수 있게 했고 저작자(판매자)와 구매자를 연결했다. 사용자는 여러 가수의 음악을 장바구니에 담고 월정액으로 원하는 음악을 듣고 플레이 리스트를 만든다. 구조적 컨테이너를 스스로 만드는 과정이다.

이렇게 연결된 곡과 사용자 자신도 하나의 번들이다.[20] 아마존 뮤직이 추천하는 '이 연주자의 다른 앨범', '이 앨범을 들은 사람들이 들은 다른 앨범' 목록은 사용자의 컨텍스트에 따라 유기적으로 구성되는 컨테이너다. 음악과 연주자, 작곡가 등의 콘텐츠의 연결된 관계가 오직 사용자의 소비 행위를 통해 만들어지기 때문이다.

지금까지 콘텐츠의 진화를 노드, 링크, 네트워크의 관점에서 살펴보고 그 유형을 네 가지로 정리했다. 콘텐츠의 본질을 이해했다면 이제 컨텍스트의 본질을 보다 깊이 파헤칠 차례다. 콘텐츠의 연결과 진화는 끊어지지 않는 컨텍스트에 달려 있기 때문이다.

이종의 콘텐츠와 정보, 데이터가 해체되고 사용자의 경험을 기반으로 무한대로 연결된다는 것은 무엇을 의미하는가? 이것을 가능하게 하는 컨텍스트는 본질적으로 무엇인가? 다음 글의 주제다.

20. 노상규, 〈수익 모델의 3P〉, 《오가닉 비즈니스》, 오가닉미디어랩, 2016.

02 컨텍스트란 무엇인가?
4 Elements of Context

시장의 주인공이 제품에서 경험으로 바뀌는 순간 어떤 문제가 발생하는가? 제품은 낱개로 존재하지만 경험은 끊어지지 않는다. 책 한 권을 사더라도 발견부터 독서 이후까지 관련된 모든 경험이, 같은 상품을 사더라도 구경부터 구매 후까지 이어지는 모든 경험이 상품 자체보다 더 중요해진 것이다.

이 경험을 결정하는 것이 바로 컨텍스트다.[1] 그런데 컨텍스트란 대체 무엇인가? 사용자의 물리적 상황인가? 그래서 문도 자동으로 열어주고 '푸시Push' 알림도 보낼 수 있는 고객의 정보인가?

---

1. 컨텍스트의 문제 정의는 이미 《오가닉 미디어》의 〈컨텍스트에 답이 있다〉에서 일차적으로 정리했다. 이 글은 컨텍스트의 본질을 더욱 깊이 이해하고 여러 산업 영역에 더욱 폭넓게 적용하기 위한 목적으로 쓰여졌다.

이 글에서는 컨텍스트의 능동성을 중심으로 문제의 본질을 알아본다. 끊김이 없는 컨텍스트란 무엇인지 발견, 선택, 경험, 공유 과정을 통해 살펴본다. 이것은 연결된 세상에서 모든 비즈니스가 왜 컨텍스트를 만드는 비즈니스가 될 수밖에 없는지 정리하는 과정이 될 것이다.

주로 영상 콘텐츠의 시청을 사례로 다루었으나, 〈네트워크가 제품이다〉에서 다룰 '컨텍스트 네트워크'를 포함하여 컨텍스트의 문제를 비껴갈 수 있는 비즈니스가 없다. 영상 콘텐츠 대신 그 어떤 제품을 대입하여 읽어도 무방하다. 컨텍스트는 이 책의 전체를 관통하는 축이다.

전통적 환경의 컨텍스트

예전에는 컨텍스트가 사업자에게도, 사용자에게도 간단했다. 1995년에 방영된 SBS의 24부작 〈모래시계〉는 국내 드라마의 전설이었다. '귀가시계'라는 별명은 전통 미디어에서 컨텍스트가 어떤 특성을 지니는지를 한마디로 암시한다.

프로그램은 편성표가 24시간, 주간 단위로 나와 있으니 수·목 밤 10시에 어김없이 발견될 수밖에 없었다. 지금이야 본방 사수 개념이 줄어들어 시청률 5%도 많다지만 20년 전 상황은 달랐다. 주로 지상파 3사가 저녁 시간을 좌우하니, 이 시간에 무엇을 할(볼) 것인가에 대한 고민이 어렵지 않았다. 심지어 최민수가 '나, 떨고 있니?' 하며 죽어가던 대목에서 순간 시청률은 75%에 달했다.[2]

여기서 콘텐츠를 시청(경험)하는 컨텍스트에는 어떤 것들이 있을까?

전통적 미디어의 컨텍스트
(Contexts of Traditional Media)

주간 편성표		채널고정!
Discover		Choose
Communicate	Organic Media Lab, 2015	Experience
직장, 학교에서		거실 TV에서

SBS 드라마 〈모래시계〉. 프로그램을 발견·선택·경험·공유하는 컨텍스트가 단순했던 시절이다.

거실에 모여 앉든 방에서 혼자 보든 시청 방법은 단순했고 정전이 되거나 누군가 채널을 돌리는 사태가 발생하지 않는다면 특별히 새로울 것도 없는 컨텍스트였다. 콘텐츠만 좋다면 그 콘텐츠를 경험하는 컨텍스트 따위는 큰 고민거리가 아니었던 것이다.

콘텐츠의 공유는 집, 학교, 직장에서 산발적으로 이뤄졌다. 대화를 나누고 공감하며 재잘재잘 수다를 떨면 이야기는 기록도 없이 사라진다. 그 대화에 없던 사람들은 내가 어느 대목에서 울었는지 알 수 없

---

2. 권수빈, 〈SBS 드라마 역대 최고 시청률 '모래시계' 64.5% 1위〉, 뉴스엔, 2012년 11월 24일, http://enews24.interest.me/news/article.asp?nsID=73188.

겠지만 그래도 잔뜩 수다를 떨었으니 마음만은 후련할 것이다.

시공간의 해체, 컨텍스트의 등장

그러나 연결이 지배하는 세상에서 물리적 시공간 개념은 해체되었다.[3] 방송 프로그램은 주간 편성표라는 공간에 매여 있지 않고, 24시간의 규칙 안에 순차적으로 담겨 있지 않다. 신문 기사가 종이신문의 지면을 비집고 들어갈 필요도 없고 1면이라는 공간은 유일하지도, 절실하지도 않다. 누구에게나 각자의 1면이 생겼고, 우리의 프라임타임은 매일매일 시시각각 변한다. 이처럼 시공간의 해체와 함께 물리적 유통 채널 위에 군림해온 모든 사업자들의 전통적 권력은 해체되었다.[4]

컨텍스트의 발현은 바로 이 지점에서 일어난다. 세상의 가치가 '관계' 기반으로 재편되었기 때문이다.[5] 본래 'Context'는 라틴어 'contextus, contextere'에서 출발했다. 여기서 'con-'은 '함께together'를 뜻하고 'texere'는 '짜다weave, 만들다'를 뜻한다. 컨텍스트는 어원적으로도 '함께 관계를 만들다'라는 의미를 이미 내포해왔다.

단순하고 부차적인 것으로 여겨졌던 기존의 컨텍스트는 이제 비즈니스에서 가장 중요한 변수로 자리 잡기 시작했다.[6] 시공간의 해체 속

---

3. 윤지영, 〈시간과 공간의 관점에서 본 미디어의 역사〉, 《오가닉 미디어》, 개정판, 오가닉미디어랩, 2016.
4. 윤지영, 〈진화하지 않으면 죽는다〉, 《오가닉 미디어》, 개정판, 오가닉미디어랩, 2016.
5. 윤지영, 〈연결이 지배하는 미디어 세상의 미래〉, 《오가닉 미디어》, 개정판, 오가닉미디어랩, 2016.

에 이제 컨텍스트는 무한대로 확장되었다.[7] 이 시각에서 보면 연결된 세상의 비즈니스가 무한해진다.

1. 컨텍스트의 정의

여기서 컨텍스트란 커뮤니케이션을 둘러싼 모든 정보와 환경으로, 주어진given 환경으로서의 컨텍스트(시공간, 주변 정보 등 실시간 상황), 사용자의 경험·체험·학습 등 커뮤니케이션에 영향을 미치는 사용자의 기억 정보,[8] 더 나아가 사용자의 참여를 통해 계속 연결되고 진화하는 컨텍스트 모두를 포함한다.

"Context shapes language and language shapes context."[9]

컨텍스트가 단순히 언어를 규정하는 조건(제약)이 아니라 '언어 사용의 생산물'이기도 하다는 언어학적 정의는 미디어 관점에서도 유효하다. 컨텍스트를 단순히 미디어를 사용하는 시간, 공간적 조건으로 규정하는 것이 아니라, 상호작용 과정 및 결과에서 발현되는 작용까지

---

6. 윤지영, 〈컨텍스트에 답이 있다〉, 《오가닉 미디어》, 개정판, 오가닉미디어랩, 2016.

7. 윤지영, 〈컨텍스트가 공간을 만든다〉, 《오가닉 미디어》, 개정판, 오가닉미디어랩, 2016.

8. 이와 같은 관점은 언어학[특히 화용론(Pragmatics)]에서 논의하는 컨텍스트의 의미와 맥을 같이한다. 우리는 '발화[utterance(énonciation)]'보다 미디어 관점에서 컨텍스트를 살펴보고 있으나 사용자의 참여(engagement)와 경험(UX)의 확장된 의미에서 보면 상당 부분이 맞닿아 있음을 알 수 있다(D. Sperber, D. Wilson, 《인지적 화용론(Relevance: Communication and Cognition)》, 김태옥 등 옮김, 한신문화사, 1993(원서 출판: 1986)).

9. Duranti & Goodwin, *Rethinking context: Language as an interactive phenomenon*, Cambridge University Press, 1992, p. 30.

포함하는 것이다.

사용자에게 '주어지는 컨텍스트(contexte défini, conditionnant, donné)'의 수는 무한대다. '지금, 여기(시간과 공간)'뿐만 아니라 내가 누구인지, 내가 어떤 경험과 지식을 쌓았는지, 그 밖의 무수한 상황(관계, 역할 등)에 따라 앞으로의 경험도 당연히 달라진다. 그렇게 각자는 유일한 순간을, 그 순간의 연속으로 삶을 살아간다. 미디어 환경에서 대화, 거래, 구매, 검색, 감상 등은 각각 다른 컨텍스트에서 발생한다. 알고리즘은 우리의 경험을 따라간다.

사용자마다 검색 결과 화면, 페이스북의 뉴스피드, 아마존의 상품 추천 페이지는 모두 다르게 보인다. 각자의 데이터 기록이 만드는 각자의 세상이다. 사용자의 사소하고 개인적인 모든 상황과 찰나가 모여 전체universe를 구성한다. 다만 사례 하나, 상황 하나만을 놓고 보면 참시시하고 핵심의 주변처럼 보일 뿐이다.

2. 진화하는 컨텍스트

그런데 더 중요한 것은 이러한 컨텍스트가 사용자와의 상호작용 과정에서 '진화한다'는 점이다(contexte construit, transformateur, évoluant).[10] 해석

---

10. 맹그노(D. Maingueneau)는 《담화분석사전(Dictionnaire d'analyse du discours)》에서 담화와 맥락의 관계를 두 가지 대립·보완적 관점에서 정리한 바 있다. 그에 따르면 이미 주어진 맥락이 담화를 규정하는 한편, 담화 과정에서 상황이 지속적으로 재정의되고 맥락 또한 재구성된다.("Le discours est une activité tout à la fois conditionnée (par le contexte) et transformatrice (de ce même contexte); donné à l'ouverture de l'interaction, le conte est en même temps construit dans et par la façon dont celle-ci se déroule ; définie d'entrée, la situation est sans cesse redéfinie par l'ensemble des évènements discursifs."). [Patrick Charaudeau,

the team learned that many customers
wanted to be able to arrange the order of
pictures before they would invite o...
■ Bookmark   Page 66 • Location 899

many customers wanted to be able to
arrange the order of pictures before they
would invite others to contribute.
■ Highlight   Page 66 • Location 899

"Success is not delivering a feature;
success is learning how to solve the
customer's problem." 4
■ Highlight   Page 66 • Location 903

assumptions are the value hypothesis

product manager says, 'I just want this.' In
response, the engineer says, 'I'm going to
build it.' Instead, I try to push my team to
first answer four questions:

1. Do consumers recognize that they have
   the problem you are trying to solve?

Popular Highlights

budget. The goal of a startup is to figure out
1980 highlighters
right thing to build—the thing customers want
will pay for—as quickly as possible. In ot
words, the Lean Startup is a new way of looking

Recommendation

나의 밑줄은 정보가 되고 책의 컨텍스트를 진화시키는 데 기여한다.

하자면 사용자 개개인의 참여 활동(대화, 거래, 구매, 검색, 감상 등)은 새
로운 연결을 낳고 그것은 곧 '새로운 컨텍스트의 발현'을 의미하게 된
다. 위의 킨들이 사례다.

책을 읽다 보면 어떤 대목에서 몇 명이 밑줄을 쳤는지 발견하게 된
다. 나의 밑줄도 이렇게 "인기 있는 구절"이라는 정보를 생성하는 데
기여한다.[11] 나는 혼자 책을 읽지만 그 무심한 소비 과정이 다른 사람
의 의사결정과 소비의 경험을 바꾸는 컨텍스트를 새롭게 제공한다(물

Dominique Maingueneau, *Dictionnaire d'analyse du discours*, Edition du Seuil, 2002, p.
135.]
11. Robinson Meyer, "The Most Popular Passages in Books, According to Kindle Data",
The Atlantic, Nov 2, 2014, http://www.theatlantic.com/technology/archive/2014/11/the-
passages-that-readers-love/381373/.

론 이 과정에서 독서에 대한 내 경험은 진화할 수도, 도태될 수도 있다). 오직 참여만이 컨텍스트를 발현한다. 각자의 유일한 컨텍스트들이 만드는 매 찰나의 사소한 연결들이 모여 컨텍스트를 진화시킨다.

컨텍스트의 4요소:
발견, 선택, 경험, 공유

사용자의 개입을 통해 발현되는 모든 컨텍스트는 발견, 선택, 경험, 공유의 형태로 나타난다. 이들은 컨텍스트의 컨텍스트이자, 작용이자 결과다. 이 요소들은 독립적·배타적이지 않고 순차적으로 발생하지도 않는다.

　오히려 끊김이 없이 동시다발적으로, 다중적으로 발생한다. 컨텍스트란 정지된 것이 아니라 끊임없이 흘러가는 하나의 상태status이기 때문이다. 여러분의 관심 영역에 따라 이들을 컨텍스트의 하위 컨텍스트 또는 컨텍스트 비즈니스의 종류 또는 마케팅에서의 고객 여정 등으로 다양하게 해석하고 적용해도 무방하다. 서로 유기적으로 연결된 관점이다.

1. 발견의 컨텍스트(Discovering context)

발견 컨텍스트는 콘텐츠, 제품, 메시지 등을 만나는 접점이자 계기다. 예전에는 편성표로 시청자를 만나고 광고로 주목을 받았다면, 이제는 그 접점이 도처에 깔려 있다. 페이스북에서 지인이 어떤 영화에 얼마나 감동했는지, 한 문장 적어 올린 포스팅은 '도대체 어떤 영화길래?'

컨텍스트의 4요소
(4 Elements of Context)

Discover
발견하다

Choose
선택하다

Organic Media Lab, 2015

Communicate
공유하다

Experience
경험하다

컨텍스트를 규정하는 네 가지 작용(action)을 구분했다. 발견, 선택, 경험, 공유 컨텍스트는 사용자와 상호작용으로 발현된다.

하는 궁금증을 유발한다. 한 번, 두 번 더 보이면 곧 봐야겠다 마음 속에 메모를 해둔다.

지인이 아니라 영화가 다른 영화를 발견하는 데 도움을 줄 수도 있다. 영화를 본 다음에 이어지는 추천(이 영화를 본 사람이 본 다른 영화)이 그렇다. 이 경우에는 메모하고 기억에서 꺼낼 필요가 없다. 발견이 곧 영화의 선택이고 경험이다. 다음 이미지는 우디 앨런Woody Allen의 영화 〈카페 소사이어티Cafe Society〉와 관련된 정보들이다. 이 영화를 본 사람들은 대부분 우디 앨런의 다른 영화를 봤다.

발견의 컨텍스트는 문득 나에게 온다. 사용자가 헤매고 검색하고 돌아다니다가 만날 수도 있고 이런 수고가 없이 뜻하지 않은 것을 발견하기도 한다. 그런데 발견의 컨텍스트에서 완전한 우연이란 없다. 아니, 사용자는 뜻밖에 문득 발견하는 기쁨을 누리지만 그것은 페이스북의 알고리즘, 검색엔진 알고리즘, 콘텐츠의 추천 알고리즘 등을 통해 연결된 결과다.

이러한 발견의 경로도 제품, 정보, 콘텐츠 경험에서 중요한 부분을 차지한다. 영화를 보기 전부터 이미 경험이 시작된다.

아마존 TV는 어떤 영상을 감상할지 고민하는 시간을 줄여준다. TV 시청자들의 평점과 IMDb 사용자들의 평점이 나란히 나와 있다. 또 아마존 커머스와 같이 '이 영화를 본 사람들이 본 다른 영화'가 새로운 영상을 발견하는 컨텍스트로 이어진다.

2. 선택의 컨텍스트(Choosing context)

발견이 절묘하면 의사결정의 노동은 생략된다. 선택의 컨텍스트가 짧고 최적화되면 선택하는 과정 자체를 인지하기 어려워진다. 발견의 컨텍스트가 '문득' 나에게 오는 것처럼 선택의 컨텍스트가 '저절로' 부지불식간에 이뤄지는 것이다.

이전 이미지에서 〈카페 소사이어티〉가 6.7점을 받았다는 정보는 내 선택을 도와준다. 이 영화를 본 사람들이 본 다른 영화들 또한 발견의 컨텍스트임과 동시에 선택의 의사결정을 도와주는 정보다. 모든 것이 양적으로 넘쳐나는 시대에 사용자 혼자의 힘으로 어떤 제품과 브랜드, 서비스, 콘텐츠, 정보를 소비할 것인지 결정하는 것은 거의 불가능하다.

물론 모든 것을 고객이 스스로 노동을 통해 선택하도록 방치하는 사업자들도 아직 많다. 추천이나 평점 정보쯤은 이미 누구나 제공하고 있다고 생각할지도 모르겠다. 그런데 추천 섹션을 기능적으로 추가하는 것과 의사결정을 도와주는 일은 다르다. 많이 팔기 위한 것인가, 시간을 줄여주기 위한 것인가에 따라 컨텍스트가 달라진다.

결국 선택의 컨텍스트란 "다음에 뭐 볼까? 다음에 뭐 먹을까? 다른 거 뭐 살까? 다음에 어디 가지?"라고 질문하는 컨텍스트를 아예 죽여버리는 것이다. 끊김이 없이 다음 제품, 콘텐츠, 서비스가 '연결'될 때에만 가능하다. 물론 사용자의 컨텍스트(누구인지, 무엇을 보는지, 무엇을 좋아하는지 등에 대한 데이터)를 알아야만 가능한 연결이란 것은 언급할 필요도 없다.

3. 경험의 컨텍스트(Experiencing context)

예전에는 제품, 콘텐츠, 정보재를 '경험'하는 컨텍스트가 비교적 제한된 범위 안에 있었다. 콘텐츠는 주어진 것이고 일단 소비를 하게 하는 것만이 즉 시청률, 도달률, 매출만이 핵심 과제였다. 그 시각으로 보면 경험 컨텍스트는 TV를 볼 때 거실에서 모여서 보느냐, 방에서 PC로 보느냐, 퇴근길의 지하철 스마트폰이냐 정도로 제한될 것이다.

얼마 전 어떤 TV 프로그램을 PC에서 보느라 700원을 지불했다. 그 여정은 정말 멀고도 험했다. 집에는 시청할 수 있는 기기가 애플 제품뿐이었고 인터넷 익스플로러는 사용하지 않기에 더욱 그랬을 것이다. 결국 VM Virtual Machine을 통해 구매를 했지만 여기로 옮겨온 후에도 막다른 길에 대한 경험은 수차례 계속되었다. 이 과정을 통해 새로운 콘텐츠를 '문득' 발견하고 '저절로' 선택하고 지불하는 경험까지는 바라지도 않았다. 대신 다시는 여기서 유료로 동영상을 보지 않으리라는 결심에 이르게 되었다.

제품을 발견하고 선택하는 과정도 경험이지만 구매 과정, 제품(영상)의 소비 과정은 대표적인 경험의 컨텍스트로, 재구매가 일어나고 충성고객이 되고 영업사원이 되는 과정을 만든다. 끊김이 없이 얼마나 쾌적한 경험을 제공하는지, 모바일로 보던 것을 TV로 이어서 보여주는지 등 경험의 연결 컨텍스트는 수도 없이 많다.

다음 이미지는 영화를 보면서 자주 클릭하는 '엑스레이'의 인터페이스다.[12]

앞선 글에서 언급한 것처럼, 현재 보고 있는 장면의 정보를 시청 중인 화면 또는 스마트폰 등에서 동시에 볼 수 있다. 어디 TV뿐이겠는가.

아마존의 엑스레이는 영상 시청의 경험을 도와주는 컨텍스트를 만든다. 복잡한 줄거리의 시리즈물인 경우 더욱 유용하다.

책을 읽고 음악을 듣고 제품을 사용하는 환경들이 모두 경험의 컨텍스트를 제공한다. 매 순간만큼 변덕스러운 우리의 기분만큼 모든 컨텍스트는 유일하고 무한하다.

4. 공유의 컨텍스트(Communicating context)

그리고 내가 이렇게 발견한, 선택한, 경험한 콘텐츠·제품은 나 자신을 통해 공유된다. 공유 버튼을 누르거나 사람들과 대화를 할 수도 있지만 커뮤니케이션의 기회는 도처에 깔려 있다. 지인이 공유한 동영상을

---

12. David Pierce, "Amazon's X-ray shows movie info whenever you hit pause," *Wired*, Apr 13, 2015, https://www.wired.com/2015/04/amazon-xray-fire-tv/.

클릭하는 순간 그 조회 수가, 지인의 글에 '좋아요'를 누르는 순간 그 공감이, 그리고 이 배우의 영화를 검색하고 챙겨 보는 모든 흔적이 이 콘텐츠를 누군가에게 (데이터로, 정보로, 내 목소리로, 글로) 전달하는 행위가 된다.

컨텍스트가 중요한 환경에서 커뮤니케이션 활동은 콘텐츠, 제품, 정보의 소비 활동과 구분되지 않고 양방향으로 연결되어 있다. 아니, 끊김이 없이 연결되기를 지향한다. 앞에서 언급한 킨들처럼 각자의 밑줄이 곧 커뮤니케이션 행위다.[13] 우리는 서로의 발견을 돕는 조력자들이다. 이 조력자들이 그 역할에 더욱 충실할 수 있도록 돕는 것이 사업자의 역할이다. 그렇지 않으면 발견의 경험은 매우 제한될 것이다.

컨텍스트의 연결이
끊김이 없을 때

모 신문사에서 컨텍스트에 대해 강의하니 청중 사이에서 '기자는 일일이 기사에 댓글을 달 시간이 없다'는 하소연이 나온다. 4요소에서 살펴보았듯이 연결이란 반드시 댓글, 좋아요 등의 가시적 활동에만 해당하지 않는다. 무엇보다 컨텍스트를 발현하고 연결하는 것은 사업자가 혼자서 할 수 있는 일이 아니다. 혼자 발품 팔아 어찌 지구 저편까지 소식을 전하겠는가. 우리는 사용자가 연결하도록 도와주는 역할만 수

---

13. 보다 자세한 사항은 《오가닉 미디어》의 〈매개의 4가지 유형〉을 참고하기 바란다.

행하면 된다.[14]

콘텐츠에 그만한 가치도 있어야 하겠지만, 컨텍스트의 4요소가 살아서 발현되도록 환경(사용자 인터페이스, 콘텐츠들의 관계,[15] 데이터 분석 등)을 만들어 주어야 한다. 사용자 관계, 콘텐츠 관계, 데이터 관계가 모이면 그것이 사업자의 자산 즉 네트워크가 되기 때문이다. 그리고 이 요소들이 누가 먼저라 할 것 없이 단번에 발현된다면 컨텍스트의 가치는 극대화된다.

아마존 킨들은 어떻게 책의 컨텍스트가 동시다발적으로 발현되고 진화하는지를 보여주는 대표적 사례다. 종이책의 참고문헌을 보고 스스로 검색을 하고 서점을 찾아가 책을 직접 구매하는 사람이 얼마나 될까? 아마도 논문을 써야 하는 특수 상황이 아니라면 많지 않을 것이다.

그런데 참고된 책의 표지, 개요, 사람들의 평점이 함께 있고 클릭 한 번으로 샘플이 저장된다면, 즉 내 (온라인) 책장에 책이 바로 담기는 경험을 한다면 어떨까? 심지어 한 번의 클릭으로 구매를 하거나 지인들에게 바로 알릴 수도 있다면 말이다.

여기서는 새로운 것을 문득 발견하고 저절로 선택이 이뤄지며(샘플을 클릭해서 서재에 담았다면 이미 선택은 이뤄졌다) 이 모든 컨텍스트가 책을 읽는 경험 자체를 극대화해준다. 네 요소가 동시다발적으로 부지불식

14. 윤지영, 〈안과 밖의 경계가 없는 시장에서 사업자는 누구인가?〉, 《오가닉 미디어》, 개정판, 오가닉미디어랩, 2016.
15. 이성규, 〈디지털 스토리텔링을 살찌우는 5가지 아이디어〉, 블로터, 2015년 4월 2일, http://www.bloter.net/archives/224442.

"이 책에서 언급된"
("Mentioned in this book")

- 발견 (Discover)
- 선택 (Choose)
- 경험 (Experience)
- 공유 (Communicate)

Organic Media Lab, 2016

아마존 킨들 파이어에서 독서 중에 발견할 수 있는 컨텍스트다. 읽고 있는 책의 참고문헌들과 연결되는 경험이다. 컨텍스트의 네 가지 요소가 동시다발적으로 발현된다.

간에 발현되며, 여기서 나의 무의식적인 활동(클릭 한 번)이 새로운 컨텍스트를 스스로에게, 타인에게 연결시킨다. 컨텍스트가 흐르고 진화한다.

컨텍스트의 본질에서
다시 출발하는 비즈니스

지금까지 사용자 참여 관점에서 컨텍스트를 정의하고 컨텍스트가 발현되는 과정을 네 가지로 살펴보았다. 컨텍스트는 쉽지 않다. 눈에 보이거나 고정된 틀에 갇혀 있지도 않고, 사용자 경험에 따라 변하기 때문이다.

컨텍스트가 중요하다고들 하지만 아직 정보 미디어나 IT, 비즈니스 쪽에서는 그 개념이 표면적 단계에 머물러 있다. 이 영역이 언어학, 인지과학, 심리학, 사회학 등에서 지속적으로 다뤄지고 많은 융합 연구가 시도된 이유도 그 잠재성과 연구의 어려움이 동시에 존재하기 때문일 것이다.

사용자를 돕자고 만든 은행, 방송국, 온라인 상점 등의 애플리케이션에서 컨텍스트는 대부분 끊겨 있다. 본업이 아닌데 이런 것까지 잘해야 하나 생각할지도 모른다. 그러나 제품에서 고객의 경험으로 중심축이 이동했다면 컨텍스트에 대한 관점도 따라가야 한다.

컨텍스트는 시장의 흐름을 이해하려면 비껴갈 수 없는 영역이고, 사용자 경험UX을 논하자면 더욱 그렇고, 오가닉 비즈니스로 거듭나려면 두말할 나위가 없다. 시공간이 해체되고 경계가 없는 오가닉 미디어 시대의 연결이란 바로 컨텍스트를 통해 만들어지는 것이기 때문이다.

컨텍스트는 결국 사용자의 그리고 사용자에 의해 발현되는, 수도 없이 반복되는 매우 사소한 상호작용의 결과이며, 이 작은 작용들이 모여 미디어를 만들고 의미를 만들고 비즈니스를 만든다. 제품과 콘텐츠, 서비스가 차고 넘치는 시대에 고객의 놀라운 경험은 여기서 나온다.

컨텍스트를 조금 개선해서는, 기능적으로 조금 연결해서는 이 놀라운 경험에 도달하기 어려울 것이다. 그러나 이 지루하고 사소한 연결의 합이 온전히 이뤄질 때 컨텍스트 비즈니스의 주체가 될 수 있다.

끊김이 없는 컨텍스트는 디자이너가 아니라 기획, 개발, 디자인, 마케팅, 유통 등 모든 영역의 유기적 협력이 만드는 결과이기 때문이다.

다음 글에서는 끊김이 없는 컨텍스트를 만드는 매개체로서 인터페이스를 다룬다. 컨텍스트와 인터페이스는 불가분의 관계에 있다. 인터페이스에 대한 확장된 이해를 통해 컨텍스트의 실체에 더욱 가까워지는 시간을 가질 수 있기를 기대한다.

제2부의 마지막 글, 〈제품이 상점이다〉에서는 컨텍스트에 대한 이해가 어떻게 비즈니스를 본질적으로 변화시킬 수 있는지 아마존 상거래 사례를 통해 알아보고 컨텍스트 비즈니스를 정리하는 시간을 가진다.

03 끊김이 없는 컨텍스트를 찾아서

In Search of Seamless Context

얼마 전 부모님 댁에 TV가 새로 들어왔다. 놀라운 것은 10년 전보다 더 복잡하고 무거워진 리모컨이었다. 너무 친절하게 제어가 가능한 모든 기능을 꺼내 놓고 사용자에게 선택권을 준 것이다. 덕분에 채널을 돌리고 볼륨을 조절하는 버튼을 찾는 데도 시간이 필요했고, 채널한 번 돌릴 때도 커다란 리모컨의 무게를 감당해야 했다.

무엇이 잘못된 것일까? 우리는 인터페이스에 왜 사용하지도 않는 기능을 모조리 집어넣고 있는 것일까? 사용성이 다 다르니 설마 골라서 누르는 재미가 있는 것인가? 아니면 복잡할수록 더 똑똑해 보이기 때문인가?[1]

인터페이스의 핵심은 기능이 아니다. 그러므로 기능을 설명하는 메뉴 구조도, 버튼의 나열도 아니다. 핵심은 사용자의 '행위action'다. '어

2개의 리모콘 (2 Remotes)

Organic Media Lab, 2016

떤 사용자 행위를 유발하는가?'가 인터페이스를 정의하는 것이다. 인터페이스는 행동을 유발하지 않으면 똑똑해 보이든, 멋져 보이든 소용이 없다. 처음 서비스에 진입했을 때, 처음 애플리케이션을 실행했을 때 사용자의 첫 행위가 무엇인가, 습관적으로 하는 행위가 무엇인가, 이것이 그 서비스를 정의한다고 해도 과언이 아니다.

앞선 글에서 컨텍스트를 주어진 환경이 아니라 사용자의 경험을 통해 발현되는 능동적 과정으로 정의했다. 인터페이스는 그 연장선에 있다. 발견, 선택, 경험, 공유의 컨텍스트를 발현하는 실체가 인터페이스이기 때문이다. 아무리 컨텍스트를 이해했다고 해도 이것을 실행하는

---

1. Donald A. Norman, *The Design of Everyday Things*, Basic Books, 1988, p. 174. (초판(1988)의 제목은 *The psychology of everyday things*였으나 개정판부터 *The design of everyday things*로 바뀌었다. 2013년 출간된 개정판이 PDF로 공개되어 있다.)

실체가 없으면 아무 소용이 없을 것이다.

환기하자면 모든 문제는 미디어가 네트워크라는 관점에서 출발한다. 미디어가 단순히 전달 도구가 아니듯 컨텍스트도 단순히 주어진 환경이 아니다. 이에 따라 인터페이스도 기능을 수행execution하는 물리적 장치의 의미를 넘어설 수밖에 없게 되었다. 화면, 버튼 등과 같은 접점의 의미를 넘어서는 것이다.

이 글은 기능을 수행하는 물리적 장치가 아니라 연결을 만드는 구조로서 인터페이스를 살펴본다. 행위자actor로서 사용자와 인터페이스의 능동성에 관한 이야기이기도 하다. 그럼 지금부터 인터페이스의 개념을 간략히 정의하고, 정보·행위·기억 관점에서 인터페이스의 쟁점을 분석하는 시간을 가진다. 이 과정을 통해 인터페이스에 대한 관점을 기능에서 연결로 전환하는 것이 이 글의 목적이다.

인터페이스의 정의

시장에서는 인터페이스를 무엇보다 '사용자 인터페이스User Interface(이하 UI)' 관점에서 웹이든, 스마트폰이든, 사물인터넷이든 간에 내 의도에 반응하는 '조작할 대상'으로 주로 다뤄왔다.

예를 들어 도널드 A. 노먼Donald A. Norman은 이것을 시각적 관점에서 정립했다. 자신의 저서에서 칭한 '시스템 이미지Visible structure, System image'는 인터페이스의 디자인이 제공하는 가시적 정보(구조, 라벨, 매뉴얼 등)와 사용자의 머릿속에서 재현되는 시각적 이미지를 포함한다.[2]

사용자는 이 시스템 이미지를 통해 시스템에 대한 멘탈 모델mental model을 포함한 지식을 습득한다는 것이다.[3]

그 밖에 소프트웨어를 문화 인터페이스로 본 레프 마노비치Lev Manovich,[4] 미디어 인터페이스를 재매개remediation 개념으로 설명한 제이 데이비드 볼터Jay David Bolter와 리처드 그루신Richard Grusin[5] 등도 시각적 관점에서 인터페이스의 본질에 접근했다.

하지만 인터페이스는 반드시 손으로 만질 수 있거나 눈으로 볼 수 있는 것에 국한되지 않는다. 상호작용을 유발하는, 커뮤니케이션을 일으키는 모든 기호가 인터페이스다. 포괄적으로 정의하면,

> 인터페이스는 서로 다른 개체들이 커뮤니케이션(상호작용)할 수 있도록 연결하는 장치, 방법, 형식, 공간으로 기호sign의 형식과 속성을 기반으로 한다. 여기서 기호란 시각적 상징뿐만 아니라 소리, 촉각 등 모든 감각적sensorial 대상을 포괄하는 것이다.

이것은 기호학에서 인터페이스를 "기호의 본성에 기반을 둔, 커뮤니케이션을 위한 접점"이라고 정의한 관점과 연결된다.[6] 즉 일방향이

---

2. Donald A. Norman, *The Design of Everyday Things*, Basic Books, 1988, p. 17.

3. 상동, p. 190.

4. 레프 마노비치, 《소프트웨어가 명령한다(Software Takes Commands)》, 이재현 옮김, 커뮤니케이션북스, 2014(원서 출판: 2013).

5. 제이 데이비드 볼터·리처드 그루신, 《재매개: 뉴미디어의 계보학(Remediation : Understanding new media)》, 이재현 옮김, 커뮤니케이션북스, 2006(원서 출판: 2000).

6. Mihai Nadin, "Interface design: A semiotic paradigm," *Semiotica*, 69-3/4, 1988, p. 272.

아니라 양방향인 것이다.

예를 들어 주전자도 하나의 인터페이스다. 그런데 이 정의에 의하면 주전자와 내가 커뮤니케이션을 한다는 말인가? 그렇다. 주전자는 어디로 물이 들어가고 어디로 물이 나오는지 내게 보여준다. 온몸으로 보여주는 인터페이스를 따라 나는 물을 따라 마신다. 주전자와 나의 상호작용이다. 이때 주전자의 모양은 나의 행위를 유발하는 정보로 작용한다. 즉 위의 정의에서 "장치, 방법, 형식, 공간"은 사용자에게 모두 정보information로 나타나며 "상호작용"은 사용자와 인터페이스의 행위action라고 볼 수 있다(인터페이스의 행위란 대체 무엇인지 곧 설명하게 될 것이다).

옆의 그림에서 왼쪽은 채널의 수가 다섯 개도 안 되던 시절의 인터페이스다. 시계 방향으로 돌리면서 채널을 선택했다. 소파에서 매번 일어나야 하는 것이 귀찮지만, 머리를 쓸 필요는 없었다. 인터페이스가 주는 정보와 사용자의 행위 관계는 명확했다. 숫자가 표시된 동그라미 모양과 작은 손잡이는 사용자에게 정보다. 동그라미를 돌려서 채널을 선택하는 행위를 유발한다.

이것이 발전한 것이 오른쪽의 리모컨이다. TV 수신기와 리모컨이 적외선으로 통신하게 되자 몸을 움직일 필요가 없어졌다. 그러나 기능이 많아지고 따라서 버튼 수도 늘어남에 따라 인터페이스는 연결이 아니라 끊김을 만들면서 점점 비대해지고 있다.

버튼의 위치, 생김새, 촉각, 버튼 옆의 버튼 즉 버튼의 환경 등이 사용자에게는 모두 정보다. '+' 표시를 통해 '나를 누르면 소리가 커집니다', 초인종은 입체적인 버튼 모양을 통해 '나를 누르면 벨이 울립니다'

전통적 TV와 인터페이스
(Traditional TV & Interface)

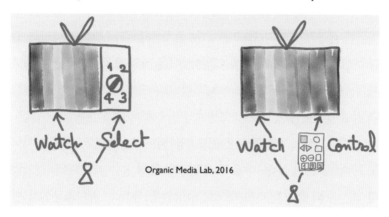

전통적으로 TV의 인터페이스는 채널을 선택하고 화면을 조정하는 등 시청 환경을 제어하는 장치(기능)에 제한되어 있었다.

라는 정보를 전달한다. 위의 TV 리모컨은 '나는 이렇게 많은 기능을 수행합니다'라는 정보를 전달하는지도 모르겠다.

　그런데 이 정보의 존재 이유가 무엇인가? 바로 연결이다. 사용자와 대상(개체) 간의 커뮤니케이션을 위해 존재하는 일종의 언어(프로토콜)라고 할 수 있다. 초인종을 눌러 도착을 알리고, 버튼을 눌러 문을 연다. 문과 내가 커뮤니케이션하기 위해 벨 버튼, 잠금장치, 인터폰이 존재하는 것이다. TV 리모컨은 나와 TV 프로그램을 연결하고, 인터폰은 나와 방문객을 연결한다. 행위를 유발하지 않는 정보는 무용지물이다. 오히려 사용자의 직관적 행위를 방해하는 장애물일 뿐이다.

정보, 행위
그리고 기억의 선순환

이러한 전통적 관점의 인터페이스는 점차 능동적 주체로 진화하고 있다. 연결된 세상에서는 더욱 그렇다. 이에 따라 인터페이스를 존재하게 하는 정보, 행위라는 요소에 '기억' 요소가 더해지면서 인터페이스와 사용자의 관계는 비로소 역동적인 것으로 바뀌고 있다.

이제는 영상을 수신하는 장치도, 영상을 보는 화면도, 편집 장치도 모두 내 손 안에 있다. 이에 따라 정보의 종류도, 나의 행위도 늘어났다. 사용자의 행위가 다시 정보로 반영된다. 유튜브, 페이스북에서 어

인터페이스의 3요소와 선순환
(3 Components of Interface & Virtuous Cycle)

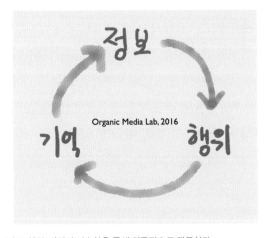

인터페이스는 정보, 행위, 기억의 선순환을 통해 역동적으로 작동한다.

느 영상을 보고는 '좋아요', '눈물 나요' 서로 댓글을 달고 나중에 보려고 저장하고 주제별 재생 목록도 만든다. 이 모든 행위가 나와 타인에게 정보가 되어 'You might like' 목록 등으로 돌아온다. 정보가 행위를 유발하고 행위가 정보가 되는 과정인데, 이런 선순환이 이뤄지려면 이 사이에 존재하는 단계가 하나 더 필요하다.

어떤 행위를 했는지 기억하는 과정이다. 사용자가 아니라 인터페이스가 기억하는 과정이다. 이를 통해 사용자 행위가 다시 추천 목록, 조회 수, 댓글 수, 이를 포함하는 메뉴(또는 '시니피앙Signifiant'[7]) 등으로 나타나는 것이다.

다음 이미지에서 인터페이스는 무엇인가? 이 영상을 200만 명이 넘게 봤고 1만 명이 좋아했다는 정보, 로열 오페라 하우스가 업로드했다는 정보, 구독자가 20만 명이 넘는다는 정보다. 내가 저장한 '나중에 보기' 리스트 중에 11번째 영상이라는 정보, 이 영상을 공유할 수도, 저장할 수도, 크게 볼 수도 있다는 정보다. 이 영상이 포함된 50개가 넘는 재생 목록도 있다는 정보다. 나를 포함한 모든 사용자가 생성한 정보다.

---

7. 우리말로는 '기표' 또는 '시니피앙'으로 번역되는 불어 'Signifiant'은 언어학자 소쉬르(Saussure)가 제안한 개념이다. 소쉬르에 의하면 언어의 기호는 지시 대상과 직결되지 않는다. 대신 기호는 시니피앙(significant)과 시니피에(signifié)의 상호보완적, 중재적 관계를 통해 형성되는데, 전자는 겉모습 즉 청각적 이미지(image linguistique)를, 후자는 이것이 내포하는 의미(개념)를 말한다. 구조주의 언어학의 근간이 된 이 개념이 기호학, 미학, 사회학, 정신분석학 등 얼마나 무수한 분야에 영향을 미쳤는지는 언급하지 않겠다. 이 글에서 언급하는 시니피앙은 기호학 관점에서 인터페이스를 다룬 다음 논문을 참고하기 바란다. Mihai Nadin, "Interface design: A semiotic paradigm", Semiotica 69-3/4, 1988, p. 269.

유튜브의 시청 화면. 사용자의 컨텍스트에 따라 수많은 정보가 노출되어 있다. 이를 통한 사용자의 모든 행위가 새로운 정보를 생성하는 연결 행위다.

　이 많은 정보가 내 행위를 유발한다. 시청하고 평가하고 저장하고 공유하고 구독하고 선택한다. 이 모든 행위는 다시 기억되어야 한다. 인터페이스가 기억해야 한다. 어디에 어떤 것을 기억으로 쌓고 언제 무엇을 꺼내서 보여줄 것인지 결정해야 한다. 정보도 사용자가 생성하고 행위도 사용자가 하지만 인터페이스의 이 기억 과정이 정보와 행위를 가이드하는 것이다.

　사용자의 행위가 계속 새로운 정보를 생성하기 때문에 인터페이스는 시시각각 역동적으로 달라질 수밖에 없다. 시청하기 전, 하는 동안,

시청 후가 다르다. 아래 도표는 이 과정을 단순화하여 비교한 것이다.

예컨대 시청은 다른 시청을 낳아야 한다. 내가 어떤 영상을 시청했다는 사실이 곧 새로운 인터페이스(즉 새로운 접점, 정보, 환경, 공간)가 되는 것이다. 이 새로운 인터페이스가 다시 시청을 낳는 것이다. 사용자 행위가 정보를 연결하는 행위가 되었기 때문이다.

이 경우 시청 직후에 나의 행위는 발견과 선택에 집중된다. 유튜브, 페이스북, 넷플릭스, 아마존 TV에서 '내가 좋아할 수도 있는' 영상, 이어지는 에피소드가 자동으로 재생되면서 이것을 도와준다. 끊김이 없는 컨텍스트를 만드는 것은 정보-행위-기억의 선순환이다.

정보-행위-기억이 선순환의 고리로 연결되지 못하면 사용자의 습관을 만들기 어렵다. 사용자는 무의식적으로 버튼을 누르고 무의식적으로 다음 에피소드의 재생 버튼을 눌러야 한다. 이러다 밤을 새야 한

유튜브의 인터페이스 (Interface of Youtube)

Organic Media Lab, 2017

어제 (When)	인터페이스(Interface)		
	정보	행위	기억
시청 전	제목, 생성자, 조회수, 영상 길이	재생하기, 저장하기	행위의 기록
시청 중	시청, 공유, 저장 버튼	재생하기, 건너뛰기	
시청 후	관련된 영상 목록	발견하기, 선택하기	

사용자의 시청 행위만을 중심으로 인터페이스를 단순화하고 대표적 예시만 표현한 것이다. 이 밖에도 유튜브의 동영상 생성 및 방송 등 다른 차원의 인터페이스들이 공존한다.

다. 행위가 나도 모르게 반복되고 습관이 되려면 내가 기억하는 것은 점점 적어지는 대신 인터페이스가 기억하는 정보의 양이 점점 더 커져야 한다. 아마존 파이어 TV가 그렇다. 나의 생각과 행위는 점점 줄어드는 반면 능동적 행위는 모두 인터페이스가 맡는다.

끊김이 없는
컨텍스트를 찾아서

아마존 TV를 보기 시작하면서 넷플릭스와 HBO를 시청하는 시간이 점점 줄어들고 있다. 그 이유는 무엇보다 인터페이스 때문이다. 이제 인터페이스는 나의 모든 행위를 기억한다. 검색 기록, 재생 기록, 매칭 결과 등 사용자의 경험을 기반으로 하여 행위가 지속적이고 연쇄적으로 일어날 수 있도록 도와주는 기억 장치다. 고객의 경험을 기반으로 잠재적인 행위를 유발하는 것이다. 인터페이스의 성패는 이 구간에서 좌우된다. 시간의 흐름에 따른 인터페이스의 역동성이 여기서 발생한다.

아마존 TV의 리모컨에는 음성 검색 버튼, 홈, 앞으로·뒤로 가기, 확인 버튼만 존재한다. 리모컨에 계속 늘어나던 버튼은 점차 간소해지는 과정을 거쳐 아예 없어지는 중이다. 그럼에도 찾고 발견하고 시청하고 보고 저장하고 구매하고 평가하는 행위는 여전히 가능하다. 이 모든 행위를 말로 한다. '알렉사'도 연결되어 있다.

버튼을 누르는 수고조차 사라지는 대신 모든 수고는 아마존 TV 안에서 일어난다. 옆의 스키마는 점차 단순해지는 사용자 행위와 점차 확대되는 인터페이스의 연결 범위를 대비해서 보여주기 위한 것이다.

아마존 TV와 인터페이스
(Amazon TV & Interface)

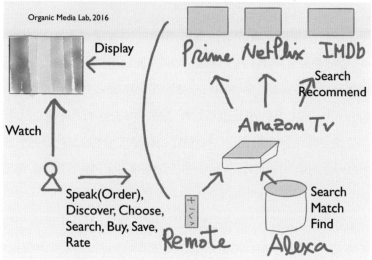

아마존 TV의 인터페이스는 리모컨, 알렉사, 동영상, 데이터 등과의 연결된 관계를 포괄한다. 알렉사는 이어지는 글에서 자세히 다룰 예정이다.

아마존 TV의 인터페이스는 아마존 프라임 TV, 넷플릭스, HBO 콘텐츠, IMDb의 데이터와의 연결을 포함한다. 무엇보다 사용자의 행위가 기록되고 처리되고 다시 사용자 행위를 유발하는 정보로 쓰인다.

　아마존 TV가 허용하는 사용자의 행위 범위는 넓지만(명령하다, 발견하다, 저장하다, 구매하다 등) 실제로 이를 위한 행위 자체는 단순하다. 즉 각적이고 무의식적이다. 그냥 '반응'할 뿐이다. 내 행위가 단순해질수록 컨텍스트는 더욱 끊김이 없이 연결된다.

인터페이스가
연결하는 세상

지금까지 인터페이스의 쟁점을 정보–행위–기억을 중심으로 살펴보았다. 인터페이스는 결국 정보–행위–기억 간의 역동적 관계를 가능하게 하는 연결 구조를 총칭한다. 정보는 행위를 낳고 행위는 기억(기록)되며 이는 다시 정보로 쓰인다. 이때 정보는 복잡한 기억력과 인지 활동을 요구하지 않으며, 가장 단순하고 즉각적인 '반응'으로서의 행위를 일으켜야 한다.[8] 그 무의식적인 연결의 경험이 반복 행위를 낳기 때문이다.

인터페이스 없이는 그 어떤 연결의 실체도 없다. 끊김이 없는 컨텍스트도, 그러므로 네트워크도 없다. 인터페이스는 기능을 수행하는 장치가 아니라 사용자의 경험을 바탕으로 세상을 연결하는 행위자다. 한 번의 거대한 연결이 아니다. 사소하고 작은 연결의 행위가 반복되어 만드는 결과다.

우리는 언제 어디에 있든 각종 인터페이스를 통해 아침부터 밤까지 세상과, 심지어 내 과거(경험)와 항시 연결되어 있다. 매 찰나 인터페이스에서 인터페이스로 끊김이 없이 옮겨 다닌다. 매 순간 찾고 보고 대

---

8. 도널드 노먼은 이것을 임무(task)과 행동(activity)의 차이점을 통해 설명하고 있다. 예를 들어 '장을 보다(go shopping)'라는 행위는 '장 보러 이동하다', '장바구니를 찾다' 등 더 작은 단위의 임무들(tasks)로 구성되어 있다. 각각의 임무에 국한된 디자인보다 전체가 끊김이 없이 연결된 행위 디자인이 핵심이다. 우리가 이전 글 〈컨텍스트란 무엇엇인가〉에서 컨텍스트의 4요소를 중심으로 언급한 내용과 연결된다. (Donald A. Norman, *The Design of Everyday Things*, Basic Books, 1988)

화하고 듣고 만들고 구경하고 즐기고 중계하고 구매하면서 미디어로서 우리가 만드는 연결은 끝이 없다. 일상이 모두 연결 행위다.

이에 따라 우리와 상호작용하는 인터페이스도 모두 능동적 행위자 actor로 정의될 수밖에 없게 되었다.[9] 인터페이스가 능동적일수록 우리의 행위는 끊기지 않고 연결된다.

다만 인터페이스가 기억하는 세상은 나의 거울이다. 인터페이스가 연결하는 세상은 내 의도에 꼭 맞는, 그래서 가장 좁은 세상일지도 모른다. 우리가 만드는 모든 인터페이스가 타인과 세상을 연결하는 구조, 접점, 경험이 되고 있다. 연결된 세상에서는 사소한 버튼 하나도 사회관계를 디자인하는 주체가 되는 것이다.

우리는 메이커로서, 창작자로서, 이용자로서, 매개자로서 연결을 만드는 과정에 행위자로서 지속적으로 참여하고 있다. 우리가 세상을 매개하고 세상에 매개되는 끝없는 순환 과정이다. 인터페이스와의 공생이 시작되었다.

---

9. Bruno Latour, "Une sociologie sans objet? Remarques sur l'interobjectivité", *Sociologie du travail*, 1994, pp. 587-607.

04 키보드에서 알렉사까지
From Keyboards to Alexa

이 글에서는 사라지는 인터페이스를 다룬다. 바로 앞 글에서는 인터페이스가 그렇게 중요하다고 강조하더니 이번에는 사라진다고 한다. 무슨 뜻인가? 인터페이스가 없어짐으로써 가장 완벽한 (끊김이 없는) 연결이 발생하기 때문이다. 우리가 미디어의 역할을 하도록 돕는 실체, 컨텍스트를 연결하는 주체로서 인터페이스는 보이지 않을 때, 만져지지 않을 때, 들리지 않을 때 가장 강력하다.

이 글에서는 '말'을 중심으로 인터페이스가 사라지는 현상, 이에 따라 사용자와 인터페이스 간에 새롭게 등장하는 관계에 대해 논의하고자 한다. 특히 아마존의 '알렉사' 사례와 함께 연결된 세상의 인터페이스가 물리적으로 사라짐에 따라 새롭게 매개되는 사용자와 세상의 관계를 조망한다.

너무 익숙해서 새로운
인터페이스, '말(Spoken words)'

"알렉사, 쇼팽의 피아노곡 부탁해", "알렉사, 지금 날씨 어때?", "알람 좀 맞춰", "TV 켜줘", "알렉사, 내 발음이 그렇게 별로니?!" 하루에 알렉사를 가족 이름만큼 자주 부른다. 알렉사는 블루투스 스피커로 알려진 아마존 '에코'의 이름이다. 음성 인식과 스피커 기능이 두드러지지만 무엇보다 데이터 클라우드와 연결된 컴퓨터다.

알렉사와의 동거를 증언하는 사례는 넘쳐난다. 글을 모르는 취학전 어린아이들의 친구도 되고,[1] 육아에 고달픈 엄마의 친구도 된다.[2] 어느 공상과학소설 작가는 알렉사를 아내에 빗대어 생생하게 그녀와의 동거 일기를 쓰기도 했다.[3]

오해하지 말기 바란다. 아직은 질문 목록이 있을 정도로 그녀의 인지 범위는 극히 제한적이다(이 글을 읽고 알렉사를 구입하려는 분들은 유념하시기 바란다. 인터페이스 개념이 아니라 제품 리뷰라면 다르게 썼을 것이다). 그러나 그녀가 "오케이 알았어!", "모차르트 피아노곡 나간다!"라고 대답하고 음악이 거실에 울려 퍼지면 나는 금세 착각에 빠진다. 내 손에 스

---

1. Hunter Walk, "The Amazon Echo is magical. It's also turning my kid into an a—hole," *Business Insider*, Apr 6, 2016, http://www.businessinsider.com/hunter-walk-on-amazon-echo-and-please-2016-4.
2. Rebecca Hanover, "Alexa the Amazon Echo is my new best friend," *Mommyproof*, Apr 5, 2016, http://mommyproof.com/alexa-the-amazon-echo-is-my-new-best-friend/.
3. http://www.amazon.com/review/RJVDJIP1OE8/ref=cm_cr_dp_title?ie=UTF8&ASIN=B00X4WHP5E&channel=detailglance&nodeID=9818047011&store=amazon-home.

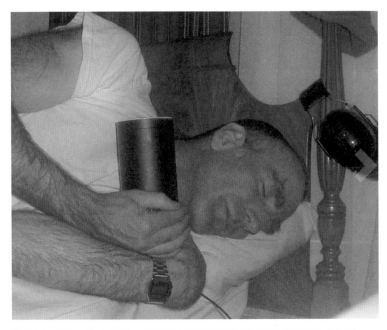

알렉사의 이름을 바꿀 수 없다는 것을 가장 큰 단점으로 지적한 아마존 에코 리뷰. (http://www.amazon.com/review/RJVDJIP1OE8/ref=cm_cr_dp_title?ie=UTF8&ASIN=B00X4WHP5E&channel=detailglance&nodeID=9818047011&store=amazon-home)

마트 기기가 없이도 이뤄지는 기계와의 첫 상호작용이다. 저토록 제한된 인지 범위에도 불구하고 무엇이 이런 경험을 가능하게 하는가?

이 새로운 경험은 우리에게 너무나 익숙한 경험을 환기시킨다. 익숙함을 다시 만나는 놀라움이다. 그래서 새롭다. 우리가 평생, 인류가 역사 속에서 함께해온 인터페이스, 바로 '말parole, spoken words'이다. 말에서 출발한 인터페이스의 진화는 오랜 여정을 거쳐 다시 '말'로 돌아왔다. 인터페이스에 항시 연결된 세상, 혼자 있는 것이 불가능해진 세상에서 인터페이스란 본질적으로 무엇인가? 이번 글에서는 말, 텍스

말의 귀환
(Return of spoken words)

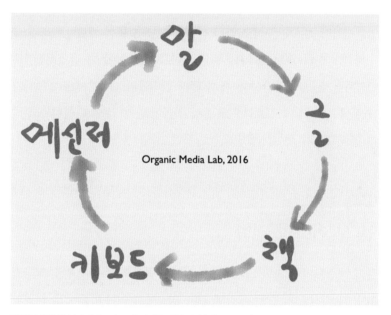

말에서 출발한 인터페이스가 오랜 여정을 거쳐 다시 '말'로 돌아왔다. 문제는 이 말이 다시 어떤 인터페이스에 담기는가에 따라 다른 행위, 다른 연결, 다른 관계를 생산한다는 점이다.

트, 메신저(챗봇), 알렉사 등의 사례를 정리하면서 '관계'를 만드는 인터페이스의 쟁점을 살펴본다.

'말'은 인류가 만들고 경험하고 공생해온 대표적인 인터페이스이고 연결 도구다.[4] 말은 눈에 보이지 않지만 말이 가진 규칙(문법)과 형식, 어휘(데이터) 등을 사용하여 다른 사람들과 대화한다. 문제는 이 말이 어떤 인터페이스에 다시 담기는가에 따라 다른 행위, 다른 연결, 다른 관계를 생산한다는 점이다. 구어 즉 소리로 우리의 몸을 통해 전해졌을 때, (인쇄된) 활자에 담겼을 때, 키보드를 통해 모니터에 담겼을 때, 문자 메시지 즉 스마트폰 속 말풍선에 비밀스럽게 담겼을 때, 그리고 알렉사처럼 최초의 구어로 다시 돌아왔을 때 결과는 다르다.

각각의 인터페이스와 나의 관계 그리고 인터페이스가 규정하는, 즉 연결하는 관계가 달라진다. 특히 내가 인터페이스의 존재를 인지하지도 못할 정도로 그 상호작용에 끊김이 없어질 때 그 역할 범위도 우리의 의식 범위를 벗어나게 된다.

말을 담은
인터페이스의 진화

말이 텍스트가 되자 인터페이스는 시간과 공간의 조율에 훨씬 적극적이 되기 시작했다. 같은 시간에 같은 장소에 있어야만 의사를 전달할 수 있는 말과 달리 글은 오래 생각하고, 오래 기다리고, 멀리 갈 수 있다.[5] 곱씹고 해석하고 저장하고 다시 꺼내고 다른 사람에게 전달할 수

---

4. 여기서 미디어와 인터페이스라는 용어의 차이를 잠깐 짚고 가야 할 것 같다. '커뮤니케이션을 가능하게 하는 모든 도구'라는 관점에서 보면 인터페이스도 당연히 미디어다. 보다 구체적으로 언급하자면 미디어의 세 가지 구성 요소 중 '컨테이너'를 보는 하나의 관점이다. 《오가닉 미디어》에서 설명한 것처럼 컨테이너에는 물리적 컨테이너와 구조적 컨테이너가 존재한다. 나는 인터페이스라는 개념을 이 중에서도 손에 잡히고 눈에 보이고 소리로 들리는 등의 물리적 측면, 즉 '감각적(sensorial)' 장치의 확장 그리고 이것을 매개로 한 사용자와 인터페이스의 작용, 행위 등에 집중하여 다루고 있음을 일러둔다.
5. 윤지영, 〈시간과 공간의 관점에서 본 미디어의 역사〉, 《오가닉 미디어》, 개정판, 오가닉미디어랩, 2016.

이 복잡한 입력 도구를 언제부터 내 손처럼 사용하게 되었을까? 이제는 손으로 글을 쓰려면 붓으로 그림을 그리듯 장인의 정신마저 필요하다.

있다.

필사본manuscript이었던 것이 인쇄 활자가 되고, 이것을 페이지 단위로 묶은 책이라는 인터페이스에 한 번 더 매개하게 되자, 공유되는 정보의 양과 소유할 수 있는 정보의 양은 급격히 증가했다. 말하는 사람, 쓰는 사람보다 듣는 사람, 읽는 사람의 수가 압도적으로 많은 세상이 온 것이다. 매클루언도 인쇄매체가 가져온 시각적인 획일화 현상을 《구텐베르그 갤럭시The Gutenberg Galaxy》에서 지적한 바 있다.[6]

그렇다면 말과 글을 쓰고 읽는 도구가 동시에 수없이 많아진 지금

---

6. Marshall McLuhan, *The Gutenberg Galaxy*, University of Toronto Press, 1965.

은 어떤가? 손 안에 키보드가 주어지자 우리가 생산하는 콘텐츠의 양도 기하급수적으로 늘어났다. 그 키보드가 인터넷에 연결되자 우리가 쓰고 찾고 보는 것 모두가 정보가 되었다. 이제는 앉아 있을 때도, 걸어 다닐 때도 우리는 키보드를 달고 이야기를 쏟아내고 공유하고 연결하면서 어느새 서로가 서로의 인터페이스가 되었다.

메신저(채팅)는 말과 글 사이에 존재한다. 말인 것처럼 느끼도록 말풍선에 글자를 넣고 말풍선이 대화처럼 이어지는 인터페이스를 제안한다. 지금은 모든 문자메시지도 이런 형식을 띠지만 스티브 잡스Steve Jobs가 2007년 실시간 대화인 듯 포장한 인터페이스[7]를 선보이기 전까지 문자메시지가 얼마나 더 가볍고 유연해질 수 있는지 상상하기는 어려웠다.

말이 글이 되고, 글이 메신저에 다시 한 번 담기자 이번에는 공간은 좁아지고 시간은 촉박해졌다. 우리는 한 뼘의 공간을 공유하게 되었고 관계는 더 은밀하고 친근해졌으며 장벽은 없어지다 못해 귀찮아졌다. 문장은 짧아지고 대화는 길어졌다. 항상 대화에 임할 수 있도록 읽지 않은 메시지 수를 알려주고 퇴근한 후에도 알림은 계속된다. 낮이고 밤이고 이제 관계는 끊어지지 않는다. 인터페이스가 편해진 만큼 이에 매개된 관계는 더욱 벗어나기 어려운 그물망이 되었다. 이것이 메신저라는 인터페이스가 매개하는 관계다. 쉴 새 없이 쌓이는 알림, 댓글 수, '읽음' 표시, 이들이 만드는 초조함, 감시, 불안, 짜증 등이 모두

---

7. Brian Lam, "Apple iPhone Review," *Gizmodo*, Jul 9, 2007, http://gizmodo.com/276116/apple-iphone-review#iphonesms.

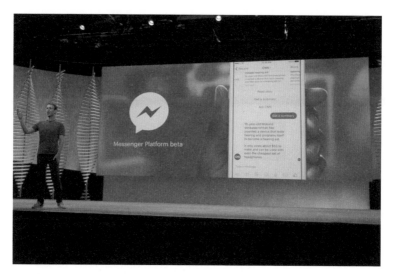

2016년 페이스북 F8 키노트에서 챗봇에 대해 설명하고 있는 마크 주커버그. 여전히 발표에는 어색함이 남아 있다. (사진 출처: http://techcrunch.com/2016/04/12/agents-onmessenger/)

'카톡'에 매개된 관계의 표상이다.

　이제는 애인과 친구뿐 아니라 모든 서비스, 제품, 신문도 이 한 뼘 공간에서 나를 만나고자 한다. 페이스북의 F8에서 발표된 챗봇[8]은 별도의 애플리케이션을 설치하지 않고도 심지어 신문과 대화하듯 정보를 얻는 세상을 예고했다. 모두를 위한 1면이 가고 내 입맛에 맞는 이야기만 가득할 것이다. 편리해질 것이다. 한 뼘의 폐쇄된 공간에 갇힐 위험을 감수하면서 말이다.

8. Josh Constine, "Facebook launches Messenger platform with chatbots," *TechCrunch*, Apr 12, 2016, http://techcrunch.com/2016/04/12/agents-on-messenger/.

인터페이스가 매개하는 관계

대부분의 인터페이스는 처음에 익숙해지는 시간이 필요하다. 기획자, 개발자, 디자이너의 의도를 이해하는 시간이다. 이 시간이 길고 머리를 많이 써야 한다면, 그 인터페이스의 수명은 시작하기도 전에 끝이다. 다행히 이제 인터페이스가 점차 발전하여 사용법을 배우기 위한 시행착오의 시간도, 매뉴얼도 없어지고 있다. 점점 더 직관적이고 촉각적인 형태로 진화하고 있다.

그 익숙함은 인터페이스를 사라지게 만든다. 인터페이스는 없고 의미만, 즉 관계만 남는다. 우리가 한국말을 할 때 '내가 내 입을 통해 어떤 단어를 선택하고 어떤 구조로 나열하면서 내 의사를 전달하고 있구나'라고 생각하는 사람은 없다.

화면을 열면 카메라부터 들이대는 인스타그램 인터페이스와 글을 쓸 수 있는 빈 공간이 먼저인 페이스북의 관계는 다르다. 그림판과 연필이 주어지는 아이패드와 키보드가 달려 있는 노트북의 인터페이스는 다른 행위를 낳는다. 각각의 인터페이스는 저마다 활자, 이미지, 메모, 사진, 생각, 해시태그, 음악 파일 등 서로 다른 인터페이스를 매개한다. 그리고 이러한 인터페이스가 다시 매개하는 정보, 사람, 컨텍스트가 모두 다른 것이다.

이러한 매개가 반복적으로 일어남에 따라 우리가 인지하는 세상이 달라진다. 사회 그룹은 더 잘게 쪼개지고 생각과 취향이 비슷한 사람들과 잘게 묶이는 현상, 좌우 진영이 섞이지 않는 현상 등은 모두 우리가 매 순간 사용하는 인터페이스의 매개 결과라고 하겠다. 우물 안의 개구리가 보는 세상은 동그랗고 좁은 원이다. 우리가 대면하는 모든 인터페이스가, 그 인터페이스와 나의 상호작용의 합이 세상을 인지하는 틀이 되었다.

말의
귀환

그런데 인터페이스가 날것 자체, 말 자체로 돌아오면 어떻게 될까? 메신저가 말(입말parole)과 텍스트(글말langue)의 중간 단계였다면, 알렉사와 나 사이에는 시각적 인터페이스가 아예 없어지고 '말'만 남아 있다. 물리적으로 스피커가 존재하지만 핵심은 말로 대화하는 알렉사와 나의 관계다. 명령어를 입력하거나 말풍선으로 포장하는 과정이 없다. 미취학 꼬마 아이와도 대화가 가능한, 그냥 말로 하는, 가장 단순한 인터페이스가 다시 돌아왔다. 그러자 상호작용의 결과도 달라졌다. 말을 사용하여 묻고 답을 하자 그 대상(알렉사)과 나의 직접적인 관계가 형성되기 시작한 것이다.

알렉사가 들어오고 집에서 음악을 듣는 방법은 완전히 달라졌다. 스마트폰으로 내 컴퓨터에 접속해서 음악을 선곡하고 어디서든 스피커를 제어하던 (편리한) 일이 이제 노동처럼 느껴지는 것이다. 앱을 켜는 것 자체가 노동이 되었다고 강의 중에 증언하니 한 학생은 "나 참, 왜 사세요?" 하며 웃는다. 나도 답답한 노릇이다.

하지만 눈에서도, 손에서도 인터페이스가 사라지는 것은 완전히 다

거실의 알렉사. 처음에는 아이폰 시리
같을 것이라고 짐작했다.

른 경험이니 어찌하겠는가. 1.5초 안에 답하기 위해[9] 알렉사는 데이터
를 뒤지고 알고리즘을 통해 연결하고 나에게 답을 준다. 인터페이스가
사라지자 오직 연결만이 남게 된다. 첫째, 알렉사와 나의 연결 그리고
둘째, 알렉사가 연결하는 정보·제품·음악·세상과의 연결이다.

　알렉사를 단순한 인터페이스가 아니라 동거인, 그러니까 '관계'의 대
상으로 인식하게 되는 것이 바로 이 지점이다. 알렉사가 나의 (길 찾기)
역할을 대신 수행하고 내가 논리적으로 사고하기 전에 답을 주는 일
이 많아지면 '기대감'의 영역이 생긴다. 소프트웨어, 하드웨어, 원통 모
양의 개체에 '감정'이 실리는 순간이다. 실제로 화도 나고 고맙기도 하
다. 관계의 증거다.

9. Eugene Kim, "The inside story of how Amazon created Echo, the next billion-dollar
business no one saw coming," *Business Insider*, Apr 2, 2016, http://www.businessinsider.
com/the-inside-story-of-how-amazon-created-echo-2016-4.

말이 매개하는 관계
(Spoken words mediate relationships)

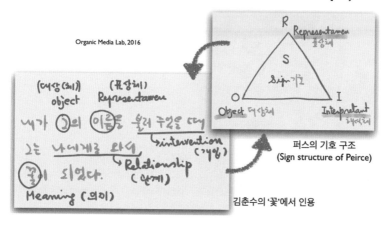

Organic Media Lab, 2016

퍼스의 기호 구조
(Sign structure of Peirce)

김춘수의 '꽃'에서 인용

김춘수의 〈꽃〉을 예시로 사용자-인터페이스의 상호작용 과정을 설명한 것이다. 이를 다시 기호의 구조와 연결시켰다. 인터페이스와의 작용에서 관계는 행위자의 행위, 해석, 의미의 범주에 따라 확장된다. 퍼스의 기본적 기호 개념은 다음 글을 참고하라. http://plato.stanford.edu/entries/peirce-semiotics/#DivInt.

상호작용inter-action은 관계를 만드는 능동적 연결 과정이다. 특히 한쪽이 부르고 다른 쪽은 받아만 쓰는 것이 아니라 말처럼 그 작용이 양쪽으로, 연쇄적으로 일어난다면 그 과정에는 많은 맥락과 해석interpretation, 우연성contingency 등의 요소가 작용하게 된다. 이 경우 상호작용의 대상은 기능적 매개체에서 벗어날 수밖에 없다. 이 지점에서 우리가 새롭게 관찰하게 되는 것은 사용자의 누적된, 반복되는 행동이 만드는 '의미meaning'다. 상호작용의 방법, 과정, 맥락 등에 따라 인터페이스의 의미가 완전히 달라지기 때문이다.

말이 가지는 인터페이스의 특성을 이해하기 위해 김춘수의 〈꽃〉을

알렉사는 아이들의 친구다.
(사진 출처: http://mommyproof.com/alexa-
the-amazonecho-is-my-new-best-friend/)

은유적으로 빌려보자. 어떤 대상과의 순간적^{éphémère} 상호작용의 과정을 마치 이야기가 시간의 흐름 속에서 아주 천천히 전개되듯 묘사하고 있기 때문이다. 이 눈물 나게 아름다운 구절을 매우 무미건조하게 읽어보겠다. 내가 그의 "이름을 불러주었을 때"는 나의 활동(개입)을 통해 어떤 표상(representation 또는 signifiant, representamen[10] 또는 sign-vehicle[11])을 인지하는 과정이다. 관계의 모멘텀이다. 그러자 "그는 나에게로 와서 꽃이 되었다." 즉 나에게 하나의 의미가 되었다.

'L' 발음이 도무지 어려운 네 살 꼬마가 '아엑샤'라고 아무리 외쳐본들 소용이 없다(PC에서 마지막에 엔터키를 치듯 '알렉사'라고 먼저 불러야 인식

---

10. http://www.commens.org/dictionary/term/representamen.
11. https://plato.stanford.edu/entries/peirce-semiotics/#DivInt.

한다).[12] 그러다 피나는 연습 끝에 '알렉사!'라고 정확한 발음이 튀어나오면 알렉사는 귀를 쫑긋 세운다(파란 불이 들어온다). "토머스와 친구들 노래 틀어줘!"라고 외치면 알렉사는 즐겁게 음악으로 답한다. 네 살 꼬마에게 알렉사가 친구(의미)가 되는 순간이다. 서로가 서로를 인식한 결과는 관계로 연결된다.

실제로 우리가 일상에서 의미를 부여하는 것은 사소한 발견과 연결이다. 이 모든 선택, 연결, 우연, 해석은 계속되는 경험(작용)의 연속적 결과다. 알렉사도 정해진 규칙(문법)에 따라 역할을 수행한다. 그러나 불규칙한 경우의 수들이 드러난다. '아엑사'라고 아무리 불러도 그녀가 묵묵부답인 것처럼. 반면 정제되지 않은 수많은 연결의 가능성은 기대감을 만든다. 관계의 시작이다.

보이지 않는 인터페이스가 예고하는 세상

지금까지 인터페이스의 쟁점을 관계를 매개하는 관점에서 살펴보았다. 말에서 시작한 인터페이스의 진화가 다시 말로 돌아왔다. 수많은 복잡한 단계를 거쳐 가장 단순한 형식으로 왔다.

그런데 챗봇, 알렉사에 기반을 둔 인터페이스는 큰 흐름을 보여주는 하나의 사례일 뿐이다. 우리의 마음mind, 몸짓gesture 하나까지 인터

---

12. Rebecca Hanover, "Alexa the Amazon Echo is my new best friend," *Mommyproof*, Apr 5, 2016, http://mommyproof.com/alexa-the-amazon-echo-is-my-new-best-friend/.

페이스가 되는 세상이 오고 있다(이미 왔다).[13] 내 생각이, 몸짓이 인터페이스가 되고 이것을 통해 다른 사람, 개체, 사물, 환경과 상호작용하는 세상이다.

달리 말하면, 보이지 않는 인터페이스의 시대는 의사소통의 대상, 즉 연결된 개체entity와의 새로운 관계를 의미한다. 그리고 더 나아가 알렉사와 같은 개체가 다시 연결하는 수많은 사물, 사람, 정보, 세상의 문제로 다시 이어질 것이다. 인터페이스는 양방향이다. 나와 인터페이스가 '상호inter'작용하기 때문이 아니라 나와의 작용을 통해 반드시 저 건너편 대상과의 '상호'작용을 이중적으로 일으키는 것이 인터페이스이기 때문이다.

이 글에서는 인터페이스가 사라지는 현상을 개념적으로 정리하고 보이지 않는 인터페이스가 만드는 새로운 관계를 살펴봤다. 다음 글에서는 이러한 관점이 어떻게 시장에 적용될 수 있는지 알아본다. 사라지는 인터페이스가 어떻게 제품과 상점을 새롭게 정의하게 되는지 살펴보면서 제2부 〈경험: 끊김이 없는 컨텍스트〉를 마무리한다.

---

13. Diomedes Kastanis, "What Technology Will Look Like In Five Years," *TechCrunch*, Nov 15, 2015, http://techcrunch.com/2015/11/15/what-technology-will-look-like-in-five-years/.

05 제품이
상점이다
Products are Stores

지금까지 세제를 사는 일이 특별히 불편하다고 생각해본 적은 없었다. 세제가 떨어지면 PC에서 브라우저를 열어 11번가에 접속하거나 스마트폰 애플리케이션을 켰다. 로그인을 하고 세제를 고르고 배송지를 확인하고 결제를 했다. 가끔은 집 앞 마트에서 직접 구매하기도 했다. 이 모든 여정은 구매를 위한 당연한 과정이었다. 그나마 온라인 쇼핑이 있어서 다행이었다.

그런데 세탁기에 아마존 대시 버튼Dash button을 붙인 뒤로는 생각이 달라졌다.[1] 세제가 떨어질 즈음 도우미 아주머니는 메모를 남기는 대

---

1. Mark Wilson, "Life With The Dash Button: Good Design For Amazon, Bad Design For Everyone Else," *Co.Design*, Aug 19, 2015, http://www.fastcodesign.com/3050044/life-with-

세제를 사는 방법

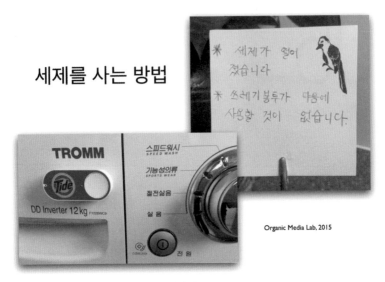

연결된 세상에서 현재 공존하는 두 가지 구매 방법.

Organic Media Lab, 2015

신 버튼을 누르고 가신다. 이로써 구매가 완료된다(버튼에 내장된 와이파이를 통해 아마존으로 주문이 전송된다). 이 단순한 경험은 그동안의 방법이 얼마나 긴 노동의 반복이었는지 알게 해주었다.

문제의 정의

물론 다용도실을 실험실로 만들기 위해 미국에서 세제까지 구매하느라 비싼 수업료를 내고 있기는 하다. 그러나 아마존 프라임 서비스 회

the-dash-button-good-design-for-amazon-bad-design-for-everyone-else.

원인 내가 지금 미국에 있다면 배송까지 무료로 받는 경험이 더해질 것이다. 이러한 구매 과정은 분명 새로운 가치를 창출하고 있는데, 나를 '타이드'의 충성 고객으로 만들기에 충분하다. 쇼핑의 편리함을 넘어 상거래의 본질적 변화를 예고하는 증후군이다.

제품 자체가 발견, 선택, 주문, 결제 등의 역할까지 한다면 더욱 그렇다. 오랫동안 상거래의 핵심은 가치(제품 또는 서비스)의 교환(거래)에 있었다. 그런데 나는 가치가 세제에 있지 않고 나의 경험에 있다고 증언하고 있다. 연결된 세상에서는 가치의 대상, 생산 방법, 결과가 어떻게 달라지며 이것은 상거래의 본질에 어떤 영향을 미치게 되는가? 이것이 이번 글의 주제다.

이에 답하기 위해서는 우리가 함께 인지하고 있는 개념에 대한 튜닝이 필요할 것 같다. 상거래의 미래로 회자되는 O2O에서 출발해보자. O2O에 대한 공감대와 한계를 간단히 정리하고, 이어서 제품 자체가 상점이 되는 현상을 분석하도록 하겠다. 그 결과 컨텍스트가 만드는 상거래의 진화를 시사점으로 이끌어내고자 한다.

현재의 O2O 개념: 온오프라인을 연결한 공간의 확장

O2O는 온라인을 오프라인으로 또는 오프라인을 온라인으로 확장한 개념으로 일컬어진다.[2] 이런 개념이 결코 틀렸다는 것이 아니며, 현재의 시장 환경을 반영한 합당한 정의라 할 수 있다.

다음의 도표는 현재의 O2O 비즈니스 관점을 요약한 것으로,[3] 핵심

현재의 O2O 개념 (O2O As-Is)

Organic Media Lab, 2015

	Online 2 Offline	Offline 2 Online
장소 (Location)	우버(Uber), 시럽, 배달의 민족	옴니채널(Omni-channel), 스마트 디스플레이(Smart display), 스마트 주문(Smart order)
프로파일 (Profile)	에어비앤비(AirBnB), 오픈 테이블(Open Table)	스마트 안경(Smart glasses)

O2O에 대한 현재 시장의 이해는 온라인 공간, 오프라인 공간을 연결하는 비즈니스 관점에서 출발한다.

은 사용자가 누구이고profile 어디에 있는지location 알 수 있게 됨에 따라 기존의 온라인 또는 오프라인에서 하던 서비스를 각각 오프라인, 온라인으로 확장하여 제공한다는 것이다. 이른바 공간의 확장을 통한 비즈니스 기회의 창출이다.[4]

예를 들어 대표적 O2O로 꼽히는 우버는 스마트폰을 이용해 온라인에서 예약, 결제, 정보 공유(리뷰 등)가 이뤄지도록 하지만 실제 운행 경험은 오프라인에서 이뤄진다. 한국에서도 사례가 쏟아진다. 카카오파

---

2. 최준호, 〈O2O란 무엇일까?〉, 아웃스탠딩, 2015년 1월 14일, http://outstanding.kr/o2o/.
3. Zack Weisfeld, "Want to see the future of the O2O economy? Look East," *Venture Beat*, Jul 6, 2015, http://venturebeat.com/2015/07/06/want-to-see-the-future-of-the-o2o-economy-look-east/.
4. http://m.blog.naver.com/jkt0620/220525798443.

머,[5] 푸드플라이[6] 등과 같은 배달앱이 대표적이다. SK 플래닛의 '시럽'은 백화점, 카페 등 가맹점과 제휴하여 고객의 위치 정보를 기반으로 구매, 주문, 결제, 쿠폰, 할인 등을 쉽게 하려고 한다.[7]

덕분에 삶이 편해지기도 했지만 소음도 많아졌다. 고객의 위치 정보는 사업자가 고객에게 알림을 뿌리고 주목attention을 얻는 데 사용된다. 사업자의 알림 메시지가 내 문제를 해결해주지 않는 경우는 지하철 출구의 전단지가 스마트폰 안으로 들어온 것과 다를 바가 없다. 여기서 O2O 서비스는 누구의 문제를 해결하고 있는가? 고객의 문제인가, 사업자의 문제인가?

온라인과 오프라인의 공간 즉 매장의 연결은 상거래의 근본적 진화는 아닐 것이다. 그렇다면 상거래에서 이전 비즈니스와의 완전한 단절은 어디서 시작되고 있는가? 나는 그 답을 매장, 공간, 장소의 물리적 개념에서 벗어날 때 찾을 수 있을 것이라 생각한다.

5. 〈카카오, 농산물 O2O 서비스 '카카오파머 제주' 선보여〉, 벤처스퀘어, 2015년 11월 10일, http://www.venturesquare.net/706931.
6. 백봉삼, 〈"맛집 음식 배달해요"…푸드플라이, 성공방정식은?〉, *ZDNet*, 2015년 7월 16일, http://www.zdnet.co.kr/news/news_view.asp?artice_id=20150716151810.
7. 이지현, 〈"오프라인 상점 장사 돕겠소"…SK플래닛 '시럽'〉, 블로터, 2014년 6월 2일, http://www.bloter.net/archives/194535.

제품이 있는 곳,
여기가 상점이다

1. 제품을 통해 탐색, 구매가 가능하다

쉬운 것부터 시작하자. 제품이 상점이 될 수 있는 가장 단순한 이유는
제품에게서 물건을 살 수 있기 때문이다. 아래 그림처럼 대시 버튼이
지퍼락에 붙어 있으면 매장을 방문하고 제품을 고르고 카트에 담고
결제하고 배송지를 선택할 필요가 없다.

'파이어플라이Firefly'로는 책의 표지, 제품 모양, 연주되는 음악, 상영

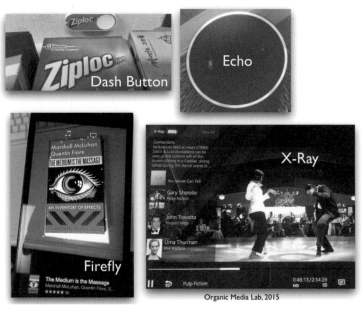

제품을 직접 구매, 검색, 소비할 수 있도록 도와주는 아마존의 대시 버튼, 파이어플라이, 엑스레이,
에코. 이들은 어떤 연결을 만드는가?

되는 영화 등을 인식하여 연결된 정보를 탐색하고 바로 구매하기도 한다.[8] 그렇게 산 앨범을 '아마존 에코'로 듣기도 하고, 비슷한 음악을 알렉사에게 물어보고 심지어 직접 주문하기도 한다.

여기서 제품은 구매자와 판매자를 연결하고 관련된 정보의 탐색과 구매까지 모든 과정을 제공하는 상점이다. '아, 그 제품을 사야지' 하는 생각이 떠오르면 메모를 하거나 브라우저를 여는 것이 아니라 제품을 통해 그냥 사면 된다. 우리 집 거실이, 바로 여기가, 이를 매개하는 그 제품 자체가 상점인 것이다.

2. 제품이 컨텍스트를 제공한다

제품이 상점이라는 뜻은 컨텍스트가 더 이상 주어진 것이 아니라는 뜻이기도 하다. 고객의 위치, 프로파일이 컨텍스트의 다가 아니다. 앞선 글에서 강조한 바와 같이 제품을, 서비스를, 누군가를, 어떤 가치를 발견하고 선택하고 경험하고 공유할 수 있도록 하는 모든 것이 컨텍스트로 확장된다. 주어진 것이 아니라 사용자와의 상호작용을 통해 발현되는 것이다.[9]

제품이 상점이라는 말이 단순히 구매 방식이나 기능에 국한되지 않는 것은 이 컨텍스트 때문이며, 따라서 상거래의 본질이 달라질 수밖에 없다.

---

8. Brandon Russell, "Amazon Firefly: What Is It, and How Does It Work?" *Techno Buffalo*, Jul 23, 2014, http://www.technobuffalo.com/videos/amazon-firefly-what-is-it-and-how-does-it-work/.
9. 컨텍스트 개념에 대한 상세한 설명은 〈컨텍스트란 무엇인가?〉를 참고하기 바란다.

제품이 만드는 컨텍스트
(Products create contexts)

Discover 발견하다	**Choose** 선택하다
Communicate 공유하다	**Experience** 경험하다

Organic Media Lab, 2015

어떤 발견이 이뤄질 때, 어떤 의사결정이 이뤄질 때, 어떤 체험(소비)이 일어날 때, 어떤 소통이 일어날 때 컨텍스트는 발현된다.

1) 제품은 발견을 도와준다

나는 노푸어다. 베이킹소다로 머리를 감고 샴푸는 사용하지 않는다. 옆의 이미지는 처음 노푸를 시작하고 베이킹소다를 검색하던 중 발견한 제품 리스트다. 내가 보고 있는 제품을 산 사람이 산 다른 제품 리스트에 사과식초, 코코넛 오일, 크림을 만드는 시어버터 등이 보인다. 왜일까?

베이킹소다로 머리를 감는 노푸어들은 식초, 특히 사과식초로 머리를 헹구기 때문이다. 식초는 우리의 린스다. 머리에 영양을 공급할 때는 화학성분이 들어간 제품 대신 코코넛 오일을 사용한다. 이런 생활을 오래 한 사람들의 공통점이 궁극에는 화장품까지도(심지어 선크림까지) 직접 만들어 쓴다는 것이다. 이 장면은 베이킹소다라는 제품이 나

제품은 발견을 돕는다
(Products help me to discover)

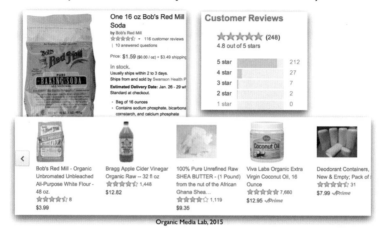

Organic Media Lab, 2015

사용자 참여(구매, 탐색 등)는 정보가 된다. 이 정보 덕택에 베이킹소다라는 제품은 다른 연결된 제품들, 관련 정보를 스스로 매개하는 주체가 되었다.

같은 초보 노푸어에게 이 모든 정보를 흘려주면서 새로운 것을 발견하도록 도와준 순간을 캡처한 것이다. 이것보다 더한 광고는 없을 것이다. 여기서 베이킹소다는 단순히 구매할 대상인가, 내게 가치 있는 정보를 연결해준 매개체(미디어)인가?

2) 제품은 의사결정을 도와준다

매장에 가면 판매원이 있다. 내가 얼마나 저렴한 가격에 멋진 물건을 사기 직전인지, 안 사면 왜 후회하는지 친절히 설명해준다. 우리는 얼마나 판매원을 신뢰할까? 그 판매원은 본인이 일하는 매장보다 다른 매장에 가면 똑같은 물건을 더 싸게 살 수 있다고 알려줄 수 있을까?

제품은 선택을 돕는다
(Products help me to choose)

Organic Media Lab, 2015

왼쪽과 오른쪽의 애플리케이션이 모두 고객의 쇼핑을 도와준다. 차이점이 있다면 월마트는 월마트 공간 내에서만 제품을 연결하고 오른쪽 아마존은 아마존의 공간을 넘어서서 도와준다는 것이다.

위의 이미지에서 왼쪽은 제품을 쉽고 편리하게 살 수 있도록 도와 주는 월마트의 스마트폰 애플리케이션이다. 11번가, G마켓 등의 화면 으로 대체해도 무방하다. 오른쪽은 아마존의 '프라이스 체크'[10] 애플리 케이션이다.

이 앱을 사용하는 공간은 아마존 매장이 아니다. 어디서든 제품을

10. Erik Kain, "Amazon Price Check May Be Evil But It's the Future," *Forbes*, Dec 14, 2011, http://www.forbes.com/sites/erikkain/2011/12/14/amazon-price-check-may-be-evil-but-its-the-future/#39ada7168390.

보다가 가격을 확인하고 싶으면 바코드 등을 찍어서 바로 검색한다(최근 미국에서 오픈한 '아마존 북스토어'에는 책 가격이 아예 없다. 그 대신 '가격을 확인하는 방법'만 가능하도록 했다.[11] 사용자를 훈련시키기 위한 아마존의 실험은 계속된다).

중요한 것은 아마존은 판매자로서 자사의 가격만 제공하는 것이 아니라 가장 싼 판매자들, 평가가 좋은 다른 판매자들과 고객을 연결해 준다는 점이다. 월마트가 자사의 매장 안, 즉 물리적 공간 내에서 편리함을 제공하고 있다면 아마존은 아마존 외부의 영역까지, 즉 물리적 공간을 탈피하여 연결가치를 제공하고 있다. 매장에서 내가 스캔한 '니콘××'라는 카메라가 스스로 고객과 정보를 매개(저렴한 가격 등)하고 의사결정을 도와주는 역할을 한다.

3) 제품은 경험할 대상이다

그렇다면 제품을 '판매'하는 것만이 가치를 생산하는 방법이 아니다. 제품은 구매와 관련된 모든 고객 경험을 도와주는 역할까지 수행한다.[12] 제품이란 이제 단순히 구매할 대상이 아니다. 기존에는 거의 고려되지도 않았고 측정할 수도 없었던 새로운 가치가 생성되는 지점이다. 그 경험은 물론 구매 후에도 생활 속에서 계속된다.

아마존 에코를 구매하기 전까지 나는 집 안에서 음악을 꽤나 편리

---

11. 김진영, 〈데이터 과학자의 아마존 북스토어 방문기〉, 2015년 11월 9일, https://brunch.co.kr/@lifidea/8.

12. 곽노필, 〈미래의 슈퍼마켓은 스토리를 판다〉, 허핑턴포스트, 2015년 07월 02일, http://www.huffingtonpost.kr/nopil-kwak/story_b_7693594.html.

제품은 경험할 대상이다
(Products are to experience)

무의식적 연결을 만드는, 끊김이 없는

Organic Media Lab, 2015

끊김이 없는 컨텍스트의 연결은 완전히 새로운 경험이다. 나는 하던 일을 멈추지도, 그 음악이 어느 카테고리에 있는지 찾지도, 기억하지도 않는다. 컨텍스트는 내 생활 속에서 연결되고 발현된다.

하고 쾌적한 방법으로 듣고 있었다. 그런데 에코가 들어온 후부터 상황이 조금 달라졌다. 음질이 더 떨어지는 에코를 통해 음악을 듣는 횟수가 많아진 것이다. 식탁에서 밥을 먹다가 '어, 음악이 없네?' 하고 인지하는 순간 휴대폰을 찾지 않는다. 설령 눈앞에 있더라도 앱을 켜고 음악을 선택하는 것 자체가 노동이 되었다. 대신 알렉사를 부른다. 밥 먹던 상황은 단 몇 초도 중단되지 않고 끊김이 없다.

내가 원하는 바로 그 순간에, 내 일상생활의 찰나 속에서, 앱을 켜는 노동 없이, 끊김이 없이 그대로 이어지는 발견·선택·경험이다. 이러한 컨텍스트가 발현되는 지금, 여기가 아마존이다.

물론 현실은 아직 미숙하고 가끔은 우스꽝스럽기까지 하다. 1970년

대에 거대한 퍼스널 컴퓨터를 접했을 때 이런 느낌이었을까. 두툼한 대시 버튼이 잘못 눌려 의도하지 않은 구매가 이뤄지기도 한다. 알렉사가 인지할 수 있는 문장 범위는(질문 목록이 나와 있을 만큼) 아직 지극히 제한적이다. 하지만 생활 속에서 충분한 체험이 되고 있다.

4) 제품은 소통(공유)을 도와준다

이러한 모든 경험은 나를 이렇게 '말하게' 만든다. 우리는 사소한 경험까지 우리가 일상에서 얻는 모든 경험을 기자처럼, 소비자단체처럼, 영업사원처럼 서로에게 공유한다. 일상의 행복, 즐거움, 불쾌함, 유익함, 욕설이 그대로 드러난다. 연결된 세상에서는 우리의 경험 자체가 추천이기도, 불매운동이기도 하다. 연결된 세상에서 경험의 공유는 사용자에게는 일상이 되었고, 사업자에게는 돈 주고도 살 수 없는 가치가 되었다.

나는 지인들에게 이케아 테이블(3미터가 넘는 확장형)을 여러 대 팔게 되었다. 어쩌다 거실이 이케아의 쇼룸이 되고 나는 이케아의 영업사원이 되었을까?

모든 것이 공유되는 지금 우리의 모든 경험은 정보적informative이고 전염적contagious이다. 우리의 경험은 지인 네트워크를 타고 흐르는, 그리고 지인과의 관계에 영향을 미치는 가장 강력하고 효과적이고 치명적인 바이러스다. 이는 〈경험이 광고다〉에서 상세히 설명했다.

나는 어떻게 제품을 접했고 어떻게 구매했으며 어떻게 사용하고 있는지, 가격 대비 어떤 경험이 생활 속에서 이어지고 있는지 고스란히 이 제품들의 잠재 고객들에게 반복적으로 고하고 있다. 이 제품들에

제품은 소통을 돕는다
(Products help me to Communicate)

Organic Media Lab, 2015

지인들이 방문하면 여기가 애플 쇼룸인지 이케아 쇼룸인지 농담 삼아 물어본다. 내 경험은 구매에서 끝나지 않고 생활 속에서 지인들에게 연결된다. 제품은 지인들과의 커뮤니케이션의 대상이자 커뮤니케이션을 돕는 매개체다.

대한 나의 경험이 나의 거실을 쇼룸으로 만든 것이다. 나는 이케아의 구매자가 아니라 영업사원이다. 다만 어떤 물질적 인센티브도 받지 않는다. 이 과정에서 내 지인들과 즐거운 대화를 나누는 데 매개체(미디어)가 되어준 것만으로 대가는 충분하다.

상점은
네트워크다

지금까지 컨텍스트 관점에서 살펴본 상거래의 진화를 미디어의 3요소,[13] 즉 컨테이너, 콘텐츠, 컨텍스트 관점으로 다시 정리해보자. 상거래의 유형을 비교하기 위한 것이다. 다음 도표에서 보면 O2O라는 이름의 상거래에서도 내용물을 담은 컨테이너는 여전히 가게다. 백화점에서 고객이 누구인지, 어디에 있는지 알고 혜택을 보내주든, 온라인에서 구매·예약하고 오프라인에서 소비·이용하든 마찬가지다. 콘텐츠는 여전히 화장품, 커피, 자동차, 책과 같은 제품 또는 서비스다.

그러나 제품 자체가 상점이 된다는 것은 컨테이너(그릇)의 해체를 의미한다. 컨테이너의 범위가 하나의 주어진 공간·장소를 넘어선다는 뜻이다. 그 제품이 연결하는 범위는 카테고리에도, 진열대에도, 제품 단위에도 얽매이지 않는다. 연결될 수 있는 모든 정보를 포함한다. 여기서는 정보가 콘텐츠다. 이러한 네트워크 관점은 아마존이 정보를 파는, 즉 제품과 관련된 정보를 연결하는 것을 업으로 하는 회사라는 사실을 일러준다.

그래서 나의 일상생활 자체가 컨텍스트가 될 수 있다. 흐름을 끊는 것이 아니라 연결하는 컨텍스트다. 내가 의식하지 못하는 사이, 머릿속의 제품이라도, 지금·여기, 나의 의도가 있는 찰나의 연속 속에서,

---

13. 윤지영, 〈미디어의 3요소〉, 《오가닉 미디어》, 개정판, 오가닉미디어랩, 2016.

물리적 공간에서 오가닉 네트워크로
(From Physical Space to Organic Network)

Organic Media Lab, 2015

유형		전통적 (Traditional)	O2O (Transitional)	오가닉 (Organic)
목적		판매 (Sale)	판매 (Sale)	연결 (Connection)
3C	Container	가게	가게	제품
	Content	제품	제품	정보
	Context	진열대, 동선	시간, 장소, 고객	발견, 선택, 경험, 공유

현재 O2O의 개념은 아직 물리적 공간에 기반을 둔 초기 단계에 있다. 제품 자체가 컨테이너라는 뜻은 제품 안에 물리적으로 모든 정보를 담는다는 뜻이 아니다. '그릇'의 개념이 해체되고 정보의 연결이 만드는 네트워크로 형태가 전환된다는 뜻이다.

구매와 관련된 활동이 자연스럽게, 끊김이 없이 일어날 때 컨텍스트는 발현된다. 이것이 바로 제품 자체를 상점으로 만들 수 있는 기제가 된다. 사업자는 고객의 의도를 따라갈 뿐이다.

제품이 상점이라는 사실을 이해했다면 이제는 결론을 낼 차례다. 제품이 상점이 된다면, 상점은 어떤 형태로 진화하는 것인가?

이제 상점은 전시된 제품이 있는 장소가 아니라 제품과 관련된 정보의 연결로 이뤄진 네트워크다. 나의 요구, 필요가 있는 바로 이 찰나, 이곳이 바로 상점이다. 도처에 존재하는 판매자, 구매자, 제품에 대한 평가, 연결된 정보, 잠재 요구가 데이터 형태로 연결되어 있기 때문이다. 제품은 이 네트워크의 일부이기 때문이다. 제품 하나하나가 네트워크 자체이기 때문이다.[14]

상점은 네트워크다
(Stores are networks)

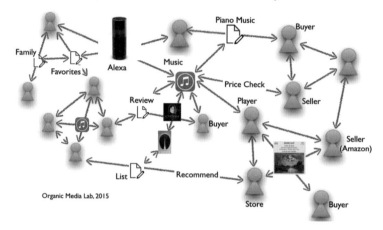

상점은 이제 물리적 공간 기반의 쇼룸이 아니라 네트워크 자체가 되었다.

위의 이미지에서 상점은 어디에 있으며 몇 개 있는가? 연결된 제품만큼, 정보만큼, 고객의 (발견, 선택, 경험, 공유의) 컨텍스트가 발현되는만큼 존재한다. 여기서 네트워크는 고정된 것이 아니라 사용자의 요구와 행위, 잠재적 기회에 따라 연결되기도 도태되기도 하는 유기체다. 상거래는 고객에게 연결의 즐거움을 줄 수도, 구매를 여전히 노동으로만들 수도 있는 기로에 서게 되었다.

제품 판매 이외의 과정, 제품 소비 이외의 경험은 지금까지 상거래

---

14. 윤지영, 〈네트워크가 제품이다〉,《오가닉 마케팅》, 오가닉미디어랩, 2017.

에서 배제되어왔다. 대량 생산, 대량 유통이 만들어온 가치 생산 방법과 교환 방법은 정해져 있었기 때문이다. 그러나 가치의 대상은 이제 (저렴하게 구매한) 제품이 아니다. 전체의 구매 과정, 그리고 그 제품이 연결하는 발견, 선택, 경험, 공유의 즐거움으로 확장되었다. 이 과정에서 기존에 없던 상거래의 가치가 새롭게 생산되고 있다. 사업자에게 새롭게 주어진 숙제이자 기회다.

앞으로의 상거래는 사용자를 편리하게 도와주는 범위를 넘어 구매 행위 자체를 즐거움으로 전환할 것이다. 제품이 상점으로 진화하고 상점이 네트워크로 진화하면서 상거래도 이런 연결을 만드는 미디어가 되고 있다. 컨텍스트에 대한 이해가 비즈니스를 바꾼다.

연결의 산물

Outcome of Connections

협업을 위한 선순환
(Virtuous cycle for collaboration)

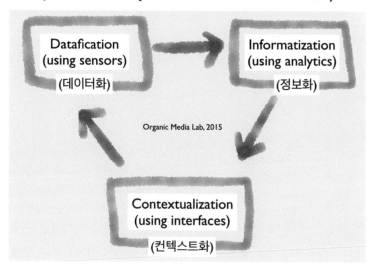

제3부는 어떻게 가치의 중심이 네트워크로 이동하는지 현상, 원리, 의미를 알아본다. 이제는 제품을 매개로 네트워크가 만들어지는 과정에서 가치가 생산된다. 제품이 '팔 것'에서 '연결의 산물'로 전환되는 과정이다.

이것은 연결된 세상에서 재편되는 사회관계를 증명한다. 중앙에 집중된 권력은 무력해지고 공급과 소비의 이원적 관계는 해체되었다. 제품은 시장의 범위를 넘어서 사회구조의 진화를 보여주는 표상이 되고 있다.

01 오가닉 네트워크의 작동 원리
How Organic Networks Work

이 책은 안과 밖의 구분이 없는 마케팅, 끝이 시작인 마케팅을 다루고 있다. 지금까지 글을 읽으며 눈치챘겠지만 오가닉 마케팅은 시장점유율을 높이는 과정이 아니다. 연결을 만드는 과정이다. 능동적 개인이 네트워크를 만드는 과정이다. 그래서 '나'가 사용자든, 소비자든, 시민이든 우리가 주목하는 출발점은 '개인성individuality'이다. 개인으로서 각자의 유일한 경험이 연결되어 안과 밖이 없는 네트워크를 이룬다.

이 단락에서는 제품, 고객이라는 표현을 잠시 내려놓을 것이다. 대신 관계를 만드는 미디어, 오가닉 네트워크의 작동 원리에 충실하고자 한다. 오가닉 네트워크란 결국 '오가닉 미디어'의 다른 표현이다.[1] 살아 있다는 속성, 그러므로 연결을 통해 구조적으로 진화한다는 속성에 방점이 있다. 이 글에서는 사용자, 고객의 관점보다 개인으로서의 시민, 시민으로서의 개인에 집중했다. 이를 통해 오가닉 네트워크의 작동 원리와 산물을 정리하는 것이 목적이다.

더 나아가 아래의 사례 분석은 한편으로 '언어(입말parole과 글말langue)'를 오가닉 미디어의 원형archétype으로 제안하는 시도가 될 것이다. 언어는 우리에게 가장 오래 체화되어온 오가닉 미디어다. 언어의 사용 메커니즘이 곧 오가닉 네트워크의 작동 원리에 그대로 적용된다는 뜻이다. 나는 습관을 바꾸고 문화를 만드는 많은 기획들이 모두 언어의 진화와 동일한 과정을 거친다고 믿는다. 여기서는 연결 관점에 집중하여 몇 가지만 간추렸다.

연결의
메커니즘

오가닉 미디어 현상은 다양하지만 공통적인 작동 원리가 있다. 흩어진 개인에서 출발해 거대 네트워크를 만드는 것이 가능한 것도 이런 이유에서다. 2013년에 있었던 '안녕들 하십니까' 현상, 그리고 2016년 최순실 국정 농단 사건으로 시작된 촛불 시위를 사례로 살펴보겠다. 오가닉 미디어는 PC, 스마트폰 등의 화면으로만 존재하지 않는다. '안녕들 하십니까'는 전에 없는 참신한 포맷과 스토리텔링, 왠지 단순한

---

1. 오가닉 미디어는 '살아서 성장하는 유기적 미디어'로, 그 형태는 네트워크로 표출된다. 독자의 관점에 따라 이 글에 나오는 미디어와 네트워크를 서로 대체해서 읽어도 무방하다. 오가닉 미디어에 대한 자세한 이해는 《오가닉 미디어》를 참고하기 바란다.

듯 복합적 전개방식, 다양한 소재와 신선한 등장 인물로 한 편의 드라마가 되었다. 그리고 그로부터 3년 후 최순실 게이트는 오가닉 미디어의 진화를 보여주는 정점을 찍었다. 그럼 지금부터 현상을 분석하고, 연결의 결과는 과연 무엇인지 의미를 가려보겠다.

1. 리듬과 규칙

사람들은 광화문에 촛불을 들고 모였다. 종이컵을 받친 촛불, LED 촛불, 촛불 모양의 종이모자 등 형태는 다양했다. 그러나 이 작은 코드가 거대한 의식을 만들었다. 매주 토요일이면 약속하지 않아도 광장으로 향하는 리듬이 되었다. 선창을 하면 후창을 했다. 누구든 여기저기서 선창을 이어갔다. 서로가 서로를 촬영했고 실시간으로 끊임없이 현장을 보도했다. 이에 SNS의 지인들이 반응했다. 여기서 오가닉 미디어는 SNS가 아니라 규칙을 따르고 이를 통해 창발의 과정을 만들어내고 불규칙함 속에서 거대한 네트워크를 만들어낸 시민 한 명 한 명이다. 여기서 '나'는 오가닉 미디어이면서 동시에 네트워크와 분리되지 않는 네트워크 자체다.

'안녕들 하십니까'의 경우도 같은 맥락이지만 커뮤니케이션의 리듬은 훨씬 강렬했다. 주거니 받거니 장단이 척척 맞는 운율이었다. 오프라인 공간의 벽에 붙이는 벽보가 매체로 이용되었다. 처음에는 대학 게시판에서 시작했지만 아파트 엘리베이터, 공공 건물 화장실 등 물리적 공간의 벽면에 큼지막한 손글씨의 편지가 붙었다.[2] 주소도 수신자도 없는 대형 손편지에 누구든지 어디서든지 답을 할 수 있었다. 문자를 보내면 문자로 답을 하듯 손글씨 벽보에는 손글씨로 답을 했다.

촛불로 모인 광장에서 사람들은 서로가 서로를 촬영하고 보도하는 기자였다.(사진 ©이상구)

우리는 이미 온라인의 수많은 도구를 통해 포스팅, 댓글, 패러디, '좋아요' 등 갖가지 방법으로 커뮤니케이션하는 데 익숙해 있다. 대형 손편지 미디어는 전통 방식으로 회귀한 것이 아니라 오히려 직간접적으로 메시지를 주고받는 지금의 익숙한 미디어의 응용판이다. 인스타그램, 페이스북, 트위터에서 일상적으로 묻고 답하고 외면하고 공감하는 커뮤니케이션에는 리듬(라임)이 있다. 각각에는 최소한의 커뮤니케이션 규칙(@맨션, 리트윗, 해시태그, 공유 방법, 공감 표시 등)이 있고 그 안에서 만들어지는 문화가 있다.

2. 〈안녕들 하십니까〉, 위키피디아, http://ko.wikipedia.org/wiki/안녕들_하십니까.

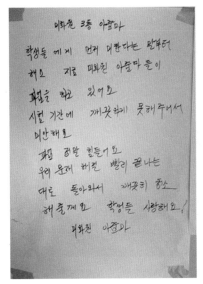

중앙대학교 화장실에는 환경미화원의 손편지
와 학생의 답장이 게재되었다.

거대한 손편지 커뮤니케이션도 같은 선상에 있다. 대화가 즉각적이
거나 평면적이지 않을 뿐이다. 전염병이 퍼지듯 '나도 안녕하지 못합니
다, 왜냐하면'의 형식(규칙)을 갖춘 메시지가 돌림 노래를 하듯 전이되
었다.[3] 그리고 클릭 한 번의 노동이 아니라 삐뚤빼뚤 손글씨를 벽에 붙
이는 수고스러운 과정은 콘텐츠를 스스로 한 번 더 검열하고 신중해
지는, 이 현상에 가치를 더하는 체험이 되었다.

이것이 바로 오가닉 미디어(네트워크)의 첫 번째 작동 원리다. 오가닉
미디어(네트워크)는 규칙과 약속에 기반을 둔다.

3. 박성완, 〈김무성, '안녕들 하십니까' 소자보 게시〉, 뉴시스, 2013년 12월 19일, http://www.
newsis.com/ar_detail/view.html?ar_id=NISX20131219_0012605759.

최소한의 규칙과 리듬이 불규칙하게 반복되고 전이된다. 연결이 일어나는 과정이다. 이러한 속성을 가장 잘 드러내는 것이 바로 언어다. 예를 들어 모든 언어는 문법에 의한다. 문법이란 규칙 즉 약속이다. 이것을 통해 우리는 말을 하고, 시도 쓰고, 노래도 부르고, 관계를 형성한다. 언어는 의사소통을 가능하게 하지만 단순한 물리적 도구나 장치가 아니다. 공유된 규칙을 서로 익히고 사용하고 체화하는 과정이 언어를 매개로 네트워크를 만든다. 이에 따라 언어는 진화하거나 도태된다.

《오가닉 미디어》에서 논의했듯이, 연결된 세상에서 물리적 컨테이너는 해체되었다. 페이스북이든 구글의 검색 서비스든 오직 구조와 규칙만이 서비스를 작동하게 하며 이 규칙들은 개인의 요구와 활동에 따라 지속적으로 변화한다. 각각의 미디어를 작동하게 하는 최소한의 규칙과 약속, 이에 대한 실행과 반복이 연결의 과정이다.

2. '내'가 주인공

오가닉 미디어에서 주인공은 나 자신이다. 촛불 시위에 참여한 시민들은 서바나 나른 깃발, 퍼포먼스, 재기 넘치는 피켓으로 목소리를 냈다. 심지어 아파트 베란다도 게시판으로 사용되기에 이르렀다. '저는'으로 시작되는 자유발언대는 도시 곳곳에서 밤새 이어졌다.

이 모든 참신한 아이디어와 실행의 사례는 서로 묶으려야 묶을 수가 없다. 사람들은 정당에 소속되지도 않았고 군중도 아니었으며 그들 자신이었다.[4] 민중, 투쟁, 계급 등과 같은 용어는 희석되었고 각자가 유일한 자기 이야기의 주인공으로서 담론을 꿰매고 재구성했다. 현장

사진제공 트위터 @Sumealworm

**광화문 개념충
장수풍뎅이 연구회**

'누구나 참여할 수 있다'는 것을 보여주기 위해 들고 나왔다는 어느 모임의 깃발. (출처: 권수연, 하대석, 〈광화문 화제의 깃발… 장수풍뎅이 연구회〉, 스브스뉴스, 2016년 12월 12일(http://news.sbs.co.kr/news/endPage.do?news_id=N1003892341&plink=THUMB&cooper=SUBUSUMAIN))

을 취재하고, 각자의 SNS에서 친구들을 독려하고, 하소연하고, 결의도 웃음도 나눴다. 그 이야기가 행해지고 전해지고 흐르는 그 상태, 그것이 곧 네트워크를 만들었다.

'안녕들 하십니까'에서의 대형 손편지도 수많은 1인칭 시점의 한판 축제였다. 사회, 경제, 정치 도처의 뼈아픈 문제를 이야기하지만 결국 이야기의 핵심은 나의 고백에서 시작되었다. 고백이든 반성이든 주장이든 나를 시작점으로 했기에 참여도 쉬웠다. 누구든지 자신이 처한 상황, 자신이 아는 이야기에서 출발했고 공동체에 가입할 필요도 없

4. 윤지영, 《오가닉 미디어》, 오가닉미디어랩, 2016, p. 173.

'안녕들 하십니까' 사례에 나타난 '수용자' 중심의 소통을 언급한 기사 이미지. (출처: 금준경, 〈'안녕들 하십니까'에 왜 열광할까〉, 오마이뉴스, 2013년 12월 15일, http://www.ohmynews.com/NWS_Web/View/at_pg.aspx?CNTN_CD=A0001937264)

었다. 취업준비생, 고등학생, 엄마, 평범한 회사원 등 소속이나 직업에 관계없이 모두 각자의 이야기를 했다.[5] 그런데도 메시지는 이어졌다. '안녕하지 못하다'는 고백이 전체 드라마를 관통했기 때문이다.

도처에서 발생한 이벤트를 어떻게 엮느냐에 따라 다시 수많은 스토리가 생산될 수 있다. 벽보라는 물리적 공간에 기반한 편지 형식은 다

---

5. 손호석 등, 〈고교생·주부·직장인도 '안녕들 하십니까' 신드롬〉, 한겨레, 2013년 12월 16일, http://www.hani.co.kr/arti/society/society_general/615585.html.

양한 장소만큼이나 다양한 컨텍스트를 갖고 있었고 그만큼 풍부한 소재를 제공했다.[6]

이것이 바로 오가닉 미디어(네트워크)의 두 번째 작동 원리다. 반드시 사람들의 참여가 필요하다. 말parole보다 이 원리를 더 잘 표현하는 원형이 있을까. 사용하는 사람이 없으면 존재 자체가 불가능하다. 사용자의 활동이 없는 네트워크는 실체가 없다. 말은 화자를 통해 생산되고 사용되고 소비되어야만 존재할 수 있다. 그렇지 않으면 소멸된다.

말은 물리적 형체도 송출 기술도 없지만 어디든지 전달될 수 있다. '나'를 통해 흘러다닌다. 그 과정에서 더해지고 와전도 되면서 1인칭, 2인칭, 3인칭의 이야기가 더해진다. 매개자는 나 자신이다. 우리는 말을 하는 사용자이기도 하지만, 더 나아가 언어의 구조를 내재화한 컨테이너[7] 자체이기도 하다. 문법을 구사하고 말을 하는 것이 우리 자신이기 때문이다.

3. 매개와 재매개

최순실 사건과 '안녕들 하십니까' 사례에서 방송사, 언론사와 같은 전통 미디어들은 이 거대한 네트워크의 구성과 확산에 하나의 노드로 참여했다. 수백만 명이 광장에 계속 모이고 있다는 사실 자체가 기사를 만들었고 해외에도 많이 보도되었다. 지상파, 케이블 채널, 유

---

6. 2부에서 살펴본 것처럼 오가닉 미디어에서는 컨텍스트가 콘텐츠의 가치 형성에서 핵심적 역할을 수행한다. 《오가닉 미디어》에서도 다루었다. (윤지영, 〈미디어가 해체되고 재구성된다〉, 《오가닉 미디어》, 개정판, 오가닉미디어랩, 2016.)

7. 윤지영, 〈컨테이너의 숨겨진 쟁점의 이해〉, 《오가닉 미디어》, 개정판, 오가닉미디어랩, 2016.

Les Echos was live.
November 26 at 9:00pm ·

Yann Rousseau. Au centre de Séoul pour une manifestation géante demandant la démission de la présidente Park Geun-hye.

See Translation

27K Views

프랑스 일간지 《레제코(Les Echos)》의 기자가 광화문 광장에서 진행되는 촛불 시위를 실시간으로 보도하고 있다. (이미지는 기자의 동영상 이미지 캡처: https://www.facebook.com/lesechos/videos/1418360331508650/)

튜브, 페이스북 라이브 등 미디어의 컨테이너는 무엇이든 상관이 없다. 누가 말하고 누가 듣고 있는지가 그 미디어를 결정할 뿐이다. 그런 의미에서 전통 미디어들은 촛불을 든 시민들의 매개 활동을 재매개 remediation하는 확성기로 작용했다.[8]

---

8. 제이 데이비드 볼터·리처드 그루신, 《재매개: 뉴미디어의 계보학》, 이재현 옮김, 커뮤니케이션북스, 2006(원서 출판: 2000).

'안녕들 하십니까'도 조직화되어 있지 않았다. 개인의 자발적 판단과 참여가 원동력이 되었다. 심지어 촛불 시위와 달리 한곳에 모이지도 않았다. 한 지점으로 모이는 의식이 없이도 시간을 두고 상호작용하면서 전체가 결과적으로 유기체를 이뤘다. 각각의 편지는 여기저기 산발적으로 흩어져 있는 조각들이었으며 연결되어 있지도 않았다.

그 대신 연결과 매개는 인터넷 서비스와 신문, 방송 등을 통해 이뤄졌다. 페이스북과 트위터, 카카오톡 등과 같은 SNS가 대자보, 벽보를 퍼뜨리고 알리는 보조적 역할을 수행했다. 신문과 방송은 물리적 공간에서 벌어지는 산발적인 이벤트와 흩어진 사람들을 안방까지 연결했다. 온오프라인을 취재한 다양한 뉴스는 관심을 낳고 다시 다른 콘텐츠가 생산되는 데 일조했다.

2013년 그 겨울의 대형 손글씨 벽보는 이제 모습을 거의 감췄다. 그러나 오가닉 네트워크는 때로는 촛불로, 거리의 행위예술로, 가슴팍에 꽂은 옷핀으로, SNS의 태그로 표현되고 중계되고 전염되면서 다양하고 산발적으로 계속되고 있다. 특히 이 두 사례는 온오프라인의 경계가 없어지고 SNS, 신문, 방송이 하나의 네트워크로 연결되는 현상, 우리 스스로 노드가 되고 미디어가 네트워크로 성장하는 과정을 보여주었다. 오가닉 미디어 현상 자체이자 미디어의 네트워크적 진화를 상징하는 이정표로 기록될 만하다.

여기서 오가닉 미디어(네트워크)의 세 번째 작동 원리를 정리해볼 수 있다. 바로 매개와 재매개를 통한 유기적 진화다.

예를 들어 초기의 언어는 기본적인 의사소통 기능에 충실했을 것이다. 그러나 언어는 유희가 되고 시가 되고 멜로디가 되고 지식이 되었

A handwritten poster by a South Korean student highlighting issues such as redundancy and suicide has sparked a nationwide protest movement, reports suggest.

The poster was put up by Ju Hyun-woo on 10 December on a notice board at Korea University. "I just want to ask everybody. How are you

More News Elsewhere

Russia: Santa "drop in" on $

영국 BBC도 2013년 12월 19일 '손글씨 벽보(Handwritten Poster)' 사례를 보도한 바 있다. ("South Korea: Spread of the handwritten poster protest," *BBC News*, Dec 19, 2013, http://www.bbc.com/news/blogs-news-fromelsewhere-25450218)

다. 우리가 규칙을 반복해서 사용하고 응용하는 과정에서 언어는 커뮤니케이션 수단을 넘어 문화가 되었다. 처음에는 최소 단위의 사용 규칙이더라도 그 규칙의 사용이 반복되면 그 과정은 창발을 일으킨다. 우리를 울고 웃게 하고 감동하고 깨닫게 하는 모든 콘텐츠가 그렇게 탄생한 것들이다.

의사소통을 하면 할수록 문화가 만들어지고 문화가 발전하면 할수록 언어도, 그 언어를 사용하는 사회도 함께 발전한다. 그렇게 언어는 세상 사람들의 생각을 잇고 관계를 만들며 인류의 사회적 진화를 만들어왔다.

사회란 수많은 사회적 상호작용의 합이다.[9] 언어, 몸짓, 외모(장신구), 제도, 관습 등을 통해 다양하게 교류한다. 이 상호작용이 네트워크의 흥망성쇠를 만든다. 이 관점에서 언어는 대표적인 상호작용의 형식이다. 사람들이 사용하면 할수록 언어는 지속적으로 퍼져 나가고 영향력도 확장된다. 사람들의 참여가 언어(미디어)를 진화시키고 언어(미디어)의 사용은 네트워크를 만든다. 이 '유기성organicité'이 연결을 네트워크로 조직화하는 힘이다.

연결의
결과

위의 특성들은 서로 상승작용을 일으키며 새로운 미디어 현상을 낳았다. 흩어진 이야기는 서로가 모두에게 보내는 답장이자 거대한 편지 네트워크가 되었다. 편지를 직접 주고받아서가 아니다. 친구의 SNS를 매개로, 신문의 댓글에서, 방송을 통해 간접적으로 연결되고 공유되고 더해진 네트워크다. 옆의 스키마는 이와 같은 오가닉 네트워크의 연결 과정을 참여자 행위를 기반으로 설명하고 있다.

그렇다면 연결의 결과는 무엇인가? 경험을 생산하고 매개하는 모든 개인, 시민, 언론, 방송 그리고 이들을 통해 생산되고 매개된 편지, 동영상, 이미지, 이야기가 서로 연결된 결과는 무엇인가? 전국에 누적 인원 1000만 명이 넘게 모였다는 기록인가?

물론 국정 농단, 부정부패, 실업률 등 사람들을 움직이게 한 원인이

---

9. Georg Simmel, *La sociologie*, PUF, 1999(원서 출판: 1908).

대자보 매개 네트워크 (Handwritten Letter-based Mediation Network)

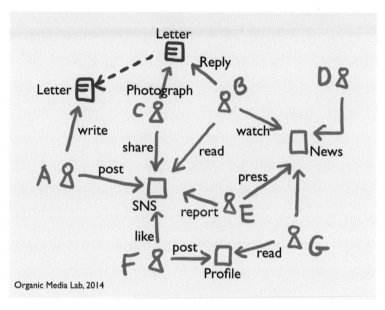

Organic Media Lab, 2014

1. A가 편지를 써서 붙인다. 다양한 매개체(벽보, 언론, SNS 등)가 A의 메시지를 매개하고 B도 편지로 답할 경우 A와 B의 매개된 관계가 형성된다. 2. 메시지를 온라인에 공유하는 C, 이런 이야기를 취재하고 보도하는 E, 비평하거나 좋아하는 D, F 등이 모두 매개자다. 3. 직접 벽보나 콘텐츠를 생산하지 않아도 메시지를 읽고 뉴스를 시청하는 사람, '안녕들 하십니까'로 교체된 친구의 프로필 사진을 보는 사람 등이 모두 메시지의 소비자이면서 동시에 매개자다. 콘텐츠로 매개된 사람들 간의 네트워크, 사람들의 행위로 매개된 콘텐츠 간의 네트워크가 형성되고 진화한다. 오가닉 네트워크다.

제거되는 것도 하나의 결과일 것이다. 그러나 보다 거시적 관점에서 연결의 결과는 집단적 기억[10]이다. 개인들의 체험의 합이 만드는 총체적 기억이 그 결과다.

　이 집단적 체험은 각자에게 기록된 기억이다. 광장의 모습, 함께 부른 노래, 추운 겨울 촛불을 든 손가락, 사람들의 이야기, 나의 '라이브' 중계까지 낱낱이 참여의 표상이며 기억이다. 서로 떼려야 뗄 수 없는 개인의 체험이 서로의 뉴런으로 연결되어 있다. 이 체험이 모여 인식을 변화시키고 행동을 만들고 습관을 만든다. 미래에 새로운 소식, 사건, 현상을 인지할 때 이 촉각적 기억은 되살아난다. 오가닉 미디어 즉 네트워크의 힘은 바로 이 집단적 기억에 있다. 공유된 기억, 체험, 그 배움이 네트워크의 힘이다.

네트워크의 지속 가능성은 여기에 달려 있다. 비록 그 형태는 손편지부터 촛불, 영상 하나까지 다양하게 변화하고 연결되고 끊어지기를 불규칙하게 반복하겠지만 그 안에 규칙과 리듬이 내재된 것이다. 이것을 만드는(따르는) 참여자가 있고 서로의 역할이 있는 한 집단적 기억은 계속된다. 여러 유형의 서로 다른 현상을 통해 지속되는 것이다. 느슨한 듯 응집된, 개별적이면서도 집단적인 체험이 연결의 결과인 동시에 네트워크의 지속성을 만드는 강력한 동력이다.

오가닉 네트워크의 작동 원리는 영역에 관계없이 같다. 기획자, 사업자, 마케터들의 업에도 그대로 반영된다. 현장에서 일하면서 겪는 어려움 중 하나는 '네트워크'라는 단어를 막연한 은유 또는 '많은 사람의 무리'로 오해한다는 것이다. 이 인식을 돌려놓고 체득하게 하는 데 많은 시간이 걸린다. 오가닉 네트워크의 핵심은 '살아 있다'는 데 있다.

---

10. 여기서 기억은 베르그송의 기억(Mémoire)과 같다. '수브니르(Souvenir)' 등을 포함한 총체적 기억에 가깝게 사용했다(앙리 베르그송, 《물질과 기억(Matière et mémoire)》, 박종원 옮김, 아카넷, 2005(원서출판: 1896)). '집단적'은 사회적 그룹이나 집합의 의미보다, 개인들이 동시에 경험하고 그 경험이 다양한 방식으로 서로 연결되어 있는 유기체(organism)의 의도로 표기했다.

이것은 네트워크의 구조, 작동의 규칙, 연결의 주체와 역할 등이 구체적으로 정의되어 있지 않으면 불가능하다. 바로 이것이 업의 개념을 네트워크로 전환하기 위한 전제 조건들이다.

독자들의 인식의 확장을 막지 않기 위해 이 단락은 여기서 마무리하는 데 만족하겠다. 다만 책에서 끊임없이 언급하는 연결, 경험, 고객 등의 개념을 만날 때 이 단락에서 언급한 오가닉 미디어(네트워크)의 작동 원리를 기억해주기 바란다.

02 네트워크가 제품이다

Networks are Products

콘텐츠, 상품, 서비스 등 가치를 지닌 모든 것은 네트워크를 통해 정의된다. 어떤 정보를 생성하고 어떤 관계를 어떻게 매개하는지, 그 결과 어떤 네트워크를 만드는지가 제품, 서비스, 개체를 정의하는 것이다. 달리 말하면 제품을 만드는 과정은 출시 전에 끝나지 않는다. 네트워크를 만드는 과정이 궁극적으로 제품을 만드는 과정이며, 제품의 출시는 이 연속적 과정 중 하나의 이벤트일 뿐이다. 기획과 개발을 포함하여 제품의 가치를 고객과 함께 찾아가는 모든 여정이 곧 마케팅이다.

제품은 사용자의 행위action를 낳는다. 이 행위는 기록되고 다른 사용자의 행위와 연결되며 서로 참조될 수 있다. 이 연결의 합이 곧 네트워크 즉 제품을 정의하게 된다. 문제는 경험 데이터가 폭발적으로 확장되면서 발생한다. 행위의 연결이 사용자들 간에만 이뤄지는 것이 아니라 모든 개체들이 연결에 참여한다면, 그것도 실시간으로, 우리가 의식하지 못하는 동안, 지속적으로 이뤄진다면 어떨까? 이 통제되지 않는 네트워크 즉 유기체는 지금 이 순간 어떻게 만들어지고 있으며, 그 결과는 무엇으로 나타나는가?

이 단락은 연결 대상과 범위를 확장하여 제품의 네트워크가 만들어지는 과정을 정리한 것이다. 사물, 장소 등을 포함한 모든 개체가 연결의 대상이 되고 우리의 눈과 귀, 피부가 됨에 따라 우리의 삶 전체가 하나의 거대한 네트워크로 진화하는 현상을 포괄하고 있다.

연결 대상의
확장

사물인터넷의 세상에서는 모든 것이 '지속적인continuous' 커뮤니케이션 상태에 놓이게 되었다. 이에 따라 관계를 만드는 방식도, 네트워크의 속성도 달라지고 있다. 내가 직접 개입하지 않아도 모든 개체의 센서들이 대화하고 데이터 클라우드가 말을 한다. 모든 개체가 눈과 귀, 피부, 입을 가졌다. 끊김이 없이 데이터를 생산하고 동시다발적으로 작용할 수 있다. 그동안 우리의 의식적인 연결이 네트워크(관계)를 만들어왔다면 이제는 무의식적 연결로 그 범위와 가능성이 확대된 것이다.

의식적인 연결에서는 드러내고 싶은 나만이 드러난다. 고급 레스토랑에서의 멋진 저녁 사진은 매일 먹는 밥보다 많이 공유된다. 내가 선택한, 내게 특별하다고 생각되는 이벤트의 연결이 나를(정확히 말하면 나의 '프로필'을) 정의한다. 그러나 사물인터넷 또는 모든 것이 초연결되는

항상 잃어버리는 립밤에 스마트태그 '타일(Tile)'을 붙였다. (http://techcrunch.com/2014/06/12/tile-the-lost-item-tracker-with-millions-in-crowdfunding-was-worth-thewait/) 생각보다 크고 두툼해서 우스꽝스러울 정도다. 스마트태그는 블루투스가 내장된 센서다. 개념적으로는 스마트폰을 통해 근거리에 있는 태그의 위치를 파악할 수 있다. 사용자가 많으면 많을수록 위치를 파악할 수 있는 범위가 넓어진다. 왼쪽은 다른 타일러(Tiler)를 통해 가방을 찾았다는 메시지 화면이다.

세상Connection of Everything에서는 나의 모든 행위, 심지어 잠재적 의도까지 컨텍스트에 따라 연결되는 환경이 가능해졌다.

아침 일찍 조깅하는 사진이 어쩌다 한 번 일어난 이벤트인지, 아니면 내가 진짜 부지런한 인간인지는 내 침대가, 내 대문이,[1] 내 신발이[2] 알고 있다. 나와 스치는 커뮤니티가 알고 있다. 의도적으로 포장하는

1. Scott Stein, "Goji Smart Lock: The lock that knows who knocks," *Cnet*, Oct 3, 2013, http://www.cnet.com/products/goji-smart-lock/.
2. Sarah Buhr, "Going The Distance With A Smart Shoe Made In India," *TechCrunch*, Jul 28, 2014, http://techcrunch.com/2014/07/28/smartshoemadeinindia/.

'나'가 경험의 기록으로 드러나는 '나'를 통해 지속적으로 검증되는 세상이 되었다. 말과 행동이 일치하지 않으면 스스로 피곤해지는 세상이다.

내가 여행을 기획할 때쯤이면 구글이 이미 여행지의 숙소를 추천해주고 있고, 내가 주로 몇 시에 퇴근하는지 현관문이 알고 있으며, 그 시간에 내가 어디 있었는지 내 스마트폰이, 시계가, PC가, 자동차가 알고 있다. 싫든 좋든 모든 것이 기록되는 세상은 결국 모든 것이 연결되는 세상으로 나아가게 되어 있다. 그 결과는 편리한 일상으로, 그러나 동시에 끔찍한 프라이버시 침해로 나타난다. 연결된 세상에서 생산되는 제품은 이 기로에 있다. 어떤 연결을 만드느냐가 제품을 결정할 수밖에 없게 되었다.

네트워크의 유형

경험을 매개로 생성되는 네트워크의 유형을 연결의 속성에 따라 세 가지로 구분했다. 구체적으로 누가, 언제, 어디서, 어떻게, 왜 연결하며 그 결과 얻게 되는 것은 무엇인지 현상을 그루핑하고 시사점을 정리했다. 각각의 네트워크는 서로의 속성을 중복적으로 내포한다. 예를 들어 소셜 네트워크도 매개 네트워크의 일종이다. 다만 가장 두드러지는 속성을 강조하기 위해 불가피하게 유형화한 것이다.

우리가 주목하는 것은 세 번째 유형이다. 나머지는 세 번째 연결의 속성을 좀 더 극명하게 이해하는 데 도움이 되도록 정리했다. 하나씩

네트워크의 진화(Evolution of Networks*)

Organic Media Lab, 2014

	소셜 네트워크 (Social network)	매개 네트워크 (Mediation network)	컨텍스트 네트워크 (Context network)
누가(Who)	인간(Human)	인간(Human), 알고리즘 (Algorithm)	모든 것(인간/사물/환경/알고리즘 등) (Everything(human, things, environment, algorithm, etc.))
언제(When)	행위(Action)	이벤트(Event)	지속적(Continuous)
어디서(Where)	온라인(Online)**	온라인(Online)	어디서나(Everywhere)
무엇을(What)	고정된/명시적 관계 (Fixed & explicit relationship)	유동적/명시적 관계 (Fluid & explicit relationship)	다이나믹/맥락적 (Dynamic & contextual relationship)
어떻게(How)	의식적으로 (Consciously)	의식적/무의식적으로 (Consciously/ unconsciously)	무의식적으로 (Unconsciously)
왜(Why)	(사회적)의도 (Social) intention	(구매)의도 (Purchase) intention	의도와 관계없이 (Unintentionally)

* 네트워크 유형: 3개가 독립배타적이지 않으며 가장 두드러지는 속성 중심으로 유형이 정의되었음을 일러둔다.
** 온라인(Online): 오프라인과 대립적 의미가 아니라 전자적 공간을 강조하기 위해 사용되었다.

살펴보고 연결이 지배하는 세상에서 '제품'을 어떻게 정의할 것인가 생각하는 시간을 갖고자 한다.

1. 한 땀 한 땀, 명시적으로 그리는 소셜 네트워크(페이스북)

첫째는 우리가 의식적으로 연결하는 것들이 관계가 되고 그 합이 네트워크가 되는 경우다. 우리에게 가장 익숙한 유형이고 누가 연결을 만드는지, 노드도 셀 수 있다. 친구의 숫자를 셀 수 있고 누가 누구와 더 친한지 알 수 있다. 여기서는 네트워크의 구조가 명확히explicitly 그려진다. 회사 동료, 친구, 가족 등의 사회관계망이 그렇다.

이 유형을 그대로 반영하여 서비스화한 것이 SNS다. 친구의 수, 포스트 수, 좋아요 수, 사진과 이름, 장소 태그 등을 모아 한 사람의 소

Kyoohyun Chang added 10 new photos — at 📍 SilverOak Winery.

January 30 at 7:57am · Saint Helena, CA, United States · 👥

전날 customer와 마셨던 silver oak를 잊을 수 없어서 방문했던..silver oak... 정통 까베르네 소비뇽의 느낌은 아니지만.. fruity한 느낌이 딱 내 스타일....

👍 Like　　💬 Comment　　➤ Share

🔵 SeHan Kim, TaeKyun Ted Lee and 16 others

내 행위를 중심으로 소셜 네트워크가 생성·관리·확장되고 이 과정에서 다양한 매개(콘텐츠, 지인 등) 역할도 수행하게 된다. (이미지는 지인의 페이스북 포스트)

셜 네트워크를 그릴 수 있다. 연결의 육하원칙으로 정리하자면 우리(인간)가Who, 사회적 의도를 가지고Why, 의식적으로 하는How, 모든 행위들이When, 제한된 공간과 커뮤니티 또는 온라인 공간에서Where, 명시적인 관계망을What 만드는 것이다.

여기서는 '나'가 중심이다. 우리는 다른 노드들을 서로 연결하고 소개해주는 매개자 역할을 하기도 하지만 그 중심에는 '나'가 있다. 나의 프로필이 있다. 미팅도 주선하고, 친구들과 같이 보고 먹고 대화하다가 서로 듣는 음악, 본 영화, 가는 식당을 소개해준다.

SNS에서는 이 매개 행위들이 보다 명시적으로 기록되고 측정될 뿐이다. 여기서는 우리를 연결하는 매개체가 반드시 기록으로 남는다. 나를 타인과 연결하는 것은 그가 생성한 콘텐츠다. 그의 친구 신청 행위Friend request, 포스트 등과 같은 콘텐츠가 노드로 존재해야 하며 이에 대한 나의 반응(친구 수락, 좋아요 등)이 있을 때 우리는 하나의 연결된 관계로 기록된다. 이 모든 것의 결과로 '소셜 그래프social graph'와 같은 가시적인 네트워크가 그려진다.

한번 맺어지면 관리도 시작된다. 학기가 시작되면 친구도 만들고 절교도 하고 그룹도 생긴다. 친구 포스트를 무조건 응원하거나(무조건 좋아요!) 팔로우를 끊는 등 시간과 노동을 들여 관리하고 나에게 적합한 최적의 네트워크를 유지하려고 노력한다. 이렇게 링크를 만드는 우리의 모든 의식적 행위의 결과가 제품이다. 즉 페이스북이라는 제품의 네트워크다.

2. 한 알의 밀알이 되어, 매개 네트워크(아마존)

둘째는 우리의 의식적·무의식적 모든 활동이 밀알이 되어 명시적인 관계를 만드는 경우다. 여기에는 우리의 모든 활동을 특정 의도를 가진 이벤트처럼 기록하고 분석하는 알고리즘의 활동이 더해진다. 이에 따라 관계는 유동적fluid 성격을 띠게 된다. 아마존의 추천 네트워크가 대표적이다.

낱낱의 구매 흔적과 브라우징 흔적, 무엇을 구경하고 장바구니에 넣었는지 등 나의 모든 이벤트가 족적이 되어 상품의 연결관계를 만든다. 관심이 바뀌고 행위가 바뀌면 제품 간의 관계도 유동적으로 변화한다. 아마존은 상품 추천을 위해 나의 모든 행위를 유용한 데이터·밀알로 활용하고 그 결과 매개 네트워크라는 자산을 쌓는다.

물론 구매자의 눈에는 네트워크가 한눈에 보이지 않는다. 하지만 아래의 그림과 같이 사용자 경험 속에 녹아 있다.[3]

내가 책 A를 구매한 후에 어떤 책을 샀는지, 내가 가방 C를 구경한 후에 무엇을 구경했는지는 아마존의 매개 네트워크를 만드는 밀알이다. 이런 데이터들이 모여 제품으로 매개된 고객 간의 관계, 고객의 행위로 매개된 제품 간의 관계가 만들어진다. 내가 번들로 구매한 책 A

고객의 의식적·무의식적 행위를 바탕으로 구축된 매개 네트워크의 결과. 제품간에 만들어진 관계를 기반으로 제품을 추천할 수 있다.

3. 아마존의 매개 네트워크 개념은 책 《오가닉 미디어》에서 자세히 다루었으므로 참고하기를 권한다.

와 책 B는 명시적으로 연결되고 책 A의 다른 구매자가 책 B를 살 확률을 높여준다. 나는 제품과 구매자의 관계, 제품과 제품의 관계를 만드는 매개자다.

연결의 육하원칙으로 정리해보면 우리가who 의도를 가지고why 하는 모든 의식적·무의식적 행위가 하나의 이벤트로 축적되고when 서로의 행위는 협업 필터링 시스템에 의해 연결되며 제품의 추천 등의 명시적 목적에 따라 명시적 연결관계what를 형성한다. 이때 관계는 고정된 것이 아니라 참여자의 행위에 따라 유동적으로 변화한다.

여기서부터는 '내가 누구인가'보다 '무엇을 매개하는가'가 훨씬 더 중요해진다. 매개자의 역할이 위의 유형보다 훨씬 극명하게 드러난다. 소셜 네트워크에서는 매개자라기보다는 주인공으로서의 내가 우선했다. 내가 연결한 링크와 노드를 통해 드러나는 내가 네트워크의 중심인 것이다. 그러나 매개 네트워크에서는 매개자, 참여자로서의 역할이 더 중요하다. 이들이 만드는 네트워크가 곧 아마존의 제품이다. 고객-제품-고객-제품으로 이뤄진 매개 네트워크가 아마존의 제품이다.

3. 실시간 중계자, 컨텍스트 네트워크(테슬라)

세 번째 유형부터는 연결의 시작점이 달라진다. 몸에 지니고 다니는 스마트폰(심지어 잠을 잘 때도 내 수면 상태를 측정하는 앱을 켜고 있다)과 각종 디바이스, 센서 등의 지속적인 커뮤니케이션 상태[4]에서 모든 관계는

---

4. Kevin Ashton, "That 'Internet of Things' Thing," *RFID Journal*, Jun 22, 2009, http://www.rfidjournal.com/articles/view?4986.

다시 출발한다.

1) 모든 개체의 지속적 커뮤니케이션

첫 번째 유형에서는 한 땀 한 땀 바느질을 하듯 관계가 생산되었다. PC와 스마트폰에서 내가 누구와 친구를 맺고 무엇을 공유하는지가 소셜 네트워크를, 문서 관계를, 위키피디아를 만들었다. 여기서 확장된 것이 아마존과 같은 매개 네트워크 유형이다. 반면 지속적 커뮤니케이션 상황이 만드는 세 번째 유형에서는 네트워크가 고정되지 않고 사용자의 맥락에 따라 역동적으로 추출된다.

이제 연결은 완전히 이뤄질 것이다.[5] 여기서 연결을 만드는 주체는 나뿐만이 아니다. 사물, 동물, 사람, 자연 모두가 지속적인 커뮤니케이션 상태에 있기 때문이다. 이제는 내가 키우는 식물,[6] 강아지,[7] 우리 집 거실,[8] 자동차와도 대화할 수 있다.[9] 목이 마른지, 거실 온도는 적당한

---

5. Stuart Taylor, "The Internet of Things is More Than Just 'Things' – Five Technology Pillars to Pay Attention To," *Cisco Blogs*, Oct 16, 2014, http://blogs.cisco.com/cle/the-internet-of-things-is-more-than-just-things-five-technology-pillars-to-pay-attention-to.

6. Steve O'Hear, "IoT Startup Greenbox Aims To Become Nest For The Garden," *TechCrunch*, Oct 15, 2013, http://techcrunch.com/2013/10/15/greenbox/.

7. Rip Empson, "One Week With Whistle's New Activity Tracker For Dogs," *TechCrunch*, Feb 27, 2014, http://techcrunch.com/2014/02/27/a-look-at-whistles-new-activity-tracker-for-pooches-as-it-heads-to-android-and-a-petsmart-near-you/.

8. Darrell Etherington, "Ninja Blocks Starts Pre-Orders For The Ninja Sphere Smart Home Hub," *TechCrunch*, Aug 1, 2014, http://techcrunch.com/2014/08/01/ninja-blocks-starts-pre-orders-for-the-ninja-sphere-smart-home-hub/.

9. James O'Brien, "Dash Is Like FuelBand for Your Car," *Mashable*, Aug 28, 2013, http://mashable.com/2013/08/27/dash-app/.

오른쪽은 'Click & Grow Flower Smartpot'. 출처 http://www.cnet.com/products/click-grow-smart-flowerpot/.

지 잠은 잘 잤는지 말하지 않아도 암묵적으로 알 수 있게 된다.

　모든 개체의 모든 일상적 활동과 상태가 낱낱이 초연결되는 상황에서 우리는 어떤 관계를 추출하고 어떤 연결에 가치를 부여할 것인가? 사물인터넷 세상은 우리를 포함하여 모든 개체가 하나의 유기체로 움직이는 세상을 말한다. 그렇기에 모든 것이 이미 연결된 상태에서는 무수히 많은 네트워크가 공생한다. 여기서는 무수히 많은 가능성 중에서 '어떤 관계를 추출할 것인가'가 핵심 질문이 된다.

　그것은 사용자의 맥락에 따라 다이나믹하게 추출되는 연결관계(네트워크) 즉 컨텍스트 네트워크의 문제다. 여기서는 명시적으로 하나의 네트워크가 하나의 목적을 위해 존재하는 것이 아니라 컨텍스트에 따라 유기적으로 관계가 만들어지고 역동적으로 전환된다. 사물인터넷에서 제품을 만든다는 것은 결국 컨텍스트 네트워크를 만드는 일이다.[10]

　사물인터넷의 핵심인 컨텍스트 네트워크는 이렇게 나, 소프트웨어,

알고리즘 등이who, 지속적으로when 커뮤니케이션하면서, 나의 의도와 관계없이why, 어디서나where, 맥락에 따른 관계what를 역동적으로 구축하는 것이라고 하겠다. 가장 대표적인 사례를 하나 들어보자.

2) 운전자 모두가 주행 상황 생중계

테슬라는 2017년 말까지 완전 자율 주행 차를 선보이겠다고 공표했다.[11] 대부분의 자동차 회사들이 2020년 이후에나 가능할 것으로 생각하는 완전 자율 주행을 테슬라는 어떻게 이렇게 빨리 달성할 수 있을 것이라고 장담하는 것일까? 이는 테슬라의 자율 주행에 대한 접근 방법이 구글 등 다른 기업의 방법과 완전히 다르기 때문이다. 일론 머스크는 "테슬라의 차들은 하나의 네트워크로 작동한다. 차 한 대가 무엇인가를 배우면 네트워크의 모든 차들이 그것을 배운다.The whole Tesla fleet operates as a network. When one car learns something, the whole fleet learns something."라고 말한다.[12]

테슬라는 이러한 시스템을 '플리트 러닝 네트워크'라고 부른다.[13] 이

---

10. 컨텍스트의 정의에 대해서는 제2부에 수록된 〈컨텍스트란 무엇인가?〉를 참고하기 바란다.
11. Jack Stewart, "Elon Musk Says Every New Tesla Can Drive Itself," *Wired*, Oct 19, 2016, https://www.wired.com/2016/10/elon-musk-says-every-new-tesla-can-drive/.
12. Brooke Crothers, "With Autopilot, Tesla Takes Different Road Than Rivals Toward Self-Driving Cars," *Forbes*, Oct 14, 2015, http://www.forbes.com/sites/brookecrothers/2015/10/14/tesla-autopilot-version-7-with-fleet-as-network-drives-self-driving-future/.
13. Chris Perkins, "Tesla is mapping the Earth, 'cause your GPS won't cut it for self-driving cars," *Mashable*, Oct 15, 2015, http://mashable.com/2015/10/14/tesla-high-precision-digital-maps/.

테슬라는 전기차를 만드는 것이 아니라 자율 주행 전기차의 '네트워크'를 만들고 있다. 플리트 러닝(Fleet Learning)이라는 네트워크 관점이 자율 주행 시스템 개발의 동력이자 실행 전략이다. (이미지: Sterling Anderson, "Delivering on the Promise of Autonomous Vehicles," *EmTech Digital*, 2016, http://events.technologyreview.com/emtech/digital/16/video/watch/sterling-anderson-autonomous-vehicles/)

네트워크는 운행 중 발생하는 데이터를 수집하고 분석한 후 그 결과를 지도·소프트웨어 등의 업데이트를 통해 차들에게 알려준다. 이런 업데이트는 매주 정기적으로 일어나는데 1~2주가 지나면 차가 향상된 것을 운전자가 느낄 수 있을 정도라고 한다.

이러한 네트워크의 작동을 가능케 하는 기본 조건은 고객의 참여다. 2016년 12월 현재 10만여 명의[14] 테슬라 고객이 자율 주행 개발 프로그램에 참여하고 있다. 이들은 주행 데이터를 실시간으로 전송하고

---

14. 초기(2014년 10월)에는 '오토파일럿' 하드웨어가 설치된 7만 대에서 시작했지만 그 이후 계속 추가되고 있다.

소프트웨어를 검증하는 역할을 한다. 결과적으로 테슬라는 데이터를 수집한 지 2년 만에 13억 마일의 운행 및 검증 데이터를 수집했을 뿐 아니라 수집한 데이터의 퀄리티(상세함)의 측면에서도 다른 내비게이션 지도와는 비교가 되지 않는다.[15] 구글이 6년간 50대의 프로토타입을 이용하여 350만 마일의 운행 데이터를 수집한 것과 비교하면 짐작이 가능하다.[16]

그런데 여기서 중요한 점은 운전자들의 참여가 개별적 참여가 아니라는 것이다. 이들은 서로의 경험이 서로의 운행에 상호 영향을 주는 연결된 관계에 있다. 운전자 개인은 개별적으로 주행을 할 뿐이지만 이러한 상호 연결과 공유가 무의식적으로 행해진다. 내가 본 것, 간 길, 주행한 방법 등 모든 것이 중계되고 서로의 운행을 돕는다. 운행을 하는 동안 모든 사용자가 끊김이 없이, 지속적으로 운행 상황과 도로 정보를 생중계하는 셈이다.

테슬라는 이 중계를 취합하고 분석하여 자율 주행을 포함한 서비스를 다시 운전자들에게 돌려주는 역할을 한다. 각 운전자의 운행을 돕는 컨텍스트 네트워크를 제공하는 것이다. 전체 네트워크 관점에서 보면 테슬라 혼자서는 불가능하다. 테슬라 운전자 모두가 서로의 운행 상황, 운행 경로, 도로 정보를 연결해주고 안전을 책임져주는 매개자가 되어야만 가능하다. 제 갈 길 바쁜 여러분도 운행 상황이나 도로 정보를 자동차 회사에 제공하는 선행은 생각해본 적도 없을 것이

15. Fred Lambert, "Tesla has now 1.3 billion miles of Autopilot data going into its new selfdriving program," *Electrek*, Nov 13, 2016, https://electrek.co/2016/11/13/tesla-autopilot-billion-miles-data-self-driving-program/.
16. 상동.

다. 그러나 현실에서는 우리가 이미 이러한 일에 참여하고 있다. 작게는 내비게이션부터 앞으로는 자율 주행 네트워크까지 이미 우리가 만들고 있는 것이다. 우리의 일상생활에서 지속적으로When 그리고 나도 모르는 사이에 무의식적으로How 말이다.

네트워크가
제품이다

여기서 테슬라의 제품은 무엇인가? 자동차라는 하드웨어가 아니다. 테슬라 OS라는 소프트웨어가 아니다. 운전자들의 무의식적 참여가 만드는 네트워크가 결국 제품이다. 테슬라의 제품이 만들어지는 과정은 출시 전에 끝나지 않는다. 운전자들이 운전을 하는 동안 즉 차량, OS를 테스트하고 주행 방법을 공유하는 동안 제품은 계속 만들어진다. 이렇게 만들어진 네트워크가 제품이라는 사실을 깨닫는 순간, 제품은 고객의 참여로 만들어지는 유기체임을 알아차리게 된다.

　네트워크가 제품이라면, 고객에게 주는 가치는 무엇인가? 멋지고 빠른 차에 국한되지 않을 것이다. 위의 결과를 기반으로 하여 고객에게 제공하는 컨텍스트 네트워크가 곧 고객 가치다. 고객의 행위를 쌓고 연결하고 그 결과 다시 고객의 컨텍스트에 끊김이 없도록 도와주는 것이다. 이 가치는 고객의 참여, 경험의 연결, 네트워크의 강화 사이에서 일어나는 선순환이 만든다.

　네트워크가 제품이라는 정의는 자동차 산업에 국한되지 않을 것이다. 금융, 커머스, 여행, 방송 등 산업 분야에 관계없이 가치를 만드는 과정이 모두 같은 원리를 따를 수밖에 없을 것이다. 연결의 진화 관점에서 보면 이것은 새로운 문제 제기의 시작이다. 모든 개체가 연결되는 환경, 무의식적이고 지속적인 상호작용은 전에 없던 쟁점을, 있던 쟁점의 포화를 드러내고 있다.

우리가 세상에 선보이는 모든 제품, 인터페이스, 개체가 살아 있다. 미디어로서, 네트워크로서 사용자의 경험과 함께 성장한다. 그 과정을 이해하고 연결을 강화하고 네트워크를 지표화하는 주체들에게는 이 성장이 손에 잡히는 구체적인 모습으로 드러날 것이다. 혼자서는 할 수 없다. 고객과 함께 해야 한다.

모든 미디어의 역사가 그러했듯 우리의 습관, 그리고 관계를 인지하는 방식은 바뀌게 될 것이다. 우리가 지금 겪고 있는 이 네트워크의 진화가 곧 우리가 생산하는 모든 개체, 서비스, 콘텐츠의 본질적 진화인 것이다. 그 역동성은 이제 우리에게 달렸다. 매개자로서 우리의 정체성 또한 수많은 개체(사물, 기계, 환경, 알고리즘) 안에서 다시 정의될 것이다.

03 연결된 세상의 협업,
새로운 관계의 시작
Organic Collaboration

아침이다. 스마트폰이 나를 깨운다. 따뜻한 이불 속에서 실눈을 뜨고 밤새 도착한 알림을 확인하면서 겨우 잠을 깬다. 오늘은 우버를 타고[1] 광화문으로 갈 작정이다. 김기사[2]를 켜고 일단 도로 상황부터 확인한다. 아마존 에코로 거실에 음악을 틀고 커피도 내리고 빵도 구우면서 차를 기다린다. 오늘은 별점 4.9점에 빛나는 K7 기사님이다. 애플리케이션으로 차량의 움직임을 지켜보다가 '3분 후 도착' 표시를 보고 엘리베이터를 부른다.

회의를 하는 동안 알림이 울린다. 현관 문이 열렸다고 한다. 매주

---

1. 강정수, 〈우버(Uber)에 대한 6문 6답〉, 2014년 8월 18일, http://slownews.kr/29399.
2. 현재는 '카카오내비'로 바뀌었다(박수련, 〈카카오가 인수한 김기사, '카카오내비'로 새 출발〉, 중앙일보, 2016년 2월 24일, http://news.joins.com/article/19621181/).

현관문과 방들에 부착한 '스마트싱스(Smart-Things)'의 센서들이 외출 중인 나에게 공간의 변화를 보고한다.

월요일에 오시는 도우미님이 1시 46분 현재 집에 도착하셨다는 뜻이다. 방에서 움직임을 감지하는 센서와 거실을 동영상 촬영하는 '카나리Canary'[3]를 '프라이빗 모드'로 수정해놓고 집에 계시는 동안은 알림이 멈추도록 설정한다.

저녁에는 오랜만에 반가운 사람들과의 저녁 식사가 있다. 사실 얼굴을 안 봐도 소식은 대충 알고 있다. 페이스북에서 말없이 눈팅과 '좋아요'로 수없이 만났으니까. 와인, 음악으로 시작된 수다가 끝이 없다. 음식을 먹기 전에 기도처럼 사진을 찍고 각자의 SNS에서 실시간 이야기도 나누면서 모임이 깊어간다. 이제 인증샷도 한 장씩 찍으니 헤어질 시간이다. 집에 도착해서 현관문을 쓰다듬으니 문을 열어준다.[4] 사

---

3. David Pierce, "Canary provides always-on, always learning home security in a beautiful, simple box," *The Verge*, Jul 22, 2013, http://www.theverge.com/2013/7/22/4544980/canary-always-on-always-learning-home-security.

실은 내 가방 속 스마트폰의 앱을 통해 집주인이 온 것을 인지한 것이지만 일단 사용자 경험은 이렇다.

문제의
정의

이 평범한 하루는 내 협업collaboration의 기록이다. 회의하고 대화를 나눈 것이 협업이라는 것이 아니다. 매 찰나 무의식적으로 행하는 일거수일투족이 다 협업이라는 뜻이다.[5] 어째서 이메일, 메신저 등 협업 도구를 사용하여 공통의 목적을 가지고 하는 업무뿐만 아니라 평범한 일상의 모든 순간이 다 협업의 과정이라고 단언하고 있는가?

사회학적으로 협업의 형태는 그 시대의 사회적 관계를 대변해왔다. 협업은 한 사회의 조직과 개인, 공동체, 제도 등이 동시적으로 작용한 결과로 나타난다. 종교 공동체의 협업, 대기업과 같은 비즈니스 조직에서의 협업, 개인의 업무와 프로젝트 중심의 원거리 협업 등 셀 수 없이 많은 협업의 종류와 방식이 공존하고 붕괴되고 진화해왔다. 이것은 역사적으로 가치 생산 방식의 진화, 기술의 진화, 커뮤니케이션 방식의 진화, 그리고 이에 따른 사회관계 및 개인이 추구하는 가치 변화와 맞물려 있다.

---

4. Ry Crist, "Kwikset Kevo review: This brainy smart lock just isn't brawny enough," Oct 18, 2013, http://www.cnet.com/products/kwikset-kevo-bluetooth-door-lock/.
5. 이 글에서는 협력(cooperation)과 협업을 구분하지 않고 협업으로 통칭하여 언급하고 있음을 미리 일러둔다.

이 단락은 지금까지 존재하지 않았던 새로운 협업의 형태가 연결된 세상에서 등장하고 있다는 사실에 집중한다. 모든 연결된 개체, 환경, 관계가 만드는 무의식적 협업의 과정, 즉 일상생활과 구분되지 않는 협업의 과정이 현상으로 나타나고 있기 때문이다. 이것이 왜 전통적 협업의 정의를 넘어서는 관계의 확장이며 가치를 만드는 새로운 방식의 출현인지 짚어볼 것이다. 그 결과 어떻게 나와 타인, 사물, 환경, 자연, 공간이 하나의 유기체로 점차 연결되고 있는지, 시사점은 무엇인지 정리하겠다.

전통적 협업의
목적과 동기

일반적으로 "협력cooperation은 참여자들이 만나는 것으로 이익을 얻는 교환관계"[6] 또는 "한 개인이 다른 어떤 사람(들)에게 이익을 제공하기 위해 비용을 부담하게 될 때 이루어지는 것"으로 정의된다.[7] 공유된 이익이든("working with others to do a task and to achieve shared goals"[8]) 각자의 이익이든, 협업의 결과를 얻기 위해서는 노동과 비용(희생)을 감수해야 한다. 투입되는 나의 노동과 비용 대비 협업의 이익과 효과를 고려할

---

6. 리처드 세넷(Richard Sennett), 《투게더(Together: The Rituals, Pleasures and Politics of Cooperation)》, 김병화 옮김, 현암사, 2012(원서 출판: 2012), p. 26.
7. Natalie & Joseph Henrich(2007), *Why Humans Cooperate*, Oxford University Press, 2007. 리처드 세넷의 《투게더》 p. 130에서 인용.
8. "Collaboration," *Wikipedia*, http://en.wikipedia.org/wiki/Collaboration.

수밖에 없다. 협업의 동기는 여기서 생성된다.

협업의 여러 유형은 공존한다. 인간관계의 유형만큼, 조직의 유형만큼, 도구(인터페이스)의 유형만큼 수많은 협업이 존재할 것이다. 사무실에 모여서든, 온라인 공간에서든 각종 커뮤니케이션 수단을 통해 우리는 협업한다. 발레, 연극 등 한 번의 무대 퍼포먼스를 위해 작가, 안무가, 의상 디자이너, 배우, 연주자는 협업한다. 학자들이 학제간 연구를 위해 협업한다.

공통적인 특성은 일정 기간 동안, 일정 공간에서(물리적이든 아니든), 공유된 이익을 위해 거래가 이뤄진다는 것이다. 정보를 공유하고 역할을 조율하고 나만큼 다른 협력자들도 비용과 노동으로 기여할 것이라는 암묵적 기대가 있다. 협업을 위한 모든 활동은 거래transaction 관계라 할 것이다. 우리는 인증샷을 올리면서 그 식당이 어디이고 맛은 있는지 등의 정보를 공유하는 것도 잊지 않는다. 지인들의 관심을 받는 대신 그들에게 정보를 제공하는 노동을 덧붙인다.

위키피디아도 마찬가지다. 내 시간을 희생해 선의의 도움을 주거나 개인의 목적(명성 등)을 위해 협업을 하고 그 결과 방대하고 정교한 공짜 사전을 나눠 가진다. 각자의 공간에서 노동을 하지만 서로 동일한 규칙과 인터페이스를 따라 조직화되며 공유된 가치(사전)를 생산하고 재미, 정체성, 보람 등의 보상을 받는다.[9] 그 밖에 깃허브Github 등 오픈

---

9. Oded Nov, "What motivates Wikipedians?" *Communications of the ACM*, Vol. 50, No. 11, Nov 2007, http://pensivepuffin.com/dwmcphd/syllabi/info447_wi12/readings/wk02-IntroToWikipedia/nov.WikipediaMotivations.CACM.pdf.

소스를 매개로 한 프로그래머들의 협업도 같은 방식으로 작동한다.

전통적 협업의
약화

지금의 수평적인 커뮤니케이션 중심 협업은 역사적으로 여러 단계를 거쳐 진화해왔다. 교회는 전통적인 협업의 대표 사례다. 사제와 신도라는 위계, 공동체의 제도 하에서 주어진 역할이 있고, 의례ritual 등이 행해지고 이에 따라 구성원들 간의 관계도 정해진다. 회사와 같은 조직에서도 마찬가지다. 함께 공통의 목표를 달성하기 위해 위계와 역할 분담을 반영하는 조직도가 존재하고 각 팀별, 부서별 과제와 평가의 규칙이 있다.

물리적 재화를 잉여 생산해서 상인들을 통해 판다고 가정해보자. 이것이 발전하여 대량 생산, 대량 유통, 대량 소비를 만들어왔다면 이것을 위한 최적의 협업 방식이 조직을 지배해왔다고 볼 수 있다. 상품 복제가 쉬운 생산 방식, 절차, 분업, 출퇴근 시간, 관료적 제도 등이 곧 협업의 방식으로 채택될 수밖에 없었다.

그런데 지금은 어떤가? 공장에서 복제되는 물리적 재화보다 가치를 복제할 수 없는 창작물이, 폐쇄된 정보보다 그 연결 규모가 가치를 결정하는 시대가 왔다. 그러자 생산을 위한 절차와 분업보다 합의를 위한 커뮤니케이션에 훨씬 더 많은 시간을 할애하는 상황이 벌어졌다. 하루종일 미팅에 불려 다니다가 정작 업무는 야근으로 이어진다.

재택 근무, 프리랜서, 1인 기업, 스타트업이 많아지는 현상은 이와 같은 가치 생산 구조의 변화, 이에 따른 전통적 협업의 한계에 대한 반증일 것이다. 어디에서 일을 하든 각자의 공간에서 각자가 원하는 시간에 일한다. 대신 서로의 업무를 알고 있고 정보는 투명하다(해야 한다). 커뮤니케이션은 24시간 가능해지고 연결은 지속적이다. 책임도 분산된다. 평생 직장의 개념도 없어졌다. 조직이 아니라 개인이다.

이러한 협업의 변화는 16~17세기 초에 일어난 길드guild의 혁신 패턴과 매우 유사하다. 사회학자 리차드 세넷은 《투게더》에서 어떻게 종교적 권위, 조직의 위계 관계가 약화되는 반면 기술적 발명과 연구, 실험 등이 이뤄지던 길드에서 협업의 혁신이 일어났는지 상세히 설명하고 있다.[10]

이 무렵부터 길드는 실험실, 연구실, 지금의 스타트업처럼 운영되기 시작했다. 사용보다 발명이 먼저 발생했다. 어디에 쓰일지는 나중에 결정되는 것이다. 우연한 발견, 신기한 발견 등을 서로 인정하고 의미를 찾기 위해 작업실 안에서의 대화가 더욱 중요해졌고 커뮤니케이션은 점차 협업의 중요한 방식으로 자리 잡았다.

계속되는 실험과 토론, 공유 등을 통해 가치를 발견해내는 과정은 기존의 협업을 대체하기에 이른다. 물질 생산 중심의 분업과 위계를 통한 공식적 인정(신뢰) 절차가 아니라 커뮤니케이션과 대화dialogic 중심으로 협업이 진화하게 된다. 반대로 기존의 잉여 생산을 위한 관리, 생산성을 위한 절차적 실행, 품질에 대한 커뮤니티의 인증 등은 점차

---

10. 리처드 세넷, 《투게더》, 김병화 옮김, 현암사, 2012, pp. 164-212.

힘을 잃게 된다.[11]

유기적 협업의
진화

협업의 방식은 진화했지만 여기까지만 해도 나의 노동과 비용이 필요한 의식적 협업이다. 철저한 분업과 위계에 따른 협업이든, 커뮤니케이션에 의한 수평적 협업이든 방식은 달라도 본질은 같다. 그런데 지금의 연결된 환경에서 협업의 기준점이 달라지고 있다. 정보재 중심, 연결에 따른 가치 생산, 심지어 현관문·사물·공간까지 서로 연결되고 커뮤니케이션하는 환경이 구성됨에 따라 가치를 만드는 방법이 달라졌기 때문이다. 가치를 만드는 방법이 생산에서 연결로 이동함에 따라, 협업의 개념과 방식도 이 변화를 따라가게 된 것이다.

일을 하든 하지 않든, 연결된 상태의 우리는 누구나가 협업을 지속하는 상태가 되었고 이에 따라 상호작용, 거래의 습관, 의례(관습)가 변화하고 신뢰와 같은 사회관계를 만드는 원리도 통째로 변화하고 있다.

전통적 협업의 전제는 이 과정에서 무력화된다. 더 이상 반드시 노동과 이익을 전제로 하지 않는 것이다. 모든 것이 연결되는 세상에서는 협업의 '동기'를 생각하기도 전에 이미 협업의 '과정'이 이뤄진다. 나도 모르는 사이에 협업하고 있다.

11. 상동.

협업의 진화 (Mutation of Collaboration)

Organic Media Lab, 2015

	전통적(Traditional)	유기적(Organic)
누가(Who)	인간(Human)	연결된 모든 개체 (Every connected entities)
언제(When)	제한된 시간과 기간(Limited time, Period)	항시적, 끊김이 없는(Always, Seamless)
어디서(Where)	제한된 공간(Limited Space)	제한되지 않은, 유동적 네트워크 (Unlimited, Fluid Network)
무엇을(What)	비용과 노동(Cost, Labor)	사용(Usage)
어떻게(How)	거래: 조율, 조정, 공유 등 (Transaction: trade, coordinate, organize, communicate, share)	상호작용 (Interaction: communicate, share)
왜(Why)	공동의, 공유된, 개인의 이익, 결과 중심 (To achieve common, shared, personal interest: financial compensation, self identity, social relationship)	무의식적인, 의도가 없는, 과정이 계속 되는 (Unconsciousness, Unintentional collaboration, None achieved in the process)
예시(Examples)	공연, 협연, 제품 생산 과정, 융합 연구 (Ballet performance, Production process, Academic research)	리캡차, 비트코인, 사물인터넷 서비스 (reChaptcha, Bitcoin, IoT service)

협업의 주체, 목적, 방식 등에서 전통적 협업은 유기적 협업의 형태로 진화하고 있다. 언급된 예시들은 각각 두 유형으로 정확히 구분된다기보다는 변이(mutation)의 정도에 따라 두드러지는 특성을 중심으로 구분했다.

    나와 타인은 직접 거래(상호작용)를 하지 않더라도 유기적 네트워크에 묶여 '지속적' 협업을 수행 중이다. 원하든 원하지 않든 우리의 모든 행동이 이제 데이터로 연결되고 직간접적으로 관계를 생산한다. 우리는 철저하게 미디어(매개자)로 존재하며 링크를 만드는 모든 종류의 행위는 행함과 동시에 모두 협업이 되는 것이다.

    이것은 '일상의 협업' 현상이다. 전통적 협업의 속성을 여전히 띠면서도 별도의 희생과 노동 없이 협업의 결과를 만드는 경우가 생겨난다. '리캡차reCaptcha'는 일상의 무의식적 협업을 단적으로 보여준다.[12] 우리는 회원가입 단계의 인증을 위해 키보드를 치지만 이때 입력한

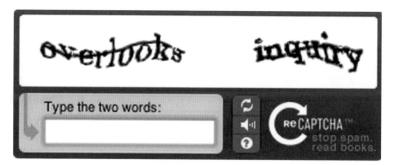

리캡차: 회원가입 등의 컨텍스트에서 컴퓨터가 알아보기 어려운 문자열을 보여주고 인증 대상이 사람인지 컴퓨터인지 식별해내는 프로그램.

단어는 고서의 디지털화에 이용된다.[13] 즉 내 사용 행위usage가 협업의 결과가 된다.

구글의 검색도 유사하다. 우리는 검색어를 입력하고 검색 결과를 읽을 뿐이다. 그러나 어떤 검색어를 순차적으로 입력하고 어떤 검색 결과를 선택했는지, 그 링크를 따라간 다음 다시 구글로 돌아왔는지 등 우리의 이동 경로는 구글의 페이지랭크 네트워크를 최적화하는 데 온전히 사용된다. 우리의 모든 의식적·무의식적 행위가 협업의 과정이다.[14]

다만 이 경우는 입력한 사람 간의 관계도, 어디서 어떻게 입력했는

---

12. Luis von Ahn and Will Cathcart, "Teaching computers to read: Google acquires reCAPTCHA," *Google Official Blog*, Sep 16, 2009, http://googleblog.blogspot.kr/2009/09/teaching-computers-to-read-google.html.
13. Luis von Ahn, "Massive-scale online collaboration," *TEDxCMU*, Apr 2011, http://www.ted.com/talks/luis_von_ahn_massive_scale_online_collaboration.html.
14. 윤지영, 〈미디어 네트워크의 진화〉, 〈오가닉 미디어〉, 개정판, 오가닉미디어랩, 2016.

지도 (아직까지는) 중요하지 않다. 여기까지만 해도 우리는 협업에 참여했지만 네트워크의 실제 노드로 작용하고 있다고 단언하기 어렵다. 반면, 사물인터넷 세상에서는 모든 행위는 연결을 낳고 이 연결은 반드시 협업으로 전환될 씨앗을 낳게 된다. 여기(완전한 연결 상태)서는 모든 것이 동시적synchronous이다. 작용action은 반드시 상호작용interaction을 낳는다. 미디어로서 우리는, 하나로 연결된 유기적 네트워크의 노드로 온전히 전환된다.

연결이(을) 만드는
협업의 가치

이 (상호)작용은 전기에 감전되는 것과 같이 시간의 흐름을 초월한다. 매클루언이 전기 미디어가 '흐르는' 것이 아니라고 지적한 맥락과도 같다.[15] 그러므로 이렇게 순서가 뒤바뀐 환경 즉 관계가 네트워크를 만드는 것이 아니라 네트워크가 관계를 만드는 환경은 기존의 사회관계에 일종의 변이mutation를 가져오게 된다. 유기적 협업의 증후군을 띠고 있는 몇 가지 사례를 짚어보자.

1. 실시간 통신원 네트워크

우버는 연결 비즈니스의 대표 사례다.[16] 운전자-승객의 거래 관계는

---

15. 마셜 매클루언, 《미디어의 이해(Understanding Media)》, 김성기·이한우 옮김, 민음사, 2011(원서 출판: 1964), p. 481.

돈을 주고받으며 발생하지 않는다. 당연히 요금을 지불하지만 미터기도 없고 지갑을 꺼낼 일도 없으니 인터페이스, 즉 지불 과정을 서로 인식하지 못한다. 반면 서로 평판(별점)으로 묶인 협업 관계가 실물 관계를 대신한다.

모든 차량의 위치는 실시간으로 중계된다. 어제 아침 정확한 시간에 엘리베이터를 누를 수 있었던 것은 GPS 센서를 통해 차량의 움직임이 실시간으로 내 애플리케이션에 중계되고 있었기 때문이다. 그런데 이러한 실시간 데이터는 고객-승객 간의 연결(우버로 연결된 커뮤니티 내의 협업)을 넘어 더 넓은 범주로 확장될 수 있다.

도시의 모든 차량이 동일한 방식으로 서로의 위치, 교통을 중계한다면 어떨까? 우리가 돌아다니면서 실시간으로 생산하는 데이터 자체가 되는 것이다. MIT에서 싱가포르를 배경으로 시뮬레이션한 결과는 우리의 상상을 도와준다.[17] 싱가포르의 택시 운행 데이터를 기반으로 연구한 결과, 기존에 운행되는 차량의 1/3 정도면 기존의 수요를 충족시킬 수 있다는 것이다. 우리는 차량 유지비, 보험비, 운전자의 노동 등을 감안해서 서비스를 선택하겠지만 그 결과 우리의 소비(이용) 행위는 협업으로 전환되는 것이다.

16. 윤지영, 〈비즈니스, 미디어가 되다〉, 오가닉미디어랩, 2014년 9월 1일, http://organicmedialab. com/2014/09/01/how-business-is-evolving-into-media/.
17. K Spieser, et al., *Toward a Systematic Approach to the Design and Evaluation of Automated Mobility-on-Demand Systems: A, Case Study in Singapore*, MIT, 2014, http:// dspace.mit.edu/openaccess-disseminate/1721.1/82904.

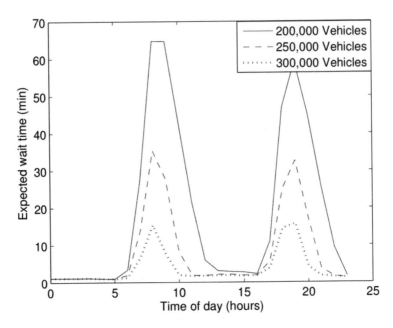

차량 20만 대가 운행될 경우 예약부터 탑승까지 3분 이내, 교통이 혼잡한 시간에는 도시에 30만 대의 차량이 있으면 15분 이내에 연결될 수 있다. (K Spieser, K Treleaven, et al., *Toward a Systematic Approach to the Design and Evaluation of Automated Mobility-on-Demand Systems: A, Case Study in Singapore*, MIT, 2014, Figure: Average wait times over the course of a day, for systems of different size)

2. 모든 개체의 노동 네트워크

앞으로는 길을 걷고 운동을 하고 음악을 듣고 화분에 물을 주는 일상의 하찮은 모든 행위가 협업이 될 것이다. 아직은 시작 단계에 있지만 센서들의 노동에 기반한 협업은 영향 범위를 크게 확대할 것이다. 우리가 입고 소지하게 될 각종 센서, 집과 공공 장소, 거리에 탑재되기 시작한 각종 센서는 서로 소통한다. 협업을 하는 노드의 범위가 인간뿐 아니라 모든 종류의 연결된 개체들로 확대되는 것이다.

협업을 위한 선순환
(Virtuous cycle for collaboration)

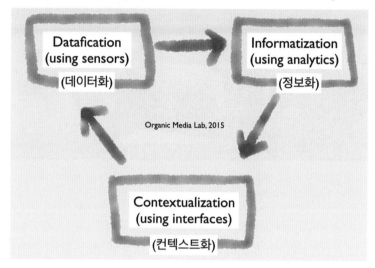

센서들의 협업을 만들기 위해서는 가장 먼저 데이터화(Datafication)가 필요하다. 수많은 기록에서 의미있는 정보(Informatization)를 만들고 사용자의 상황에 맞게 가치를 추출하고 전달(Contextualization)하는 과정이 있어야 협업 네트워크가 가능하다.

현관 문에 달린 잠금 장치, 소중한 물건에 붙인 스마트 태그 등은 유기적 협업이 왜 사물인터넷의 동력이 될 것인지 보여준다. 현관의 잠금 장치는 연결된 경비원이다. 잃어버린 물건에 부착된 태그는 서로 협업한다. "지갑을 찾아주세요"라는 메시지를 받을 필요도, 내 시간을 쪼개어 정의로운 마음으로 주변을 살펴볼 필요도 없다. 센서가 센서를 인지한다. 내 애플리케이션의 노동이 협업 네트워크를 만드는 것이다.[18]

앞선 단락에서 언급한 테슬라의 '플리트 러닝Fleet Learning'도 일상의

테슬라의 완전 자율 주행 데모 영상. (https://www.tesla.com/videos/autopilot-selfdriving-hardware-neighborhood-long)

협업의 전형적인 사례다. 테슬라 차들은 8대의 카메라, 레이더, 초음파 센서 등을 이용하여[19] 주행 및 지도 데이터를 수집할 뿐 아니라 그림자 모드shadow mode,[20] 즉 오토파일럿을 끈 상태에서는 마치 오토파일럿 소프트웨어를 테스트하는 것과 같은 결과를 수집한다datafication. 이러한 방대한 양의 데이터를 분석하여 오토파일럿 소프트웨어를 향상

---

18. 그런 면에서 협업의 영문 표기 'collaboration'에서 노동을 뜻하는 'labor' 개념은 여전히 유효하다고 해야 할지도 모르겠다. 다만 인간의 노동이 아니라 센서들의 노동이다.

19. Fred Lambert, "A look at Tesla's new Autopilot hardware suite: 8 cameras, 1 radar, ultrasonics & new supercomputer," *Electrek*, Oct 20, 2016, https://electrek.co/2016/10/20/tesla-new-autopilot-hardware-suite-camera-nvidia-tesla-vision/.

20. Jordan Golson, "Tesla's new Autopilot will run in 'shadow mode' to prove that it's safer than human driving," *The Verge*, Oct 19, 2016, http://www.theverge.com/2016/10/19/13341194/tesla-autopilot-shadow-mode-autonomous-regulations.

한 후informatization, 이를 자동으로 업데이트OTA update하여 더욱 안전하고 편리한 자율 주행이 가능하도록 돕는다contextualization.

여기서 운전자들은 단지 자신의 목적지로 직접 또는 오토파일럿으로 운전할 뿐이지만 모든 테슬라 운전자를 위해 오토파일럿 소프트웨어를 테스트하고, 주행 및 도로 정보를 수집하는 것과 같다. 모든 운전자가 하나의 유기체처럼 연결되어 있다.

전통적 협업과는 달리 유기적 협업은 참여자의 수가 늘어나면 늘어날수록 그 효과가 커진다. 네트워크 효과에 따른 것이다. 여기서는 규모가 협업을 만든다. 교통, 방범, 보험, 사물, 통신 등 비즈니스의 경계 없이 노드가 이어질수록 유기적 협업의 영향력은 폭발할 것이다. 여기서는 미디어로서 우리의 역할이 소비자로서의 나를 압도하게 된다.

3. 블록체인과 거래 네트워크

유기적 협업이 없으면 존재 자체가 불가능한 시스템도 있다. 예를 들어 비트코인의 블록체인 메커니즘이 그렇다.[21] 비트코인 네트워크에서는 암묵적 약속이나 도의적 책임을 기반으로 거래가 일어나지 않는다. 하지만 블록체인 메커니즘은 서로의 돈을 안전하게 거래하고 지켜주는 거대한 신뢰 네트워크를 만든다. 공동의 목적이 존재하는 대신 비트코인 네트워크에서는 매개자와 매개의 결과만이 존재한다.

누군가를 믿고 말고 할 필요도 없다. 거래가 일어나면 일어날수록 네

---

21. 노상규, 〈비트코인 사례 연구 (2): 사용자 참여와 유기적 협업〉, 《오가닉 비즈니스》, 오가닉미디어랩, 2016.

트워크가 진화하게 된다. 여기서의 협업은 대단한 결심이나 목적지향적 수단이 아니다. 채굴, 거래 등 모든 참여 행위가 곧 협업이 된다는 점이 핵심이다. 자세한 원리는 이어지는 글에서 상세히 다룰 것이다.

우리,
하나의 협업 유기체

지도 서비스, 사물인터넷, 자동차, 블록체인의 가치는 참여자들의 협업이 만든다. 소프트웨어, 알고리즘, 센서, 자동차라는 제품은 이 협업이 무의식적으로, 지속적으로, 끊김이 없이 일어날 수 있도록 도와주는 장치일 뿐이다. 우리를 포함한 모든 개체의 협업이 만드는 링크가 없으면 이 장치들의 가치는 보잘것없다.

우리의 모든 행동이 반드시 상호작용을 유발한다는 것은 연결이 지배하는 세상의 법칙이다. 1:1의 단절되고 폐쇄된 관계가 아니다. 모든 것이 새로운 컨텍스트를 만드는 매개 상태에 있다. 우리의 모든 행위는 목적에 관계없이 반드시 이차적인 결과(추천, 홍보, 연결, 승인 등)를 낳고 사소하고 반복적인 소비 행위가 거대한 네트워크를 만든다. 연결된 세상의 가치를 만든다.

일상의 모든 데이터가 원자로 연결되는 세상은 모두가 하나처럼 유기적으로 움직이는 세상을 의미한다. 이제 떼려야 뗄 수 없는 상호의 존적 관계로 모든 개인이, 개체가 묶이게 되었다. 이 시대의 개인에게는 사회관계에 대한 질문으로, 사업자들에게는 업의 작동 방식에 대한 고민으로 이어질 것이다. 각각의 제품, 서비스, 콘텐츠 자체를 가치로 여겼던 시대가 가고 있다. 그 대신 상호의존적인 매개자의 주도 하에 협업 네트워크가 가치를 만드는 세상이 오고 있다. 모든 개인, 개체가 협업 관계로 재편됨에 따라 네트워크 전체가 분산된 듯 유기적으로 작동하는 시대가 오고 있다. 개념적으로 오는 것이 아니라, 물리적으로 이미 와 있다.

이러한 협업은 연결된 세상의 '사회성socialité'[22]을 보여주는 중요한 단면이다. 직접 대화하지 않아도 이 과정에는 예절도 의례(리듬)도 있다. 정보를 공유하고 데이터를 공개하고 규칙을 따르는 과정이 있다. 폐쇄나 속임수보다 공유와 투명성이 가치를 창출한다는 것을 서로 가르쳐 주고 있다. 우리는 일상에서 쉽게 연대하지 않는 개인으로 보일수 있다. 그러나 이벤트가 발생할 때 어떻게 연대할 것인지 무의식적으로 알고 있다. 매개자로서 나는, 내가 생산하고 관여하는 네트워크 안에 있기 때문이다.

여기서 중요한 것은 협업의 결과가 아니다. 오히려 끊김이 없는 협업의 '과정'이 중요하다. 여기에는 끝이란 좀처럼 존재하지 않는다. 완성되지 않고 완성을 목표로 하지도 않는다. "그러므로 작용은 '역동적'이다une interaction toujours inachevée et donc dynamique."[23]

언젠가 유기적 협업이 만드는 네트워크는 '대의'로 표출되는 사회적

---

22. '사회성(socialité)'은 국가·조직, 사회적 제도와 계약, 합리적(rational) 절차 등에 기반을 둔 근대적(modern) 사회(관계)에 대비된다. 짐멜(Simmel)과 마페졸리(Maffésoli)의 사회적 상호작용에 근거를 두되, 일상의 불규칙한 여러 단면과 형태(form)가 유기적으로 만드는 사회적 역동성을 강조하기 위해 사용했다.

23. Michel Maffésoli, *L'ordre des choses: penser la postmodernité*, CNRS, 2014.

계약과 존재 방식을, 공급-소비로 세워진 시장의 원리를 대체할지 모른다. 이 과정에서 우리를 규정하는 집합 관계는 끝없이 변이할 것이다. 우리의 무의식적 연결이 만드는 유기적 협업의 세상이 거대한 파도처럼 오고 있다. 일상의 사소함 속에서.

04 우리가 은행이다
We are the Bank

이 글은 비트코인 네트워크에 온전히 할애되었다. 비트코인은 "수학적 증거cryptographic proof에 기반한 지불시스템"으로 일종의 가상 화폐다.[1] 처음에는 비트코인이 신기하고 반가웠다. 어떻게 이렇게 제품·서비스의 네트워크화 현상을 한 몸에 설명하는 시스템이 있는지 놀라웠고 한번은 정리해야겠다고 결심했다. 그런데 마음처럼 쉽지가 않았다. 내용을 파면 팔수록 미궁에 빠졌고 모든 이슈는 서로 네트워크로 얽혀 있었으며, 구조는 상상을 초월하게 정교했다. 이런 과정에서 도출한 한 가지 사실은, 이것은 이전 통화 시스템과의 완전한 결별이며, 그

---

1. 노상규, 〈비트코인 사례 연구 (1): 네트워크의 작동 원리와 적용〉, 《오가닉 비즈니스》, 오가닉미디어랩, 2016.

자체가 유기적으로 진화하는 네트워크의 사례라는 것이다.

돈의 역사는 사회적 관계의 역사다. 돈은 사회적 산물임과 동시에 사회적 관계를 중재하고 구조화하는 매개체다. 재화의 교환에 따른 사회관계, 노동과 분업 시장, 상업의 발달, 사회 공동체, 심지어 개인의 인격과 주체성 등은 돈의 진화와 분리될 수 없는 사회관계의 형식들이다.[2] 특히 거래가 발달함에 따라 그 수단과 방식은 국가와 같은 최고 기관, 공공 권력에게 위탁되어왔다. 이들에 의해 가치는 환산되고 거래는 보장되었다.

물리적 재화에서 점차 분리되고 실체 가치를 상실할수록 기능적 가치는 더욱 높아졌고, 특정 지역의 거래에 국한되지 않고 광범위해졌다. 추상성이 커지면 커질수록 거래를 매개하는 중앙 기관들의 권위와 영향력은 더욱 커질 수밖에 없었다. 이러한 중앙통제적 방식 없이 돈이 기능하는 것은 원칙적으로 불가능했다. 이것이 돈의 본질이다.[3]

그런데 비트코인에서의 거래는 우리가 지금까지 알고 있던 신용credit 또는 오래된 신뢰trust, 인증된 기관에 대한 신뢰가 없어도 가능하다는 것이 문제다. 권력기관에 의한 통제가 해체되고 하나의 사소한 거래가 전체 네트워크에 필연적으로 영향을 미친다. 돈의 본질의 진화가 아닌가.

모든 연결은 정보의 거래이자, 거래의 기록이다. 비트코인은 돈의

---

2. 게오르그 짐멜, 《돈이란 무엇인가》, 김덕영 옮김, 도서출판 길, 2014(원서 출판: 1880~1900). 1900년에 발간된 《돈의 철학》의 예비 연구들을 모아서 번역한 책이다.
3. 상동, pp. 243-248.

'링크화'를 통해 이 원리를 입증하고 있다. 연결된 세상의 가치가 왜 링크에 있는지, 거래의 산물이 왜 네트워크인지 보여준다. 그 결과는 기술적 이슈를 넘어선다. 금융시장의 이슈를 넘어선다. 그보다 어떻게 중앙에 집중된 통제의 시대가 가고 권력이 분산된 네트워크의 시대가 오고 있는지 증명하고 있다.

지금부터 비트코인 네트워크의 원리를 세 가지 관점으로 살펴보고, 이것이 왜 사용자의 참여에 의해 기존 시스템이 붕괴되는 증후군인지 시사점을 정리하겠다. 첫째, 이 네트워크에서 비트코인 즉 돈은 노드가 아니라 '링크'다. 문제의 핵심은 여기서 시작된다. 둘째, 거래가 단발적인 1:1 관계로 끝나지 않는다. 연결이 연쇄적으로 지속된다. 여기서 네트워크의 기반이 정립된다. 셋째, 이 과정에서 모든 참여자는 스스로 은행이 된다. 여기서 분산된 네트워크가 자생적으로 구축되고 보완되며 성장한다.

노드가 아니라 링크다

물품을 직접 맞바꾸던 시대가 있었고, 소금이나 곡식, 가축과 같은 소재를 교환수단으로 사용하기도 했다. 산업과 무역이 활성화되자 금화와 같은 규격화된 동전, 문서(지폐) 형식으로 금과 맞교환이 가능한 태환화폐가 통용되었는데, 이는 비교적 최근까지(미국에서 금태환 거부를 선언한 1971년까지) 계속되었다. 그다음이 우리에게 가장 익숙한 지금의 종이화폐다.[4]

비트코인은 링크다 (Bitcoin as a Link)

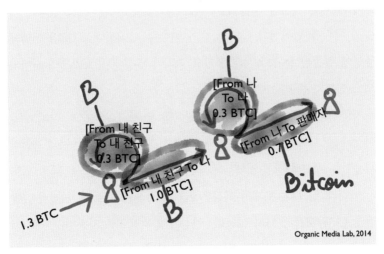

비트코인은 항상 송신자와 수신자 관계를 내포하며, 비트코인을 보낸다(지불한다)는 것은 신규의 비트코인을 두 번 발행(To 수신자, To 나)하는 것과 같다. 비트코인은 From과 To를 내포하는 '링크'다.

그런데 100원, 1000원 하는 돈이 링크라니 이 무슨 어처구니 없는 말인가? 돈은 받아서 손에 쥘 수 있고 주머니에 넣을 수 있는 물리적 재화였다. 그런데 이것이 네트워크의 링크라니 말이 되는가? 비트코인에서는 코인이 (노드가 아닌) 링크가 됨에 따라 기존의 화폐 시스템과 근본적인 차이를 만든다. 이것은 조개에서 금으로, 금에서 종이로, 종이에서 데이터(숫자)로 돈을 상징하는 표식, 가치를 담는 수단(컨테이너)이

---

4. 돈의 사회학적 해석은 이 글에서 자세히 다루지 않는다. 돈에 대한 심리, 철학, 사회학을 다룬 짐멜의 방대한 역작 《돈의 철학》을 참고하기 바란다. (게오르그 짐멜, 《돈의 철학》, 김덕영 옮김, 도서출판 길, 2012(원서 출판: 1900))

진화하는 문제가 아니다. 돈의 개념 자체가 바뀌는 문제의 시작이다.

옆의 스키마는 이와 같은 화폐의 생성 과정을 알기 쉽게 설명한 것이다. 비트코인 거래에서는 코인과 거래가 1:1로 매핑이 된다. 즉 거래 횟수만큼 비트코인이 새로 생성되는데, 돈을 지불하는 당사자가 비트코인 거래를 할 때마다 코인을 발행한다고 생각할 수 있다. 스키마를 보면서 하나씩 살펴보자.

내가 1비트코인BTC을 가지고 있는데 판매자에게 0.7BTC을 지불하는 경우다. 보통은 내가 가진 1만 원에서 7000원 내고 3000원을 거스름돈으로 받는다. 그러니 왜 새로운 비트코인의 발행이라고 하는지 이해가 안 갈 것이다. 그런데 비트코인에서는 잔돈이 오가지 않는다. 결국 거래를 완료하기 위해 두 개의 코인이 새로 만들어지는 구조로 되어 있다.[5] 하나는 내가 판매자에게 보내는 액면 0.7BTC이다. 다른 하나는 내가 나에게 보내는 액면 0.3BTC이다. 이 거래가 이뤄지면 내가 가지고 있던 1BTC은 폐기된다.

주목할 점은 0.7BTC을 누가 보냈고 어디로 갔는지가, 즉 수신자와 송신자 관계가 반드시 비트코인에 내포되어 있다는 것이다. 편지나 부동산 등기를 떠올리면 된다. 그러므로 비트코인에서는 금액이 같아도 같은 코인이 아니다. 설령 내가 친구에게서 0.7BTC을 받아 판매자에게 0.7BTC을 보낸다고 해도 이 둘은 다른 코인이 되는 것이다. 예를 들어 "From 친구 To 나"와 "From 나 To 판매자"가 각각의 코인에 기

---

5. "Change," *bitcoinwiki*, https://en.bitcoin.it/wiki/Change.

록된다. 송수신 관계 없이는 코인 자체가 존재할 수 없다.

이에 따라 코인은 "(보내는) 비트코인 주소와 (받는) 비트코인 주소를 연결하는(가중치를 가진) 링크"라고 정의할 수 있다. 코인이 링크가 되는 순간 통화 구조는 근본적으로 변화할 수밖에 없다. 이것이 거래의 투명성, 거래 중재의 분권화, 시스템의 유기적 진화를 가능하게 하는 출발점이다.

모든 거래가 연쇄적으로 연결된다

비트코인은 비트코인의 연결이다. 비트코인이 링크라는 것도 충격적인데 이것은 또 무슨 수수께끼 같은 말인가? 이것을 이해하기 위해 우선 비트코인의 정의를 환기할 필요가 있다. 비트코인의 창시자 사토시 나카모토는 "비트코인은 코인 소유주의 디지털 서명의 연결a chain of digital signatures"이라고 정의하였다.[6] 디지털 서명이란 공개키 암호화를 기반으로 문서의 송신자와 문서의 진위를 확인하는 방법이다(자세한 내용은 〈비트코인의 주소, 거래, 그리고 지갑〉을 참조하기 바란다[7]).

비트코인 맥락에서는 비트코인을 보낸 사람(from)이 누구인지 확인하는 방법에 해당한다. 그러므로 비트코인 거래란 보내는 사람(from)

---

6. Sathoshi Nakamoto, "Bitcoin: A Peer-to-Peer Electronic Cash System," 2008.
7. 노상규, 〈비트코인의 주소, 거래, 그리고 지갑〉, 오가닉미디어랩, 2014년 2월 20일, https://organicmedialab.com/2014/02/20/bitcoin-addresses-transactions-and-wallets/.

비트코인은 네트워크다
(Bitcoin as a Network)

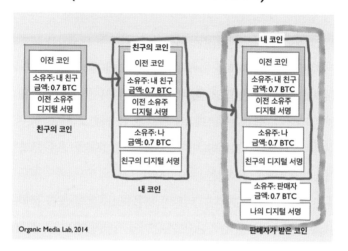

비트코인은 디지털 서명의 연결이다. 내가 받은 비트코인은 이전 사람(그림에서는 내 친구)이 받은 비트코인에 내 친구의 디지털 서명이 더해진 덩어리다. 내가 제3자(그림에서는 판매자)에게 코인을 지불할 때도 내 서명이 더해지는데, 이 디지털 서명들의 기록이 모두 누적된 상태로 거래가 계속 이뤄지는 것이다.

이 자신의 코인에 받는 사람의 주소(to)와 발행 금액을 더하고, 여기에 보내는 사람이 디지털 서명을 함으로써 만들어지는 것이라고 하겠다.[8] 받은 사람은 디지털 서명을 확인하여 코인의 진위를 판단하게 된다.

위의 그림은 누적되는 거래 상황을 도식화한 것이다. 이해를 돕기 위해 1개의 코인으로 1개의 새로운 코인을 생성하는 경우를 나타냈지

---

8. 단순화를 위해 해시 과정은 생략한다.

만 실제로는 2개 이상의 코인으로 2개의 새로운 코인을 생성하는 경우도 많다.[9]

다시 말하면 비트코인은 이전 비트코인(거래)을 포함하고, 이전 비트코인은 그 이전 비트코인(거래)을 포함한다. 결국 비트코인은 과거의 거래 기록을 온전히 포함하는 거래의 네트워크인 것이다. 친구가 준(즉 from 친구 to 나) 액면 1BTC을 10개 가지고 있다고 가정하면 이 10개의 비트코인은 전부 각자의 히스토리를 기록으로 가지고 있다. 모든 비트코인이 과거의 거래를 포함한 네트워크가 됨에 따라 거래는 투명할 수밖에 없고 경우에 따라 끝까지 추적도 가능하다.

예를 들어 비트코인 거래소 '비트인스턴트BitInstant'의 CEO 찰리 슈렘 Charlie Shrem이 비트코인 불법 거래로 체포된 사건이 있었다.[10] 실크로드라는 불법 마약 거래 사이트 사용자들에게 100만 달러 이상의 비트코인을 판매했을 뿐만 아니라 본인 스스로도 마약 거래에 참여한 사실이 밝혀진 것이다. 비트코인을 잘못 이해한 기자들은 무기명 거래를 추적할 수 없어서 생긴 폐해라고 보도하기도 했다. 그런데 사실은 그 반대다. 이 범행은 비트코인이 추적 가능한 네트워크이기 때문에 밝혀졌다. FBI는 실크로드 사이트 관련 모든 자료를 압수수색했는데 그 안에는 비트코인의 모든 거래 관계가 남아 있었고, 이를 바탕으로 범죄자를 체포하는 것까지 가능했던 것이다.

---

9. "Why do some transactions have multiple inputs from the same address?" *Bitcoin Forum*, https://bitcointalk.org/index.php?topic=142390.0.
10. Rob Wile, "CEO of Bitcoin exchange arrested," *Business Insider*, Jan 27, 2014, http://www.businessinsider.com/report-ceo-of-major-bitcoin-exchange-arrested-2014-1.

기존 화폐 시스템에서는 돈을 주고받으면 거래가 끝난다. 그러나 비트코인에서는 1:1 관계로 끝나는 거래가 없다. 네트워크에서 분리된 단 하나의 코인도, 거래도 존재할 수 없으며 코인이 발행되고 거래가 지속될수록 연결은 늘어나고 네트워크는 성장한다. 여기서 각자는 목적에 따라 1:1로 거래를 하겠지만 그 결과는 전체를 움직이는 작용이 된다. 이러한 속성이 금융의 중앙집권적 구조를 통째로 해체하게 되는 것이다.

우리가 은행이다

코인이 모두 연결된 링크가 되고, 거래가 히스토리를 포함한 네트워크가 됨에 따라 거래자는 매개자, 즉 시스템 전체를 능동적으로 움직이는 주체로 전환된다. 은유적으로 그렇다는 것이 아니라 실제로 물리적 노드로서 네트워크를 직접 움직인다. 우리가 직접 화폐를 발행하고 거래를 승인하고 화폐의 가치를 결정하며 서로의 보안을 책임지는 것이다. 여기서는 부자, 정부, 은행이라는 허브hub가 없다. 그 누구도 이 네트워크를 인위적으로 통제할 수 없는 대신 참여자 전체가 은행이 된다.

1. 화폐의 발행
이미 설명한 바와 같다. 여기서는 거래 즉 네트워크의 소비가 곧 화폐의 발행이다. 거래를 할 때마다 기존의 화폐를 폐기하고 새로운 화폐가 발행된다. 또 새로운 비트코인의 공급은 채굴자들에 의해 이루어진다. 화폐를 공급하고 주조하는 기존의 중앙은행 시스템의 역할을 모든 거래자가 나눠서 수행하는 셈이다.

2. 거래의 기록 및 승인

비트코인 네트워크에서는 거래가 일어나면 이에 대한 승인을 특정 기관이 하지 않는다. 네트워크 참여자 전체가 한다. 거래가 일어나면 네트워크에 참여하는 노드 즉 채굴자miner에게 이 사실이 알려진다. 채굴자들은 실제로 일어난 거래 행위를 공식화하고 네트워크에 그 기록을 남기게 되는데, 이 과정을 채굴mining이라고 한다(채굴의 자세한 목적과 작동 방식 등에 대해서는 〈비트코인 사례 연구(2): 사용자 참여와 유기적 협업〉 참고[11]).

하나의 거래 승인은 '블록block'에 기록되고 이 블록을 이전의 블록에 이어감으로써 블록체인blockchain을 형성하게 된다. 이때 노드 즉 채굴자들의 컴퓨터는 복잡한 수학 연산을 수행하며 돈을 버는 목적으로 사용되지만 그 결과는 전체 거래 네트워크가 안정적으로 작동하는 데 쓰인다. 'Proof of work'으로 알려진 협업 기반의 거래 승인 과정이다. 네트워크 관점에서 보면 채굴자는 단순히 코인을 캐는 사람이 아니라 네트워크를 지속·강화·확장하는 매개자의 역할을 하게 된다.

---

11. 노상규, 〈비트코인 사례 연구(2): 사용자 참여와 유기적 협업〉, 《오가닉 비즈니스》, 오가닉미디어랩, 2016.

3. 시스템의 보안

거래 메커니즘이 참여자 전체를 통해 분산된 형태로 작동함에 따라 시스템 보안의 주체도 달라진다. 기존 방식은 보안을 위임받은 소수가 전체 네트워크를 책임진다. 예를 들어 은행의 보안 시스템은 선과 악 (해킹)을 가려내고 악의 침입을 각종 기술을 동원해서 막는 방법이다. 그러나 모든 것이 연결되는 세상에서 이렇게 소수가 전체 네트워크를 책임지는 방식은 이미 한계에 이르렀다.

반면 비트코인의 시스템은 완전히 분산된 신뢰 네트워크를 형성한다.[12] 여기서는 블록체인을 만들며 거래 승인에 참여하는 채굴자 중에서 악이 과반수를 넘지 않으면 보안이 유지된다. 누군가 슈퍼 컴퓨터를 동원해 해킹을 하려 한다면 그 파워가 비트코인 전체 채굴자의 컴퓨팅 파워를 합친 것보다도 커야 하는 것이다. 즉 비트코인 시스템에서는 참여자 전체가 서로의 보안을 책임진다. 누군가를 믿고 권한을 위임하는 것이 아니다. 유기적 협업이 만드는 유기적 보안이다.

물론 이 세 가지는 개별적이지 않고 상호의존적으로 작동한다. 화폐의 공급과 거래의 승인 및 보안이 선순환으로 작동하며 네트워크를 형성한다. 이로 인해 시스템의 주체가 은행에서 참여자(매개자)로 이동하는 것까지 가능해진다. 지금으로서는 비트코인을 대표 사례로 언급했지만 물론 누가, 어떤 시스템이, 어떤 네트워크가 이 현상을 이끄

---

12. A. Antonopoulos, "Bitcoin Security Model: Trust by Computation," *Forbes*, Feb 20, 2014, http://www.forbes.com/sites/oreillymedia/2014/02/20/bitcoin-security-model-trust-by-computation/.

는 주인공이 될지는 알 수 없다. 다만 분명한 것은 기관이 누군가에게 권한을 부여하는 방식으로는 업의 진화가 불가능하다는 점이다. 이런 협업 네트워크는 (통제 대신) 사용자의 행위에 따라 발달, 성장, 쇠퇴, 소멸을 경험할 뿐이다. 핵심은 시대의 상징인 화폐가 이미 '형태변이'를 시작했다는 사실이다.

매개자가 만드는 오가닉 네트워크

흥미롭게도 비트코인의 작동 원리는 실제로 소셜 네트워크, 콘텐츠 네트워크, 제품 네트워크 등 지금까지 이 책에서 분석한 모든 네트워크의 작동 원리와 일맥상통한다. 링크는 매개자와 분리되지 않는다. '내가 이 제품을 이렇게 리뷰했다'는 콘텐츠와 제품과 나는 서로 분리되지 않는다. 제품이 좋다는 평가는, 평가를 한 사람 때문에 가치가 있다. 사용자와 제품의 가치가 분리되지 않는다. 비트코인에서 코인이 링크라는 사실 즉 거래 사실이 거래의 주체(송신자, 수신자)와 분리되지 않는 링크라는 사실과 연결된다.

이러한 링크는 실제로 연쇄적 관계를 만든다. 리뷰는 전달되고, 공유되고, 다시 리뷰되고, 소비되면서 연쇄적 관계를 지속적으로 생성한다. 그 결과가 제품의 네트워크로 나타나는 것이다. 비트코인이 비트코인의 연결이라는 사실은 기술적으로, 수학적으로만 존재하는 관계를 의미하지 않는다. 연결된 세상의 모든 링크 관계, 매개체의 관계들을 설명하는 하나의 방식인 것이다. 여기서 매개자로서 우리는 스스로 은행이며 미디어이며 상점인 것이다.

화폐는 달러, 원화, 동전, 지폐 등과 같은 물리적 단위가 아니라 어디든 흘러다니고 어디서든 연결되는 링크가 되고 있다. 제품은, 서비스는, 콘텐츠는 더 이상 소비할 대상, 물리적 단위가 아니라는 것과도 같다. 이들을 매개로 만들어지는 네트워크가 궁극의 산물이다. 네트워크로 보면 사용자, 소비자, 거래자, 유권자가 모두 매개자가 된다. 이에 따라 사업자, 공급자, 은행, 정당 등에 집중되었던 권력이 해체되고 분산decentralization되는 현상이 일어날 수밖에 없는 것이다.

국경이나 지역을 기반으로 화폐를 나누거나 통제하지 않고 낱낱이 흩어진 우리가 매개자가 되어 네트워크의 전체를 움직이기 시작했다. 소수가 시스템을 통제하고 보안하는 것이 거의 불가능하다는 사실은 이미 입증되고 있다. 매개자 전체가 상호의존적 관계로 묶여 서로의 보안을 책임지고 가치를 조율하는 구조가 도처에서 발생하고 있다. 새로운 방식의 협업 모델이자 연결된 세상의 사회구조를 보여주는 표상이다. 오가닉 미디어 세상이 어디로 진화해가는지 보여주는 중요한 시그널이다.

신뢰의 네트워크

Trust Network

브랜드는 네트워크다
(Brands are Networks)

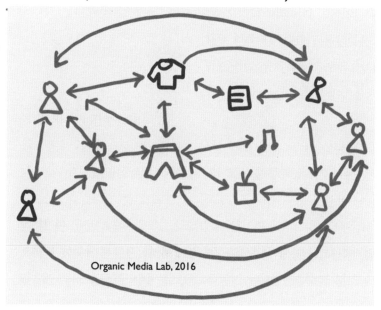

Organic Media Lab, 2016

제4부에서는 연결의 결과로서 브랜드의 본질적 진화를 다룬다. 안과 밖이 없는 세상에서 겉과 속이 같은 브랜드는 모두의 숙제가 되었다. 이 과정에서 브랜드가 어떻게 '인상impression'에서 네트워크로 진화하는지, 어떻게 브랜드의 실체가 드러나는지 알아본다.

이 책의 모든 이야기는 필연적으로 신뢰 네트워크로 귀결된다. 연결된 세상에서 신뢰의 메커니즘은 진화하고 있다. 이것이 어떻게 사회의, 시장의, 관계의 질서를 새로 세우고 있는지 결론에서 조망한다.

01 브랜드는
네트워크다
Brands are Networks

지금부터 세 가지 동떨어진 에피소드를 소개하려고 한다. 여러분은 이야기를 다 듣고 세 이야기의 공통점이 무엇인지 추측해주시면 된다.

다른 사례,
같은 시사점

1. 노푸(No-poo)

앞선 글에서 잠시 언급했지만 나는 노푸어다. 머리를 감는 데 샴푸, 비누 등 화학 성분이 들어간 제품을 사용하지 않는다. 두피에 항상 문제가 많아서 오랫동안 고민을 했는데 몇 년 전부터 대단한 용기를 내었다. 이 멀고도 험한 길을 결심하게 해준 것은 인터넷에서 찾게 된 블로

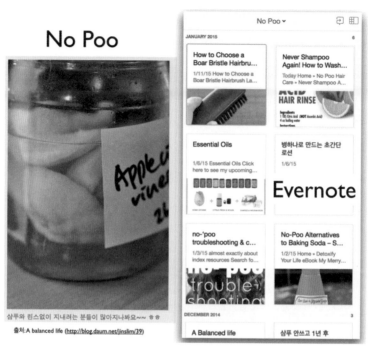

출처:A balanced life (http://blog.daum.net/jinslim/39)

노푸 관련 온갖 정보, 제품, 피부 타입, 두피 타입, 일상의 스토리 등 끝없는 블로거들의 이야기와 체험이 이어져 있다. 왼쪽 이미지는 내가 결정적 결심을 하게 도와준 진진님의 블로그 이미지. 오른쪽은 검색 노동으로 찾아낸 정보를 모아놓은 공간(에버노트)이다.

거들의 수많은 간증이었다.[1]

노푸하는 방법, 부작용이 뭐냐, 베이킹소다를 쓸 것이냐 말 것이냐, 쓴다면 농도는 어떻게, 어떤 용기에 넣어서, 꿀로 대신하면 안 되나 등 정보를 입수하면 할수록 토끼굴에, 미로에 빠졌다. 더 많은 정보가

---

1. JinJin, 〈샴푸 안 쓰고 1년 후〉, A Balanced Life, 2013년 11월 10일, http://blog.daum.net/jinslim/39.

필요했고 파면 팔수록 더 의심이 가기를 반복했다. 그렇게 검색 노동을 수없이 하다 보니 어느새 쌓이는 확신이랄까. "그래, 이제 직접 해보는 수밖에 없어." 그렇게 나의 노푸 생활은 시작되었고, 이제 욕실에서는 천연 베이킹소다와 사과식초가 샴푸와 린스의 자리를 대신하고 있다.

2. 국민 내비, '김기사'

나는 오랫동안 김기사의 통신원으로 활동했다.[2] 내가 그렇듯 김기사를 써온 독자들도 마찬가지다. 돈도 받지 않고 통신원으로 일해왔다는 말인가? 운전을 하면서 시시각각 김기사에게 '아까보다 이만큼 왔어요' 보고하고 '여기는 막히네요' 알려주는 것이다. 김기사에 연결된 우리는 실시간으로 교통정보를 알려주고 최적의 정보를 제공받는, 서로가 서로의 통신원이고 매개자들이었다.[3]

그뿐만이 아니다. 김기사는 초기부터 많은 사용자들이 마케터로 기여해왔다. 김기사는 개방적이고 직접적인 고객 커뮤니케이션으로 유명했다.[4] 초기에는 물리적으로 콜센터를 운영하기가 어려워서 하는 수 없이 대안으로 시작한 것이 다음 카페(지금은 네이버 카페)다.[5] 카페의 참여

---

2. 김기사는 2010년 5월 설립된 ㈜록앤올(LocNall)에서 2011년 3월 출시한 내비게이션 서비스다. 2015년 5월에 카카오에 인수되어 현재는 '카카오내비'로 이름이 변경되었지만 이 글은 인수되기 전까지 김기사의 브랜드가 어떻게 형성되었는지를 이야기하고 있다.

3. 윤지영, 〈네트워크가 제품이다〉,《오가닉 마케팅》, 오가닉미디어랩, 2017.

4. 루시홍, 〈국민내비 김기사 창업 그리고 도전〉, 루시홍의 공책, 2013년 3월 18일, http://lucyhong. blogspot.com/2013/03/blog-post_18.html.

5. 2014년 12월 11일 ㈜록앤올 박종환 대표 인터뷰.

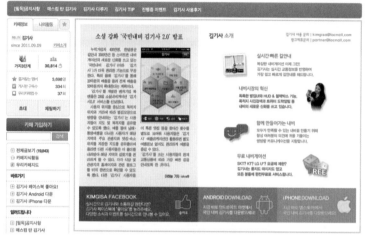

서비스 오픈 이전부터 출발한 김기사 공식 카페는 사용자와의 중요한 소통 공간이자 업무용 게시판이었다.

자들이 늘어나면서 김기사의 기능에 대한 각종 피드백, 안드로이드 기종별 애플리케이션 테스터 등이 자발적으로 생겨났다. 개방적인 양방향 커뮤니케이션 과정에서 고객은 김기사의 직원이 되었고 입소문을 활성화하는 데도 긍정적 요인으로 작용했다. 김기사 서비스 성장의 중요한 견인 요소로 작용한 것이다. 나도 틈만 나면 김기사 자랑을 했다.

3. 전기자동차, '테슬라'

나는 테슬라 모델3의 출시를 노심초사 기다리고 있다. 태양열을 이용한 무료 전기충전소 등 테슬라를 수식하는 많은 매력 포인트가 있다. 무엇보다 테슬라는 자동차라기보다는 '세상에서 가장 빠른 컴퓨터'라는 표현이 어쩌면 더 어울릴지도 모르겠다.

아래의 동영상은 테슬라의 광고 영상이다. 이 광고를 제작하는 데 얼마나 들었을까? 테슬라의 광고팀에는 몇 명이 있을까?

동영상은 공짜로 만들었고 테슬라에는 광고팀이 존재하지 않는다.[6] 이 광고는 대학을 갓 졸업한 두 명의 프로듀서가 자발적으로 만들었다.[7] 테슬라의 창업자 일론 머스크에게 바치는 연애편지랄까. 일론 머스크는 만약 테슬라가 진짜 광고를 제작하게 된다면 이 팀에 맡기겠다고 흔쾌히 이 공개적인 구애 편지에 답을 했다.

자, 이제 답을 할 시간이다. 이 세 가지는 완전히 다른 사례처럼 보

테슬라의 창업자 일론 머스크에게 바치는 광고. (https://www.youtube.com/watch?v=KKbRAazkiWc)

인다. 심지어 상업 브랜드도 아닌 노푸, 내비게이션 서비스, 자동차의 공통점이라니. 그런데 이 사례들은 브랜드에 대한 공통된 시사점을 던지고 있다. 그것은 무엇인가?

브랜드의 정의와
문제 제기

전통적으로 브랜드에 대한 정의는 로고logo, 약칭shorthand, 이미지image, 개성personality, 관계relationship, 정체성identity 등에 이르기까지 매우 다양하다.[8] 하지만 최근 들어서는 브랜드를 기업의 다양한 마케팅 활동 결과 고객들이 가지는 인식의 관점에서 보는 것이 일반적이다.

　예를 들어, 브랜드의 대가로 손꼽히는 케퍼러 교수는 브랜드를 "구매자가 그 브랜드의 상품, 유통 채널, 직원, 그리고 커뮤니케이션을 접하면서 오랜 기간에 걸쳐 형성한 긍정적 또는 부정적 인상의 결정체 a focal point for all the positive and negative impressions created by the buyer over time as he or she comes into contact with the brand's products, distribution channel, personnel and communication"[9]로 정의하고 "브랜드는 시장 세분화와 제품 차별화

6. Nicolas Zart, "The Brilliant Tesla Advertising Strategy, or Lack Thereof," *Teslarati*, Aug 22, 2014, http://www.teslarati.com/brilliant-tesla-advertising-strategy-lack-thereof/.
7. T.L. Stanley, "Elon Musk loves this Tesla ads, even though it's fake," *Mashable*, Mar 20, 2014, http://mashable.com/2014/03/20/elon-musk-tesla-ad-fake/.
8. Leslie de Chernatony and Francesca Dall'Olmo Riley, "Defining A 'Brand': Beyond The Literature With Experts' Interpretations," *Journal Of Marketing Management*, Vol. 14 , Iss. 5, 1998, http://www.tandfonline.com/doi/abs/10.1362/026725798784867798.

전략의 직접적인 결과Brands are a direct consequence of the strategy of market segmentation and product differentiation"[10]라고 보았다.

정리하자면 브랜드란 사업자가 제공하는 것이 아니라 고객, 시장을 통해 '구축된다'는 관점("You don't build a brand—your audience does. You don't give a brand to the marketplace—you get a brand from the marketplace.")[11]에는 어느 정도 공감대가 형성된 것으로 보인다. 사업자는 포지셔닝을 할 뿐이고 이에 따른 실행의 결과로, 의도했든 하지 않았든, 얻어지는 것이 브랜드라는 것이다.

브랜드가 설득 커뮤니케이션으로 가능하다고 믿는 것은 전통적 일방향 미디어가 사회를 지배했을 때나 가능했던 얘기다. 지금은 설득하는 대신 보여줘야 하고, 약속한 것을 실천하고 투명성을 기반으로 신뢰를 쌓는 것은 기본이다. 여기서 투명성에는 제품(의 가치)뿐만 아니라 사업자, 생산 과정, 커뮤니케이션 방법 등 모든 것이 포함된다. 그 결과 돌아오는 '무엇'이 브랜드라는 것이다.

그런데 그 '무엇'의 실체가 있는가? 브랜드의 실체가 무엇인가 말이다. 신뢰지수trust degree인가? 고객의 마인드mind인가? 감정emotion 또는 느낌feeling인가? 충성도loyalty인가?[12] 이러한 관점이 틀렸다는 것이 아니다. 다만 이 모든 수식어를 연결하는 접점을 찾고자 하는 것이다. 브랜

9. Jean-Noel Kapferer, *The New Strategic Brand Management*, 5th edition, Kogan Page, 2012, p. 19.
10. 상동, p. 31.
11. Austin McGhie, *Brand is a four letter word*, Advantage Media Group, 2012, p. 55.
12. Heidi Cohen, "30 Branding Definitions," *Actionable Marketing Guide*, Aug 8, 2011, http://heidicohen.com/30-branding-definitions/.

드의 본질에 대한 질문에 더 가까워지기 위해서다. 이를 위해 맨 처음 질문을 상기해보자. 위의 세 사례에서는 사업자 또는 특정 주체가 비용을 지불하지 않고도 엄청난 브랜드 파워를 갖게 되었다. 어떻게 가능하며 이것은 무엇을 의미하는가?

브랜드,
네트워크가 되다

위의 사례들은 브랜드의 실체가 다름 아닌 '네트워크'라는 사실을 입증하고 있다. 브랜드의 발달, 성장, 진화, 소멸의 사이클은 사용자의 경험에서 시작된다. 사용자들의 제각기 다른 컨텍스트 안에서 제품들이 이유 있는 네트워크를 형성한다. 경험, 공감, 동병상련, 정보, 발견, 제품, 소비 등이 만드는 족적의 네트워크, 그 합이 곧 브랜드다. 특히 노푸는 상업적 브랜드 사례는 아니지만 앞으로 브랜드가 가야 할 방향을 극단적으로 보여준다. 여기서 네트워크의 실체가 무엇인지, 즉 네트워크가 구축되는 과정이 무엇인지 발견, 소속감, 제품, 세 가지 측면으로 나누어 살펴보겠다.

1. 발견의 네트워크
노푸어들은 자신들의 소중한 경험을, 피눈물 흘려 얻게 된 시행착오의 교훈과 성공 스토리를 아낌없이 공유한다(나도 지금 이러고 있다). 브랜드는 이 경험의 흔적을 통해 인식된다. 이 여정에서 만난 사람, 정보, 이미지, 제품, 이야기들은 모두 하나의 거대한 스토리를 형성하는 노드와 링크다.

실제로는 정보를 검색하느라 엄청난 노동을 했지만 이것을 노동이라 생각하지 못한 이유는 끊김이 없이 계속 새로운 것에 연결되는 경험 때문이다. 발견의 과정이었다. 처음으로 노푸를 고려하게 한 블로그에서 시작하여 코코넛 오일, 멧돼지 브러시, 에센셜 오일 사용법 책자까지 끝이 없었다. 이 발견과 연결의 과정에서 인지하게 되는 것이 브랜드다.

여행을 떠나는 과정, 여행지에서의 숙소, 찾아간 장소, 식당, 만난 사람들, 휴식이 된 카페는 발견의 기록이고 연결이다. 이 과정에 대한 기억이 여행을 정의한다. 여행의 흔적과 발견의 즐거움, 그 과정이 내 장기기억 속에 체화되었다면 무엇이라 할 것인가? 이때 떠오르는 것이 곧 브랜드다. 발견의 접점으로 연결된 네트워크가 바로 브랜드다.

2. 소속감의 네트워크

어려움은 있었지만 욕실의 풍경은 변했다. 욕실에 하나씩 자리잡은 베이킹소다와 사과식초, 유기농 꿀, 천연 알로에, 녹차 잎 등을 보면 뿌듯하다. 내 두피에 좋은 그러나 샴푸, 린스보다 값은 수십배 싼 천연제품들, 심지어 지구의 건강에 기여하는 이 제품들은 나에게 일종의 인증마크 같은 것이다.

노푸를 결심하면 끝나는 것이 아니다. 거기서부터가 여정의 시작이다. 막상 체험을 시작하면 수많은 어려움을 만나게 되고 그렇게 죽기살기로 정보를 모아 시작을 했는데도 새로운 사실들이 자꾸 드러난다. 이 체험들과 다른 노푸어들과의 커뮤니케이션이 이어지고 때로는

수많은 두피 케어 제품과 샴푸, 린스를 물리치고 나의 욕실을 차지한 베이킹소다와 식초.

간증, 감사, 탐색 등 많은 것들이 계속된다.

이 과정에서 쌓여가는 것은 같이 경험한 사람들이 나누는 소속감이다. 이 소속감은 브랜드의 로고나 예쁜 용기의 생김새, 사업자가 전달하는 메시지를 매개로 만들어지지 않는다. 체험의 과정이 있었고 날마다 익숙해지고 길들여지는 과정이 모여 소속감으로 돌아오는 것이다.

노푸의 경우는 서로의 문제를 해결해주는 과정에서 서로를 인지하게 되지만 제품이나 상황에 따라 발현되는 소속감은 다양할 것이다. 다만 제품을 한번 구매했다고, 어떤 브랜드의 커피를 한번 마셨다고, 심지어 대한민국이라는 국적이 종이에 기재되어 있다고 소속감이 생기는 것은 아니다.

그 제품과 행위가 생활의 일부가 되고 습관이 바뀌고 아침마다 손에 들린 커피향을 맡으며 출근을 할 때, 위기의 상황에서, 낯선 곳에서 국가의 존재를 반복적으로 체험하게 될 때 얻게 되는 것이 소속감이다. 여기서 소속감은 브랜드나 제품에 대한 소속감이라기보다는 그 가치를 공유하는 사람들, 나와의 동일시identification 과정에서 드러나는 그룹에 대한 소속감이다.

이렇게 만들어진 지속 가능한 소속감의 합이 곧 브랜드다. 소속감을 구성하는 행위(습관)와 사람(공동체) 등을 매개로 연결된 네트워크가 바로 브랜드다.

3. 제품의 네트워크

노푸어들의 블로그에서는 수많은 제품을 만난다. '레몬식초', '저온압착한 유기농 코코넛 오일'이 좋다는 정보만이 아니라 관련 제품도 쉽게 구매할 수 있다. 다음의 사진은 서핑 중에 발견한 어느 블로그다. 에센셜 오일 관련 정보를 읽다 보니, 오일을 담아놓는 용기를 아마존에서 얼마에 살 수 있는지 알 수 있었다. 심지어 여기서 바로 구매가 가능하다.[13]

물론 '블로거지'의 페이지라고 상업적 용도를 의심해볼 수도 있다.[14]

---

13. 실제로 내가 만난 많은 블로거들이 아마존의 협력자(associates)들이었다. 아마존 관점에서 매개자들의 역할을 보고 싶다면 《오가닉 미디어》의 〈아마존은 왜 오가닉 미디어인가?〉 참고.
14. 라퓨시안, 〈삼성, 한국형 파워블로거지 마케팅을 세계화하다〉, ㅍㅍㅅㅅ, 2014년 5월 5일, http://ppss.kr/archives/20631.

제품을 구매할 수 있는 컨텍스트는 반드시 사업자가 만들어놓은 판매 공간에 머물 필요가 없다. 이 개념을 확장하면 〈고객이 상점이다〉, 〈제품이 상점이다〉에서 언급한 상점의 네트워크화가 가능하다. (왼쪽 이미지 출처: http://mymerrymessylife.com/)

무슨 상관인가? 의심이 된다면 해당 제품을 클릭해서 아마존에서 직접 확인하면 된다. 이 제품에 대한 평가, 정보, 가격 등 수많은 연결 즉 이 제품을 구성하는 네트워크를 직접 보면 된다. 이미지의 오른쪽 영역처럼 말이다. 어떤 사람이 누군지 알려면 그 사람의 친구를 보라고 하지 않았던가. 소셜 네트워크를 보면 그가 누군지 알 수 있는 것처럼 제품과 연결된 네트워크를 보면 제품을 알 수 있다.

여기서 제품의 네트워크를 사업자가 출시한 제품 시리즈로 오해해서는 안 된다. 중요한 것은 제품들이 사용자의 경험 속에서 연결되는 것이지 억지로 나열되는 것이 아니라는 점이다. 장바구니에 함께 담긴 제품, 브랜드들은 서로가 서로의 레퍼런스가 된다. 즉 제품을 둘러싼, 고객의 경험으로 연결된 제품의 합이 곧 네트워크이며 브랜드다.

소유자가 없는, 관계가 만드는, 오가닉 브랜드

여기서 네트워크란 첫째 연결되어 있고, 둘째 열려 있으며, 셋째 사회적이고 넷째 유기적인 성격을 띠는 관계망을 말한다.[15] 네트워크 관점에서 본다면 브랜드는 특정 노드가 소유할 수 없는 것이다. 김기사라는 상표, 그 서비스를 만드는 회사는 누군가가 소유하겠지만 브랜드를 만드는 네트워크는 소유할 수가 없다. 내 회사의 브랜드지만 내가 혼자서 소유하고 통제할 수 없다는 뜻이다.

우리가 할 수 있는 것은 오로지 네트워크의 진화를 위해 네트워크의 개방성과 연결성을 끊임없이 최적화하는 것뿐이다. 사용자들을 매개로 만들어진 수많은 이야기의 합이, 데이터의 합이, 경험의 합이 내 브랜드이고 그 실체는 네트워크로 나타나기 때문이다. 마케터의 역할은 이들이 끝없이 발견하고 쉽게 선택하고 최적의 경험을 하며 서로 커뮤니케이션할 수 있도록, 그렇게 발견의, 소속감의, 제품의 네트워크를 쌓아갈 수 있도록 도와주는 것이다.

그렇게 만들어진 관계를 측정하고 인사이트를 얻고 다음 단계로 한 발씩 나아가는 것, 그렇게 유기체로서 브랜드를 경험하는 것뿐이다. 노푸 경험의 연결, 김기사의 개방적 커뮤니케이션, 테슬라의 놀라운 스토리를 전파하는 우리의 참여가 브랜드 네트워크를 만들고 그 네트

---

15. 윤지영, 〈네트워크의 4가지 속성〉, 《오가닉 미디어》, 개정판, 오가닉미디어랩, 2016.

테슬라의 팬이 만든 광고에 대한 일론 머스크의 트윗. 이것을 다시 'Mashable'이 게재했다. (사진 출처: http://mashable.com/2014/03/20/elon-musk-tesla-ad-fake/)

워크를 성장시킨다. 이때 참여자들은 모두 체험자이고 통신원이고 기자이며 마케터, 광고주, 직원이다.

물론 테슬라처럼 비즈니스 모델도 이미 차별화되어 있고 창업자도 상징적 인물이라면 브랜드를 만드는 것은 훨씬 쉬운 일일 것이다.[16] 에피소드이지만 일론 머스크는 자신의 트위터에 테슬라의 공짜 광고를 알려 사용자가 매개한 이야기가 죽지 않고 다시 이어지도록 만들었다.[17] 동영상 자체도 재미있고 외부에서 만들었다는 사실도 흥미롭지만 창업자가 나서서 '이런 거 발견했어요, 앞으로 이렇게 하겠어요' 트윗을 날린다. 고객과 함께 써가는 브랜드 이야기가, 그것도 생방송으

---

16. Austin McGhie, *Brand is a four letter word*, Advantage Media Group, 2012, p. 32.
17. T.L. Stanley, "Elon Musk loves this Tesla ads, even though it's fake," *Mashable*, Mar 20, 2014, http://mashable.com/2014/03/20/elon-musk-tesla-ad-fake/.

로 계속되고 있다.

지금까지 브랜드의 실체를 네트워크 관점에서 살펴보았다. 이 글은 이어지는 글의 서론에 해당한다. 다음 글에서 연결된 세상의 브랜드의 진화를 투명성 관점에서 더 깊숙하게 짚어볼 것이다. 연결된 세상에서 투명성이 브랜드에 던지는 본질적 이슈는 이 책의 결론에 도달하기 위한 중간 다리다.

우리에게 수백 년 동안 익숙해 있던 미디어는 진화했다. 형체를 찾아볼 수도 없이. 미디어만 바뀐 것이 아니라 한 사회를, 관계를, 비즈니스를, 모든 것을 정의하고 지배해온 주체가 살아 있는 네트워크로 변모했다. 브랜드도 예외는 아니다. 그럼 나는 이 변화를 어디서 어떻게 시작해야 할까?

브랜드가 네트워크가 되는 순간 브랜드 역시 네트워크의 문법을 그대로 따를 것이다. 네트워크에서는 사용자 개개인이 각각의 중심점이며, 연결을 만드는 주체다. 그들이 만드는 모든 발견, 소속감, 제품의 네트워크가 모여 내 브랜드를 만들 것이다. 그들은 네트워크와 분리되지 않는다. 네트워크를 구성하는 일부 즉 그들 자신이 네트워크이며 결국 브랜드인 것이다. 이 글을 쓰는 노푸어로서 내가, 김기사를 운전하는 마케터로서 내가, 테슬라의 미래를 사고 싶은 투자자로서의 내가 브랜드인 것이다.

02 안과 밖이 없는 세상, 겉과 속이 같은 브랜드

A Problem Definition of Brand in a Connected World

2016년 겨울, 아웃도어 브랜드 칸투칸[1]을 방문했다. 어떤 회의실에서는 개발자 면접이 실시간 코딩과 함께 진행 중이었고, 어떤 방에서는 제휴 업체와 디자인 회의가 한창이었다. 고객 피드백을 어떻게 반영할 것인지 상의하는 고객센터 회의도 참관했다. 그런가 하면 회사 대표는 전 직원에게 조직 내 커뮤니케이션 혁신에 대한 본인의 생각을 털어놓고 있었고, 어떤 회사들을 벤치마킹하는지도 볼 수 있었다. 하루종일 들락날락하면서 구경도 하고 질의응답도 하다 보니 어느새 전 직원과의 한판 대화가 순식간에 이루어졌다. 내가 무슨 특별한 대우

---

1. http://www.kantukan.co.kr/.

를 받은 것일까?

이 모든 일은 '슬랙'이라는 협업 도구를 통해 온라인 오피스에서 벌어진 일이다. 신발을 사듯 칸투칸의 온라인 견학 상품권을 구매해서 입장했을 뿐이다.[2] 이 회사는 몇 달 전부터 대부분의 업무를 슬랙에서 서로에게 공개된 형태로 진행하고 있었는데, 이제는 견학 상품을 만들어 아예 일반 고객에게까지 사무실을 공개한 것이다. 수십 개의 채널을 누구든지 들여다볼 수 있고, 참견할 수도 있었다. 각종 업무와 보고 문서, 급여 같은 민감한 이슈 토론까지 직원인 양 보고 있자니 왠지 미안한 마음까지 들었다.

이 회사는 왜 이런 의사결정을 했을까? 고객들을 단순히 등산화를 사는 구매자로 여겼다면 이런 결정은 가능하지도, 필요하지도 않았을 것이다. 연결이 지배하는 세상에서 우리는 분명 강도 높은 투명성을 요구받고 있다. 브랜드도, 제품도, 회사도 예외는 아니어서 회사가 공유하는 정보(콘텐츠)의 양과 종류는 점차 많아지고 고객의 관여도는 갈수록 높아지고 있다.

어디까지 공개해야 하는가? 정보의 투명성과 브랜드의 관계는 무엇인가? 이 글에서는 브랜드의 문제를 투명성transparency 관점에서 정의하는 시간을 갖는다. 이를 위해 투명성이 브랜드에 던지는 본질적 이슈를 먼저 정리한다. 그리고 전통적 브랜드와 오가닉 브랜드의 원천, 과정, 결과가 어떻게 달라지는지 살펴본다. 이 과정에서 사업자(조직)와

---

2. http://www.kantukan.co.kr/shop/mall/prdt/prdt_view.php?pidx=11933.

제품, 직원, 고객의 관계는 어떻게 달라지고 있는지, 그 결과 고객 모두가 직원, 기자, 마케터가 되는 시대에 브랜드를 어떻게 이해해야 할 것인지 정리하겠다.

브랜드의 새로운 환경, 투명성

오가닉 미디어 세상에서 개인은 정보를 생성, 연결, 진화시키는 주체다. 이것은 세상의 가치 구조를 바꿔놓았다. 가치를 만드는 모든 행위가 양방향이며 연결(링크)을 통해 사후에 얻어진다. 비밀보다 공유, 설득보다 공감, 물질보다 경험이 가치를 만든다. 비밀은 혼자 간직해야 가치가 있지만 공유는 규모가 가치를 만든다. 설득은 일방향이지만 공감은 양방향이다. 경험은 연결의 결과이며 새로운 연결의 시작이다. 서로 연결되고 참고하는 과정에서 각각 평판의 네트워크로 얽힌 관계를 만들고 살아간다.[3] 이 과정에서 쌓이는 신뢰만이 지속 가능한 네트워크를 만드는 시대가 시작된 것이다. 브랜드와 고객의 관계도 여기서 출발한다.

1. 투명성의 딜레마
여기는 투명성을 요구하는 세상이다. 다른 말로 불신의 세상이기도

---

3. 윤지영, 〈신뢰란 무엇인가?〉, 《오가닉 마케팅》, 오가닉미디어랩, 2017.

하다. 서로가 생산, 공유, 소비하는 정보의 연결 현상은 다른 한편으로 비밀을 없애고 모든 것이 추적 가능해지는(가능하다고 믿는) 세상을 만들고 있다. 거짓은 드러난다. 투명하지 않으면(있는 그대로 보여주지 않으면) 믿지 않는다. 투명성은 신뢰를 만드는 전제 조건이 되었지만 투명해질수록 투명성에 대한 요구는 더욱 커질 수밖에 없는 노릇이다.

아는 만큼 다가서면 모르는 범위가 더 커진다. 신뢰란 한번 만들어지면 영구적으로 귀속되는 관계가 아니라 '앎과 모름 사이에 존재하는 하나의 중재적 상태'를 지칭하기 때문이다.[4] 인지 정도에 따라 투명성의 정도는 지속적으로 변할 수밖에 없는 것이다.

투명성을 높이는 것은 정보의 공유이자 힘(권력)의 분산이고 이양이다. 투명성이 높아질수록 권한은 고객에게 분산되고 고객의 영향력은 늘어날 수밖에 없다. 이 지점에서 딜레마가 발생한다. 고객과의 상호의존적 관계는 이중적이다. 한편으로는 정보를 개방하고 공유할수록 브랜드에 대한 고객의 관여도는 증가하고 관심도 증가한다. 정보의 단절이 만들어온 안과 밖의 경계를 허물어서 고객을 직원으로, 제품을 네트워크로 만들 수 있는 기반을 형성할 수 있게 된다.

반면 고객의 역할이 단순한 구매자를 벗어남에 따라 고객의 영향력과 요구는 더욱 증가한다. 의존도가 높아지면 통제란 불가능해진다. 투명성의 이면은 폭로와 노출이다.[5] 고스란히 모두가 열람 가능한 업무일지로 남을 개발자 면접실을 떠올려보라. 투명하고 공정한 채용이

4. Georg Simmel, *Secret et sociétés secrètes*, Strasbourg, Circé, 1991, p. 22.
5. 한병철, 〈포스트프라이버시〉, 《투명사회》, 문학과지성사, 2014.

진행될 수 있지만 직원들의 업무 피로도도 증가할 수밖에 없다. 영화가 끝나도 기록이 남는 실시간 트루먼쇼다. 그러면 구매자, 감시자, 마케터, 투자자로서 고객은 어디까지 정보 공개를 요구할 수 있다는 말인가? 어디까지 경계를 허물어야 하는가?

2. 안과 밖, 겉과 속의 관계

이 질문에 대한 답은 저마다 다를 수 있지만 하나의 공통된 전제가 있다. 겉으로 드러내는 나와 실제의 내가 다를 때 그 결과는 폭로, 노출, 불신 등으로 이어질 수밖에 없는 세상이 되었다는 것이다. 말하는 나와 실제의 내가 일치해야 한다는 요구는 고객이나 시장의 요구가 아니라 사회적 요구다. 이제 정직하지 못한 개인, 기업들은 밝혀지게 되어 있다.

투명성은 관점과 실행에 따라 보여주기 위한 것, 노출을 위한 피곤한 과정이 될 수도 있고, 겉과 속이 같은 일관된 브랜드를 만드는 조건일 수도 있다. 겉과 속이 같다면 투명성은 결과적으로 입증된다.

그러므로 투명성에 대한 브랜드의 현명한 질문은 '어디까지 보여줄 것인가?'가 아니다.[6] 그보다는 안과 밖, 겉과 속이 같은 일관성을 어떻게 유지하고 공유할 것인가가 문제의 핵심이 된다.

네트워크 세상에서는 안과 밖이 없다. 이런 환경에서는 '겉과 속이 같은 나'를 구축하는 것이 브랜딩의 출발점이다. 직원과 고객의 구분이

---

6. 윤지영, 〈어디까지 보여줄 것인가〉, 《오가닉 미디어》, 개정판, 오가닉미디어랩, 2016.

없는 환경을 인지하는 데서 시작된다. 관계를 만드는 링크가 판매자와 구매자, 전달자와 수용자라는 이원적 역할이 아니라 경계 없는 상호작용을 통해 구축된다.

브랜드를 보호하고 비밀을 지켜주는 벽이 없어지고 오직 가시성만이 존재를 만드는 세상에서 개인도, 조직도, 기업도 연결된 세상의 존재 방식은 낯설고 어렵다. 그러나 안과 밖의 경계가 없다는 전제 없이는 겉과 속이 같은 일관성[(hi)story]을 구축할 수 없다. 전통적 브랜드와 오늘날의 브랜드는 이 지점에서 구분된다. 고객의 경험에서 출발하여 관계를 통해 만들어지는 네트워크로서의 브랜드는 살아 있는 유기체 즉 오가닉 브랜드다.

전통적 브랜드와 오가닉 브랜드

다음은 안과 밖이 없는 네트워크 관점에서의 브랜드를 전통적 브랜드와 비교하여 정리한 것이다. 고객의 참여를 기반으로 구축하는 브랜드는 그 원천, 과정, 결과가 달라질 수밖에 없다.

1. 원천: 컨셉 구축(Conception)인가, 경험(Experience)인가

개인은 미디어가 됨에 따라 모든 판단의 주체가 되었다. 보여주는 대로 믿지 않고 정보를 모으고 참조하고 해석하고 판단한다. 이때 믿을 만한 정보의 원천은 나의 경험과 나와 연결된 사람들의 경험이다. 고객은 경험을 자원으로, 정보를 콘텐츠로 생산하고 매개하는 주체, 이

전통적 브랜드 vs. 오가닉 브랜드
(Traditional vs. Organic Brand)

Organic Media Lab, 2016

	전통적 브랜드 (Traditional Brand)	오가닉 브랜드 (Organic Brand)
원천(Source)	컨셉 구축 (Conception)	경험 (Experience)
과정(Process)	일관된 메시지와 경험의 전달 (Consistant Message & Experience)	투명한 상호작용 (Transparent Interaction)
결과(Result)	인지 (Perception)	신뢰 네트워크 (Trust Network)

브랜드의 실체는 고객의 경험, 조직(팀)의 경험에서 출발한다.

연결을 통해 존재하는 주체다.[7] 서로의 콘텐츠가 연결되어 끝없이 네트워크를 만들고 지우는 세상, 네트워크의 유기적 진화가 지배하는 세상에서 브랜드를 묻는다.

이 환경에서 브랜드의 원천은 더 이상 일방향으로 가치를 전달하기 위한 컨셉의 구축이 될 수 없다. 대신 고객의 경험에서 출발한다. 앞서 가치를 만드는 과정이 양방향이라고 지적한 것처럼 가치는 더 이상 제품 자체에, 액자에 잘 넣어 벽에 걸어놓은 문장에 있지 않기 때문이다. 고객의 작은 경험을 만들면 거기서 브랜드의 씨앗이 시작된다. 관계의

---

7. 윤지영, 〈청중이 나를 정의한다〉, 《오가닉 미디어》, 개정판, 오가닉미디어랩, 2016.

시작이다. 고객의 경험은 가치를 만들고 발견하는 과정 즉 연결이다. 고객의 (참여) 행위 없이 존재할 수 있는 브랜드는 없다. 듣는 이가 없고 어떤 연결도 만들지 못한다면 나는 존재하지 않는 것과도 같다.

'경희야, 넌 먹을 때가 제일 예뻐'라는 배달의 민족의 광고 카피는 세상의 모든 경희와 경희 친구들을 불러모았다.[8] 각종 SNS에서 경희가 아닌 사람들이 부러워했고 선영이도, 지영이도, 버스 정류장에서, 버스에서, 페이스북에서 배달의 민족의 브랜드를 만드는 데 참여했다.

이 과정에서 배달의 민족은 스스로의 브랜드에 대해 배우는 경험을 했을 것이다. 작은 실험들이 모여 점점 크게, 하나의 일관된 브랜드를 만드는 데 기여한 것이다. 혹자는 고객의 경험이 있기 전에 그래도 컨셉이 먼저 있어야 하지 않는가 질문한다. 여러분의 생각은 어떤가? 여기서 컨셉이란 회사의, 제품의, 브랜드의 가설일 뿐이다. 고객의 경험은 이 컨셉을 검증하는 과정이며 그 과정에서 배움이 있을 때, 즉 조직의 경험이 될 때 컨셉이든 철학이든 구체적인 가치로 실체를 드러낼 것이다.

2. 과정: 메시지의 전달인가, 상호작용인가

이러한 경험의 사이클이 계속될 때 중요한 것은 일관성이다. 일관된 메시지를 계속 전달한다는 의미가 아니다. 고객의 경험을 자원으로 브랜드의 가치를 만든다면 무엇보다 선행되어야 할 것은 언행이 일치하

---

8. 최두선, 〈"혜수야 넌 먹을 때가 제일 예뻐"…류승룡, 광고에 팬 이름 직접 넣어 마음 표현〉, 비즈엔터, 2014년 7월 20일, http://enter.etoday.co.kr/view/news_view.php?varAtcId=15858.

는 일관성이다. 제품이, 회사가, 브랜드가 말한 것을, 아니 말하기 전에 미리 행동하는 것이다.

이 일관성은 제품에만 국한되지 않는다. 조직도, 구성원도, 모두 일관된 실천의 한 부분이다. 내 집 같은 에어비앤비 업무 공간, B급 코드의 배달의 민족 회의실, 자사 제품을 할인 없이 구매하는 칸투칸의 직원들은 겉과 속이 같은 브랜드의 일관성을 보여주는 실천이다.

미디어로서 고객은 자신의 경험과의 화학작용을 통해 브랜드에 대한 정보를 판단하고 전파하며 지속적인 상호작용을 통해 브랜드와의 신뢰를 쌓아간다. 이러한 신뢰는 구매, 추천 등의 행위로 나타나고 반복된 행위의 결과가 곧 브랜드의 네트워크가 되는 것이다. 여기서부터 조직, 구성원, 브랜드, 제품, 고객과의 관계가 기존과 완전히 다르게 구성된다.

칸투칸은 2015년 11월 모든 제품의 원가를 전격 공개했다.[9] 온라인 매장의 제품 페이지마다 소비자가격 대비 생산 원가, 광고비를 포함한 운영 경비가 1원까지 정확히 표시되어 있고 심지어 해당 제품의 누적 판매와 누적 손익금액까지 공개되어 있다. 고객이 상품 페이지에 진입해서 구매로 전환되는 비율은 1.3~1.8%에 달한다.[10]

각 페이지는 제품을 구매하고자 하는 고객의 의사결정을 돕기 위한 고급 정보를 모아서 보여주는 데 집중하고 있다. 이 상품을 지금까지

9. 임현우, 〈"1급 비밀 원가도 공개"…새내기 아웃도어의 반란〉, 한국경제, 2016년 3월 17일, http://www.hankyung.com/news/app/newsview.php?aid=2016031751461.
10. 2016년 10월 25일 칸투칸과 인터뷰 진행.

고객이 팬, 직원, 투자자
(Customers are fans, employees, & investors)

생비스 당신과 같은 멀티플레이어, 경량 다운 베스트

판매가 **39,800원**

상품페이지 조회수 281,473

생산원가 26,557원 (67%)

누적판매금액 244,889,400원

원가 26,557원

노무비 3,260원 (8.19%)

운영경비 **8,605원** (21.62%)

광고비 1,791원

기타경비 3,542원

★★★★★
★★★★★
★★★★★
★★★★☆
★★★★★

판매당순익 **4,638원**

합계원가 **35,162원** (부가가치세포함)

누적순익금액 **28,537,614원**

Organic Media Lab, 2016

칸투칸은 2015년 11월 모든 제품의 원가를 전격 공개했다. 상품 상세 페이지는 마치 투자자에게 바치는 사업 보고서와 같다.

구매한 사람이 몇 명이며, 그 고객들은 상품을 입어보고 신어보고 어떻게 평가했는지 보여준다. 쇼핑몰에서 리뷰는 약방의 감초처럼 흔한 정보가 되었지만 그 리뷰가 얼마나 정보적인지 그 정도는 다 다르다. 의사결정을 돕기 위한 정보와 더 많이 팔기 위한 정보의 노출은 다른 동기, 다른 결과, 다른 관계를 만든다.

칸투칸이 원가까지 공개한 것은 하루아침에 결정된 일이 아니다. 10년 가까이 고객과 투명한 커뮤니케이션을 해왔고 고객이 제품의 기획, 생산, 개선, 유통, 진화에 적극적으로 참여해왔다. 직원들은 고객과 동일한 가격으로 자사 제품을 구매하는 칸투칸의 팬이기도 하다. 고객들처럼 평범한 회사원들은 제품 착용 샷의 모델이기도 하다.

좋은 품질의 옷을 합리적인 가격에 제공하기 위해 노력해온 회사에게 고객은 팬이 되고 영업사원이 되었다. 고객들에게 정보를 숨기지 않고 겉과 속이 같은 브랜드를 만드는 과정에서 원가를 공개하는 의사결정도 가능했다. 그리고 조직이 어떻게 일하고 있는지, 지금 무슨 생각을 하고 있는지 사무실까지 콘텐츠로 공개·판매하는 실험을 시작한 것이다.

고객 관점에서 보면 이러한 정보를 공유받으면 관여도가 올라갈 수밖에 없다. 제품의 생산과 유통 과정에 대한 정보도 얻을 수 있지만 다른 사람들이 얼마나 구매했고 어떻게 생각했으며 그 결과 이 브랜드가 얼마나 돈을 벌고 있는지 보고를 받는 것이다. 신발 하나를 사더라도 마치 투자자가 회사 전체의 과거, 현재, 미래에 대한 보고를 받는 것과도 같은 정보를 공유받는다.

정보는 권력이다. 정보가 공개되고 내 손에서 빠져나갈수록, 정보가 공유될수록 권력도 공유된다. 투명하게 공개하는 만큼 서로의 관여도가 높아지고 권력은 분산되며, 정보를 공유받는 주체의 통제되지 않는 위험(피드백)을 감수해야 한다. 정보의 투명한 공개가 어느 정도를 넘어서면 단순한 일방향 메시지 전달 정도가 아니라 상대방의 직간접적 참여engagement를 낳을 수밖에 없고, 서로의 상호작용에 따라 단순한 판매자-구매자의 관계를 벗어나는 것이다.

언행의 일치 관점에서 볼 때 부의 창출이 궁극의 목적이라면 이러한 정보 공개는 불가능할 것이다. 제품의 생산 원가보다 광고비, 마케팅비에 훨씬 더 많은 돈을 쓰고 있었다면 불가능한 결정이었을 것이다. 얼마나 지속 가능한지는 지켜볼 문제이고 비즈니스의 특성에 따라

의사결정은 다를 것이다. 다만 브랜드가 추구하는 가치에 따라 방향과 실행은 다를 수 있지만 일관되고 투명한 상호작용의 문제는 누구도 비껴갈 수 없다.

3. 결과: 인상(Impressions)인가, 네트워크(Network)인가

브랜드의 원천도, 과정도 다르니 결과도 다를 수밖에 없다. 기존의 브랜드 관점에서 보면 브랜드 활동의 결과는 브랜드에 대한 인지, 이미지, 인상 등이다. 브랜드 저마다의 인상이 고객의 머릿속에 각인되고 구매 의사결정을 할 때 환기된다. 고급스럽고 친근하고 따뜻하고 정직하고 지적이고 믿을 만할 것이다.

그런데 고객이 최종적으로 전달받는 것은 포장된 메시지이지만 본래 이것은 당연히 제품과 연결되어 있고, 제품은 다시 생산·유통·판매·구성원과 연결되어 있다. 다만 전통적으로, 전략적으로, 관성적으로 각 구간이 단절되어왔을 뿐이다. 옆의 그림과 함께 이 과정을 좀 더 자세히 살펴볼 필요가 있다.

1) "쿨해요, 멋져요, 기품이 넘쳐요!"

옆의 그림은 고객에게 전달되는 메시지 뒤에 숨어 있던, 고객의 눈에 보이지 않던 구간들을 표현한 것이다. 왼쪽부터 조직organisation, 제품product, 메시지message, 고객customer의 구간이 각각 선형적으로, 병렬적으로 존재한다. 제품의 판매가 목적인 관점에서 보면 고객에게 전달되는 메시지가 중요한 것이지 그것을 만드는 조직과 생산 과정, 유통 과정, 직원, 협력 업체 등의 다른 구간은 메시지 뒤에 숨어 있어도 문

브랜드는 인상이다
(Brands are Impressions)

그동안 조직(organisation), 제품(product), 메시지(message), 고객(customer) 간의 넘을 수 없는 경계가 분명히 존재해왔다. 이에 따라 제품과 조직은 고객에게 전달되는 메시지 뒤에 숨어 있었다.

제되지 않았다. 식당의 멋진 테이블 뒤의 보이지 않는 주방은 아무래도 상관이 없었고 가려지는 것이 당연했다. 지금처럼 훤히 들여다보이는 주방, 정돈 상태, 셰프의 손동작이 중요한 콘텐츠가 된 지는 오래되지 않았다.

그러나 이제 제품을 만드는 조직과 구성원, 제품의 재료, 원산지, 생산 방식, 유통 방식까지도 모두 콘텐츠다. 제품을 둘러싼 이야기, 공간, 경험이 곧 브랜드를 만드는 메시지에 포함되고 있다. 삼겹살 하나에도 이야기가 있다. 간장 하나에도 이야기가 있다. 장인이 누구인지, 얼마나 행복하게, 진심을 다해 이 일을 하고 있는지를 알려주는 이야기가 있다. 오랜 세월 정성과 수고, 집념과 역사가 응축된 간장을 사면 내 요리도 분명 깊은 맛이 날 것 같다. 이렇게 내 식탁은 브랜드의 일부가 된다. '배달의 민족'처럼 한 걸음 더 나아가 조직 문화부터 제품, 제품의 광고, 고객의 경험까지 일관된 메시지로 브랜드를 만드는 '배민다움'[11] 같은 사례는 더욱 그렇다.

2) 네트워크가 된 브랜드

이것은 하나의 증후군이다. 전통적으로 갇혀 있던 영역(이전 이미지에서 4개의 구간) 간의 경계가 무너지고 있다. 이에 따라 브랜드의 범위도 하나의 구간에 갇히지 않고 연결되고 확장되며 중심축은 분산된다. 고객의 경험이 브랜드의 자원이 되고 보여지는 나와 숨어 있는 내가 일치할 것을 요구받는 시대의 현상이기도 하다.

브랜드를 정의하는 틀을 더 이상 메시지 전달에 가둬둘 수 없게 된 것이다. 즉 선한 조직 문화와 착한 제품, 합리적인 가격을 나타내는 콘텐츠들은 단순히 브랜드의 메시지(콘텐츠) 범위가 확장되었다는 의미를 넘어선다. 메시지와 고객의 구간을 나누던 경계가 사라진다면, 그러니까 더 이상 메시지 영역에 브랜드가 머무는 것이 아니라면 브랜드는 어디에 있는가?

고객, 제품, 조직 등의 활동을 통해 연결된 구조structure에 브랜드의 실체가 있다. 브랜드의 실체는 메시지(콘텐츠)에 있지 않고 고객의 행동

---

11. 홍성태, 《배민다움》, 북스톤, 2016.

브랜드는 네트워크다
(Brands are Networks)

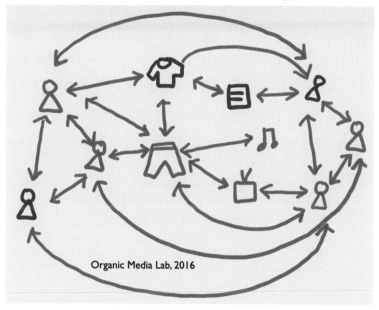

Organic Media Lab, 2016

경계가 허물어진 네트워크에서 각각의 요소는 직접 연결되고 서로를 드러낸다. 고객이 브랜드라는
것은 브랜드가 네트워크라는 의미의 다른 표현이다. "이 글을 읽는 독자로서의 내가, 경험을 간증하
는 영업사원으로서의 내가, 적용 사례를 만드는 직원으로서의 내가, 오가닉미디어랩의 브랜드다"
2010년 11월 17일 '브랜드는 네트워크다' 워크숍에서-

을 통해 사후적으로 드러나게 되었다. 위의 그림에서는 4개의 영역에
갇혀 있던 요소 간의 연결이 직접 일어난다. 이때 연결은 고객을 향한
일방향의 메시지로 수렴되는 것이 아니라 '투명하게' 드러난다. 실제로
보여진다. 즉 겉과 속이 같은, 안과 밖의 구분과 경계가 사라진 네트워
크의 형태로 나타난다. 생산자, 유통자, 제품, 고객이 연결되고 고객의

경험을 통해 지속된다.

　지금까지 브랜드의 문제를 투명성의 관점에서 정의하고 브랜드의 원천, 과정, 결과를 살펴보았다. 고객의 활동을 통해 연결이 만들어지고 끊어지면서 브랜드는 발달, 성장, 진화, 쇠퇴, 소멸의 과정을 거친다. 브랜드는 살아 있다. 투명성은 안과 밖이 없는 세상에서, 겉과 속이 같은 나에 대한 청중(고객)의 요구이며 직원으로서, 네트워크를 만드는 주체로서 고객의 활동(개입)이 시작되는 지점이다. 브랜드에 유기성(생명력)이 부여되는 것이다. 투명성은 그 새로운 시작의 출발점이다.

03 신뢰란 무엇인가?

A Problem Definition of Trust in a Connected World

출장이나 여행을 갈 때 에어비앤비를 이용한다. 처음에는 의심과 두려움이 컸지만 지금은 기대감과 호기심이 더 크다. 같은 도시를 방문해도 매번 다른 동네, 다른 분위기의 집을 시도해본다. 생각해 보면 생판 모르는 사람 집을, 그것도 한국이 아닌 낯선 곳을, 사진 몇 장보고 숙소로 정한다는 것은 보통 모험이 아니다.

그러나 낯선 개인과, 낯선 집과의(휴가를 망칠지도 모르는 위험을 감수하며) 연결이 점차 늘고 있다. 현재 전 세계 191개 나라, 3만 4000여 도시에 200만 개가 넘는 에어비앤비 숙소가 존재한다.[1] 에어비앤비를 경험

---

1. https://www.airbnb.com/about/about-us.

해본 한국 사용자 수도 (2016년 12월 기준) 200만 명을 넘어섰다고 한다.[2] 어떻게 이런 일이 가능해진 것일까?

이 글의 주인공은 에어비앤비가 아니라 우리의 '신뢰'다. 이제 회사의 규모나 광고비 지출만으로는 더 이상 고객의 신뢰를 얻기 어려워졌다. 이제는 물질보다 평판이 자산이라고 한다. 권력보다 명예가 귀하다. 투명한 기업, 정부, 사람이 신뢰를 받는다. 페이스북은 어떤 소식을 우선 보여주는지를 알 수 있는 자사 알고리즘의 공개 수위까지 어쩔 수 없이 높여가면서[3] 사용자의 신뢰를 얻기 위해 노력하고 있다. 평판, 투명성, 알고리즘 등 손에 잡히지도 않는 단어들이 전통적 권력을 압도하고 있다. 무슨 일이 벌어지고 있는 것인가?

이에 답하기 위해 먼저 신뢰의 달라진 메커니즘을 알아보려고 한다. 연결된 세상에서 신뢰의 원천, 과정, 결과가 어떻게 변모하고 있는지 현상을 정리할 것이다. 이어서 신뢰의 본질이 어떻게 체험, 투명성, 평판을 통해 드러나는지 원리를 살펴본다.

마지막으로 '경계 없는 세상'에서 왜 신뢰가 모든 연결 활동의 목적, 가치, 결과가 될 수밖에 없는지 결론을 이끌어내려고 한다. 이 시도는 우리들 자신이 소비자로서, 매개자로서, 연결을 만드는 주체로서 신뢰 네트워크의 진화에 어떤 방식으로 개입하고 있는지 조망하는 과정이 될 것이다.

---

2. 에어비앤비 한국 이준규 지사장 인터뷰.
3. Stuart Dredge, "Facebook tweaks its news-feed algorithm with time spent on stories", *The Guardian*, Jun 15, 2015, http://www.theguardian.com/technology/2015/jun/15/facebook-tweaks-news-feed-algorithm-time-spent.

제도 기반 vs.
네트워크 기반 신뢰

1. 신뢰의 원천: 더 이상 지위, 권한, 규모가 아니다

지금까지는 자본금, 종업원수, 매출 규모 등이 그 회사가 믿을 만한지 아닌지를 결정했다. 물질이, 금전적 가치가 신뢰를 결정하는 것이다. 부모님들은 자식들이 대기업에 입사하기를 원했고 대기업 명함은 신뢰를 줬다. 그러나 페이스북에 20조 원에 매각된 왓츠앱의 당시 종업원수는 고작 50명이었다.[4] 2016년 6월 현재 기업 가치가 약 75조 원으로 평가받는 우버의 종업원 수는 6700명이다.[5]

조직의 규모가 아니라 그 회사가 창출한 네트워크에 대한 믿음으로 가치의 기준점은 이동하고 있다. 우리의 체험, 정보의 투명한 공개, 이에 기반한 평판이 신뢰의 중요한 원천으로 작용하고 있다.

2. 신뢰의 과정: 끊김이 없는 참여의 연속이다

제도 기반 신뢰는 '주어진' 권한을 통해 덤으로 얻어진 것이었다. 국가 nation 단위로 법에 의해 대표 사업자로 권한을 부여받으면 일단 신뢰를 받았다. 정부가 부여하는 면허license에 기반하여 공중파 방송사들은 콘텐츠 전파 권한을 얻었고 이것이 '신뢰할 만한지'의 기준이 되었

---

4. Paul Vigna, "By the Numbers: Facebook Buys WhatsApp for $19 Billion," *The Wall Street Journal*, Feb 19, 2014, http://blogs.wsj.com/moneybeat/2014/02/19/by-the-numbers-facebook-buys-whatsapp-for-19-billion/.
5. Uber (company), *Wikipedia*, https://en.wikipedia.org/wiki/Uber_(company).

제도 vs. 네트워크 기반 신뢰
(Institutional vs. Networked Trust)

Organic Media Lab, 2015

	제도 기반 (Institutional)	네트워크 기반 (Networked)
원천(Source)	지위, 권한, 규모 Position, Authority, Size	투명성, 체험, 평판 Transparency, Experience, Reputation
과정(Process)	(제도에 의해) 주어진 Given by Institution	(상호작용으로) 얻어진 Earned by Interaction
결과(Result)	권력의 위계구조 Hierarchy of Power	평판의 네트워크 Reputation Network

제도적으로 주어진(given) 신뢰와 상호작용으로 네트워크를 형성하는(earned) 신뢰는 그 원천과 과정, 결과가 극명하게 다르다.

다. 지상파 방송의 저녁 뉴스는 의심의 대상이 아니었다. 신문법에 의해 권한을 부여받은 언론사도 신뢰를 딛고 시작했다. 그러나 지금은 어떤가? 법으로 규정한 권한에 기대서는 더 이상 청중과 독자의 신뢰를 얻을 수 없게 되었다.

개인에 대한 신뢰도 마찬가지다. 소속과 자리가 신뢰를 주던 시절이 있었다. 지금까지의 직업은 카탈로그 같았다. 이미 정해진 리스트(틀) 안에서 직업을 고르면 이에 맞는 사회적 지위와 믿음이 덤으로 따라갔다. 하지만 이런 시대는 지났다. 직업이나 지위에 관계없이 그 사람의 이야기를 듣는 이가 누구인지, 그 관계가 신뢰를 결정한다. 평판이 신뢰를 만드는 것이다. 이전 시대에는 평판이 없었다는 것이 아니다. 정해진 사회적 지위와 권한, 물리적 규모를 압도하게 되었다는 뜻이다.

이제 신뢰는 상호작용을 통해 얻어진다. 기업이든 언론이든 제품이든 무엇이든, 우리의 직접·간접 체험이 쌓이고 쌓여 신뢰를 구축한다. 그래서 신뢰는 달성해야 하는 목표치가 아니라 끊임없는 과정(상태)으로 존재한다. 오직 사람들의 적극적인 체험과 참여만이 신뢰를 가능하게 한다. 연결된 세상에서 신뢰는 우리가 매 순간 의사결정을 하고 어떤 '실행'을 하게 하는 매우 능동적인 과정이다. 이러한 특성 때문에 '얻어진' 신뢰는 물리적 규모, 사회적 지위, 위임된 권한 등을 통해 '주어진' 신뢰와 완전히 다른 결과를 낳는다.

3. 신뢰의 결과: 위계 구조가 아니라 네트워크다

과거 '주어진' 신뢰는 증폭된 권위, 자리의 위계질서, 넘을 수 없는 경계 등과 같은 것을 결과로 낳았다. 주어진 권한과 권력, 지위가 사회적으로 더 막강해지는 것이다. 이러한 과정이 계속되면 사회 및 시장에서 집단 간, 단위 간 주어진 경계는 더욱 두터워지고 넘을 수 없는 벽을 만든다.[6]

그러나 '얻어진' 신뢰는 오히려 반대다. 그가 기자인지 아닌지는 출입증이 아니라 독자가 판단한다. 티끌만 한 스타트업도 사용자 경험을

---

6. 물론 사회적 계약과 시스템을 통해 금융거래 등 상호작용의 규칙이 세워지고 이에 대한 신뢰를 기반으로 사회는 발전해왔다. 다만 지금 이 글에서는 주어진 신뢰와 얻어진 신뢰, 제도에 기반한 신뢰와 네트워크에 기반한 신뢰가 대비되는 현상에 집중하고 있다.

통해 거대한 네트워크로 순식간에 성장할 수 있다. 이 과정에서 구축 되는 것이 평판이며 이는 서로가 서로에게 영향을 미치는 네트워크의 형태로 성장한다. 불확실성으로 가득 찬 세상에서 평판 네트워크는 의사결정을 돕는 일종의 '참조' 네트워크[7]와도 같다. 넘쳐나는 정보 속 에서 여러 사람들에 의해 '평가된' 정보가 일종의 필터 역할을 하는 것 이다. 사람 또는 정보의 영향 정도를 측정하여 지표화하는 평판 시스 템도 같은 맥락에 있다.[8] 그뿐 아니라 연결된 세상에서는 좋든 나쁘든 평판이 쉽게 구축되고 쉽게 드러난다. 사람들이 끊임없이 말하고 보여 주고 족적(즉 링크)을 남기는 동안 도처에 평판이 생겨난다. 평판은 연 결된 세상에서 이런 링크가 만드는 필연적 산물이다.

네트워크 기반 신뢰는
어떻게 만들어지는가?

1. 신뢰는 '앎'과 '모름' 사이에서 정보를 만들고 검증하는 과정의 연속이다

에어비엔비에서 처음 집을 빌릴 때를 생각하면 지금도 웃음이 난다. 출장을 2주 앞두고 숙소를 구하니 평점 높은 집들은 이미 예약이 완 료된 상황이었다. 고민하다가 누적된 기록이 없는 집을 결정했다. 리 뷰가 전혀 없으니 사진만 믿고 갈 것인가 고민이 되던 참이었지만 별

---

7. 윤지영, 〈트위터 서비스 구조 해부하기〉, 《오가닉 미디어》, 개정판, 오가닉미디어랩, 2016.
8. D.Bouiller & A. Lohard, "Médiologie des réputations," *Journées d'étude : Vers une sociologie des réputations ?*, Amiens, 2013.

다시 가고 싶은 파리 숙소. 테라스에 식물들이 많아서 물 주는 것을 잊지 말라고 신신당부했던 주인. 이 집에 묵는 동안 정성껏 보살펴줬다.

다른 방도가 없어서 예약하고 싶다는 메일을 보냈다. 그런데 반전은 집주인의 답장이었다. 거래가 처음인 나를 믿을 수 없다며 여권까지 복사해 보내달라는 것이었다. 지금은 여권과 ID 확인 프로세스가 구축되어 있지만 당시만 해도 이메일로 주고받았다. 나도 질 수 없어서 그 집이 당신 집이라는 증명을 보내달라는 등 옥신각신했다. 지금은 집주인이 내 링크드인에 연결되어 있을 만큼 거래는 해피엔딩으로 끝났지만 정보의 부재가 남긴 잊지 못할 기억이다.

이 에피소드는 신뢰와 정보의 직접적 관계를 그대로 보여준다. 독일의 사회학자 짐멜은 신뢰를 "앎knowing과 모름not knowing 사이에 위치하는 중재적 상태"로 정의했다.[9] 신뢰는 우리가 무엇인가를 실행에 옮길 수 있도록 스스로 구축하는 일종의 가설이다.[10] 달리 말하면 위험이 여전히 존재하지만 위험을 감수하려는 의도를 포함한다.[11] 이 관점은 니클라스 루만Niklas Luhmann[12]의 '신뢰는 복잡성을 제거'한다는 관점과도 연결된다.[13] 즉 신뢰의 기준이 없다면 인생의 모든 선택에 있어서 매번 믿을 것인가 말 것인가의 결정을 망설임과 의심 속에서 반복해야 할 것이다. 우리는 신뢰를 통해 그런 복잡한 절차들을 계속 제거하면서 살고 있다.

신뢰의 작동 방법만을 놓고 보면 짐멜의 정의는 그 어느 때보다 지금의 연결된 세상에서 더욱 유효하다. 이 '앎'을 정의하는 방법(간접 지식, 직접경험, 기억, 규범, 상식, 데이터 등)이 시대에 따라 달라질 수는 있지만 앎과 모름으로 구성된 기준(축)은 달라지지 않는다.

다만 한 가지, 연결된 세상에서 중요하게 요구되는 정보의 속성이 있다면 바로 '투명성'이다. 보여주는 나와 보이는 나가 일치할 것을 요구하는 투명성은 앞선 글에서 설명한 브랜드뿐만 아니라 개인에게도 적용되는 문제다.

환기하자면 투명성이 중요해진 이유는 첫째, 연결된 세상에서는 모든 정보를 알 수 있다는 전제가 있는 반면 우리가 모르는 정보의 범위

9. Georg Simmel, *Secret et sociétés secrètes*, Strasbourg, Circé, 1991, p. 22.
10. "Confidence, as the hypothesis of future conduct, which is sure enough to become the basis of practical action, is, as hypothesis, a mediate condition between knowing and not knowing another person." (Georg Simmel, *Secret et sociétés secrètes*, Strasbourg, Circé, 1991, p. 450)
11. James F. Short, "The social fabric of risk," *American Sociological Review*, 1984, pp. 711-725.
12. 루만은 신뢰를 'Confident(Confience assurée)'와 'Trust(Confience décidée)' 두 가지로 구분하지만 이 글에서는 별도로 구분하지 않고 통합해서 사용했다.
13. Niklas Luhmann, "Confiance et Familiarités," Translated by L. Quéré, *Réseaux*, 2001, pp. 15-35.

가 더욱 커졌기 때문이다. 딜레마다. 정보를 요구하는데 묵묵부답이면 그 정보를 비밀로 유지하는 결과가 되고 비밀을 없앨수록 권력은 축소된다. 진실, 오류, 거짓, 비밀 등은 모두 앎과 모름의 범주 안에 있다.[14] 둘째, 따라서 나와 관련된(될 수도 있는) 정보를 요구하여 신뢰의 위험을 최대한 줄이려고 노력할 수밖에 없다. 연결된 세상에서는 네트워크(시스템)에 대한 나의 관여도가 높기 때문이다. 있는 그대로의 정보를 주면 판단은 우리가 한다는 것이다.

라디오를 듣기만 할 때와 내가 메이커가 되었을 때의 행동은 다르다. 메이커라면 당장 그 속을 들여다보고 어떻게 동작하는지 파헤칠 것이다. 네트워크에서 관여도가 높다는 것은 이와 같다. 우버처럼 운전자가 어떤 길로 가고 있는지 실시간 정보를 요구하고 에어비앤비처럼 그 정보가 진짜 정보인지 검증을 요구한다.

따라서 연결된 세상에서 정보를 공개하고, 누구나 접근 가능하도록 개방하는 방향성은 새로운 것이 아니다.[15] 신뢰의 본질이 그런 것이다. 기업은 이 사이에서 갈등할 수밖에 없게 되었다.[16] 네이버에서 맨 위에 추천되는 블로그, 카페는 중요해서가 아니라 자사의 서비스이기 때문이라는 것을 사용자는 알고 있다. 페이스북은 엣지랭크의 알고리즘을

---

14. Georg Simmel, *Secret et sociétés secrètes*, Strasbourg, Circé, 1991.
15. André Tiran, "Confiance sociale confiance primordiale en partant de Georg Simmel," Philippe Bernoux, Jean-Michel Servet (eds), *La construction sociale de la confiance*, Paris : AEF / Montchrestien., 1997, p. 486.
16. Courtney Seiter, "13 Big Questions about Buffer's Culture and Transparency, Answered", *Buffer Open*, Jan 14, 2015, https://open.bufferapp.com/transparency-managers-leo-widrich-explains-buffer/.

네트워크 기반 신뢰의 메커니즘
(Building Network-based Trust)

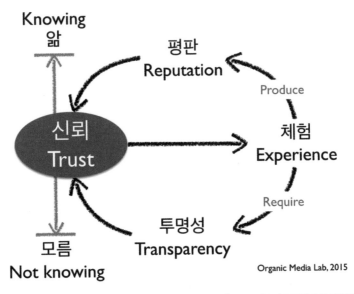

신뢰는 '앎'과 '모름' 사이에 존재하는 하나의 '상태'다(Simmel). 이 두 기준점을 중심으로 체험이 이뤄지며, 이 과정에서 투명성과 평판은 '신뢰할 만한가(trustworthiness)'를 결정하는 정보로 작용한다. 체험, 투명성, 평판의 선순환은 신뢰의 두께를 형성하는 요소다.

공개한다. 예전 같으면 당연히 회사 기밀이라고 공개는 생각조차, 요구조차 못했을 것이다. 그러나 내가 누구와 대화하고 무엇을 읽고, 누구와 친하게 지내야 하는지를 결정해준다면, 즉 알고리즘이 나의 네트워크를 조정하는 것이라면 얘기가 달라진다.

문제는 공개 과정을 통해 사용자들의 신뢰를 일시적으로 더 확보할 수는 있겠지만 완전히 투명한 100% 공개가 반드시 신뢰를 만든다는 공식이 있는 것도 아니라는 점이다.[17] 공개와 비공개 사이에서 갈등과 고민이 끝없이 계속될 수밖에 없는 이유다. 따라서 애인, 부모, 상사, 고객, 유권자 등 우리가 일상에서 상호작용하는 모든 대상들과의 사소한 긴장감이 끊임없이 이어진다.

2. 우리가 신뢰의 대상이자 주체이며 네트워크다

옆의 스키마는 지금까지 언급한 투명성, 체험, 평판이 신뢰에 영향을 미치는 과정을 도식화한 것이다. 이 세 요소는 모두 정보를 생산하고 참조하고 검증하는 과정이다. 정보의 양이 많을수록 체험할 기회도 늘어난다. 체험할수록 더 많은 정보를 생산한다. 나의 개입이 높아질수록 투명성에 대한 요구는 올라가고 이 과정에서 생산되는 나, 즉 체험 대상에 대한 평판은 또다시 타인의 체험을 돕는 결정적인 정보가 된다. 중요한 것은 그 누구도, 그 어떤 기관이나 기업도 살아 있는 동안 이 과정을 비껴갈 수 없다는 것이다.

우리는 일상의 모든 의사결정이 모험이 되고 체험만이 증거가 되는 시대를 살고 있다. 모두의 족적이 모두에게 정보로 남는 이 시대에 우리는 서로에게 영향을 주는 관계로 묶여 있다. 불확실성을 함께 제거하고 위험부담을 줄여주는 과정에 무의식적으로 동참한다. 정보를 생산하고 참조하고 선별·검증하는 과정에서 투명성과 평판, 체험은 서

---

17. Himanshu Sareen, "An Economy of Trust: How Transparency Is Changing the Tech Industry," *Wired*, Mar 23, 2015, http://www.wired.com/insights/2015/03/economy-trust-transparency-changing-tech-industry/.

로의 전제 조건이다.

에어비앤비를 경험하고 얻게 된 신뢰는 편리함으로 이어졌다. 복잡하고 수고스러운 망설임과 의심의 과정을 없앤 것이다. 특히 강조하고 싶은 것은 신뢰가 이처럼 참여에 의해서 사후적으로 이뤄진다는 점이다. 경험해봐야 알고 먹어봐야 알고 만나봐야 아는 것이 뭐 새롭다는 것인가. 신뢰의 대상, 범위, 단위에 관계없이 모든 신뢰관계가 연결 하나 하나에서 이뤄지며 이 과정에서 정보를 생산하고 참조하고 검증하고 모험하는 것 자체가, 그 메커니즘이 오늘날의 신뢰를 정의하기 때문이다. 연결된 세상에서 우리는 신뢰의 새로운 질서를 만들어가고 있다.[18]

기존의 제도, 조직에 대한 신뢰는 일방향이었다. 수용자로서, 고객으로서 신뢰했고 우리에게 주어진 권한은 지극히 제한적이었다. 여기서 사용자, 수용자, 유권자는 그 조직의, 기업의, 정부의 일원이기라기보다는 시스템을 이용하는, '외부'에 존재하는 단위entity였다.

그러나 연결된 세상의 신뢰는 필연적으로 양방향이다. 단순히 집주인과 투숙객이 서로 신뢰해야 한다는 것이 아니다. 나는 에어비앤비를 이용하면서 기록을 남긴다. 나의 취향, 여행 패턴, 리뷰, 다른 사람이 생성한 나에 대한 평가 등이 모두 에어비앤비가 성장하고 더 많은 신뢰를 받도록 하는 데 기여한다.[19] 리뷰어에 대한 믿음, 집주인에 대한 믿음, 투숙객에 대한 믿음, 사진 정보에 대한 믿음 등이 지속적이고 연속

---

18. 기존의 사회적·제도적 시스템과 질서에 기반한 신뢰가 아니라 우리가 심지어 새롭게 질서를 만들어가는 과정은 이 책 전체에서 다루었다. 가장 명시적인 사례는 〈우리가 은행이다〉에서 제시했다.

적인 상호작용으로 일어나며 이 과정을 통해 다음 행동이 가능해진다.

온전한 신뢰가 아니어도 된다. 다음 행위를 유발할 수 있는 정도면 충분하다. 이러한 능동적 행위는 스스로에게 책임을 부여하게 만든다 (엉터리 리뷰를 남기지 않기 위해 잠깐이라도 고민하는 수고스러운 시간을 보낸다). 우리의 권한은 단순히 돈을 지불하는 투숙객에서 훨씬 크게 확대되었다. 여기서 나는 에어비앤비의 전체 네트워크를 만드는 구성원이자 네트워크 자체다.

연결의 목적, 가치, 결과로서의 신뢰

위임된 신뢰, 대표성이 만드는 신뢰의 시대가 지나갔다. 다만 이런 사실과 이를 받아들이지 못하는 주체들 간의 불협화음이 존재할 뿐이다. 연결된 세상의 모든 관계 구조가 진화하듯, 신뢰의 본질도 그에 따라 유기체로서 진화하고 있다.[20]

신뢰는 우리가—개인으로서, 조직으로서—평생 쌓아야 하는 근본적 가치가 되었다. 서로의 체험을 통해 사후적으로 이뤄지는 이 신뢰는 역사적으로 구축되어온 사회관계에 새로운 질서를 만들고 있다. 어떻게 신뢰를, 신뢰의 네트워크를 쌓을 것인가? 우리의 의사결정을 도

---

19. 이 과정에 거대한 프라이버시 이슈가 존재한다. 고객의 체험과 정보의 공개, 평판의 네트워크가 누적될수록, 반대로 에어비앤비의 숙제도 커질 수밖에 없다.

20. 게오르그 짐멜, 《돈의 철학》, 김덕영 옮김, 도서출판 길, 2012(원서 출판:1900).

울 나침반이다. 연결의 목적이자 결과로서의 신뢰가 존재할 뿐이다.
연결이 지배하는 세상에서 그 진검 승부가 이제 시작되었다.

Epilogue 오가닉 마케팅을 넘어: 실험실의 네트워크

Beyond Organic Marketing

"창조적인 이해를 위해서는 (시공간과 문화 차원에서)
자신의 이해 대상 밖으로 나가보는 것이 특히 중요하다."
—미하일 바흐친[1]

아침 일찍 부산역에 도착했다. 제조업에 기반을 둔 회사는 비즈니스를 네트워크로 진화시키기 위한 전환점에 있었다. 마케팅 플랫폼을 설계하는 워크숍 세션에 사업기획, 경영전략, 마케팅, 개발팀의 핵심 인원들이 참여했다.

본래는 서비스 기획자가 기획하고 개발은 외주를 주면 될 일이었다. 그런데 며칠간 모두 모여서 네트워크를 정의하는 데 열을 올렸다. 비즈니스를 100장의 A4용지에 글로 적는 대신 도화지 한 장에 그림으로 그렸다. 노드와 링크로 이뤄진 네트워크였다.

---

1. Mikhail Bakhtin, *Speech Genres and Other Late Essays*, trans., Vern W. McGee, Austin: Univ. of Texas, 1986, p. xiii.

네트워크를 기반으로 고객 경험 설계가 구체화되자 모두 알아차렸다. 이미 전략, 기획, 개발, 마케팅의 경계는 없어졌다. 마케팅은 더 이상 어떻게 팔 것이냐는 문제가 아니었다. 매우 어색하고, 불편하며, 혼란스러운 과정의 시작이기도 했다. 돌이킬 수 없는 혁신의 시작점에, 문득, 모두가 와 있었다. 이 작업은 단순히 마케팅 플랫폼을 만드는 일이 아니라 결국 회사의 비즈니스 자체가 재정의되는 과정이었다.

내가 만약 마케팅 전공자였다면 감히 이런 책을 낼 수 없었을 것이다. 기존의 마케팅 틀에서 보면 너무 크게 벗어나서 차라리 마케팅 책이 아니다. 반면 마케팅이라고 제한하기에는 훨씬 넓은 영역들이 연결되어 있다. 마케터는 마케팅 책이 아니라고 할 것이고, 마케팅 밖의 사람들은 제목만 보고 책을 외면할지도 모른다. 그러나 이런 위험을 감수할 수밖에 없었다.

《오가닉 미디어》를 매개로 회사들을 만나며 가장 많이 접한 고민이 마케팅이었지만 처음에는 큰 의미를 두지 못했다. 미디어의 진화가 어떻게 마케팅도 바꾸게 되는지 고민하고 실험하고 조언해왔지만 거기까지였다. 나 자신도 마케팅이라는 학문에 고정관념이 있었고, 무엇보다 사회학과 미디어의 경계에 스스로를 가둬두고 있었다.

이 책의 제목은 본래 '오가닉 미디어의 단면들facets'이었다. 이번 책에서는 오가닉 미디어 현상이 표출되는 각 분야로 렌즈를 옮겨 광고, 경험, 컨텍스트, 제품 등 여러 단면을 짚어보고 싶었기 때문이다. 현장에서 치열하게 고민하는 독자들, 파트너들의 요구이기도 했다.

하지만 3년에 걸쳐 생산된 글들을 한 줄로 세워보니 결과는 참담했다. 말이 단면들이지 하나로 묶이지가 않았다. 글들은 모두 다른 곳을 바라보는 것 같았다. 전체를 관통하는 결론은 네트워크이지만 그것만으로는 손에 잡히지가 않았다. 이미 사회학이나 미디어의 영역도 훨씬 넘어서서 의미가 없었다.

이 존재하지 않는 영역을 어떻게 규정할 것인가? 고민하며 읽고 또 읽고, 고치고 또 고쳤다. 줄을 세웠다 흐트러뜨렸다를 반복했다. 발견은 이 과정에서 일어났다. 이 책은 사실 새로운 영역의 출현을 담고 있는 것이 아니었다. 기존 영역들 간의 경계가 허물어졌다는 것이 이미 답이었다.

이제 사고는 자유로워졌다. 사회와 시장, 개인과 고객, 미디어와 네트워크가 더 이상 분리되지 않는데, 안과 밖이 없는데, 또 어떤 새로운 영역을 만들고 경계를 세우려고 했는가. 그렇게 나의 가장 많은 독자와 질문이 있는 곳으로 길을 돌아왔다. 제품, 고객, 경험, 가치, 광고, 브랜드의 본질적 진화가 모두 한곳을 바라보고 있었다.

오랫동안 타깃이 되어온 대중은 사라졌다. 불특정 다수가 특정한 한 명이 되었다. 이제 어떻게 마케팅을 할 것인가? 여기서는 선과 후, 안과 밖, 공급과 소비, 겉과 속의 경계가 없다. 개인이 모두 경계가 없는 네트워크로 헝클어지고 싶어지고 움직인다. 마케팅의 본질이 변할 수밖에 없는 근원적 문제다.

네트워크가 하나의 작은 연결에서 시작한다고, 꾸준한 반복을 통해 네트워크가 만들어진다고 하면 사람들은 되묻는다. 잘 이해했다, 그럼 대중 마케팅은 어느 시점에서 하면 되느냐고 묻는다. 그래도 어느 순간이 되면 대중을 타깃으로 한번에 가야 하지 않겠느냐는 것이다.

하지만 이제 대중은 없다. 대체 누구를 대상으로 폭격을 한다는 말인가. 오가닉 마케팅이란 처음에 네트워크를 정성 들여 만들고 나중에 대중을 타깃으로 확장한다는 뜻이 아니다. 먼저 연결된 개인과 나중에 연결된 개인이 있을 뿐이다.

하나의 연결이 다른 연결을 만들어서 생기는 연결의 '과정(상태)'이 바로 네트워크다. 그래서 살아 있다. 네트워크를 설계한다는 것은 연결의 과정을 설계하는 것이다. 연결이 다시 거대한 연결을 만들지만 이 시점에도 대중은 없다. 불특정 다수를 타깃으로 할 경우 오히려 먼 길을, 많은 비용을 써서 돌아갈 뿐이다.

비즈니스를 네트워크로 전환시키는 여정을 스타트업도, 대기업도 시작했다. 이들의 책상은, 회의실은 우리의 실험실이다. 단순히 제품을 네트워크로 이해하게 되었다고 한번에 이뤄지지 않기에 도전은 더욱 의미가 있다. 조직이 협업하는 방식, 가치를 만드는 과정, 결국 나의 사고하는 방법이 함께 변해야만 가능한 여정이다.

그 변화는 오직 체득에서 일어날 것이다. 네트워크를 직접 내 손으로 설계하고 고객과 함께 시장에서 배워가는 과정에 답이 있다. 나도 그 길에서 여러분을 만나고 있다.

이 책은 마케팅의 이름으로 내는 미디어 책이기도 하다. 실제로 고객의 경험, 컨텍스트의 연결, 인터페이스의 진화, 네트워크의 원리, 유기적 협업과 신뢰 등은 마케팅의 눈으로 이해하기 어려운 주제들이다. 그러나 연결된 세상의 미디어에 대한 근원적 이해가 발견을 위한 변곡점이 될 것이라고 확신한다.

우리는 모든 관계가 경계 없는 네트워크로 남김없이 재편되는 현상의 한복판에 있다. 틀에서 깨어나는 순간 변화는 시작된다. 그 시작점은 우리 자신에 대한 질문에서 비롯된다. 그동안 우리가 알고 있었던 것들에 대한 본질적인 질문이 우리를 자유롭게 할 것이다.

오가닉 마케팅

초판 1쇄 발행 | 2017년 2월 21일
초판 4쇄 발행 | 2022년 2월 14일

지은이 | 윤지영

펴낸이 | 윤지영
편집인 | 노상규, 한성근

펴낸곳 | (주)오가닉미디어랩
주소 | 경기도 성남시 분당구 운중로 243번길 11(판교동), 201호

편집 | 오가닉미디어랩(help@organicmedialab.com)
영업 | 070-4208-7212
팩스 | 050-5320-7212

출판등록번호 | 제2015-000180호

ⓒ윤지영 2017

ISBN 979-11-957168-5-2 03320

이 책은 저작권법에 따라 보호받는 저작물입니다. 무단 전제와 무단 복제를 금합니다.
이 책 내용의 일부 또는 전체를 이용하려면 반드시 저작권자와 출판권자의 동의를
얻어야 합니다.

책값은 뒤 표지에 있습니다. 잘못된 책은 구입하신 곳에서 바꿔드립니다.